Psychologie sociale
et économie

# Chez le même éditeur

Collection « Cursus »

BAGOT (J.D.), *Sensation et perception* (à paraître).

CAMUS (J.F.), *Psychologie cognitive de l'attention* (à paraître).

CARTRON (A.), WINNYKAMEN (F.), *Les relations sociales chez l'enfant*, 1995.

PEWZNER (E.), *Introduction à la psychopathologie de l'adulte*, 1995.

TOURRETTE (C.), GUIDETTI (M.), *Introduction à la psychologie du développement*, 1994.

WALLON (H.), *L'évolution psychologique de l'enfant*, 1995.

Collection « U »

ALMERAS (J.), FURIA (D.), *Méthodes de réflexion et techniques d'expression*, 1991.

AMADO (G.), GUITTET (A.), *Dynamique cognitive et langage*, 1994 (2e édition).

BLANCHET (A.), *Dire et faire dire : l'entretien,* 1991.

BRISSIAUD (R.), *Les représentations numériques chez l'enfant* (à paraître).

CORDIER (F.), *Représentation cognitive et langage*, 1994.

DOISE (W.), DESCHAMPS (J.C.), MUGNY (G.), *Psychologie sociale expérimentale*, 1995 (2e édition).

EIMERL (K.), *L'informatique éducative*, 1993.

FISCHER (G.N.), *Psychologie et espaces de travail*, 1990.

MATALON (B.), *Décrire, expliquer, prévoir*, 1988.

MONTEIL (J.M.), *Soi et le contexte*, 1993.

MOSER (G.), *Les stress urbains*, 1992.

OLÉRON (P.), *L'intelligence de l'homme*, 1985.

PIAGET (J.), *La psychologie de l'intelligence*, 1991.

RABARDEL (P.), *Les hommes et les technologies*, 1995.

RICHARD (J.F.), *Les activités mentales*, 1995 (2e édition).

TROGNON (A.), LARUE (J.), *Pragmatique du discours politique*, 1994.

Dominique Lassarre

# Psychologie sociale et économie

ARMAND COLIN

Cet ouvrage paraît sous la direction de Gabriel Moser



ISBN : 2-200-21693-9

***Armand Colin Éditeur - 5 rue Laromiguière - 75241 Paris Cedex 05***

# AVANT-PROPOS

Traditionnellement, la psychologie est définie comme science de l'âme, de l'esprit, étude des individus ou science du comportement individuel alors que l'économie a été désignée comme le moyen de faire parvenir les humains au bien-être humain ou, de façon plus pratique, comme la création et l'utilisation de richesses. L'économie serait donc une pratique alors que la psychologie serait une science des comportements, dont les comportements économiques. La psychologie sociale aurait pour vocation d'appliquer la psychologie générale à des conduites relationnelles. Elle pourrait donc constituer le lien entre la psychologie et l'économie.

La psychologie sociale s'est intéressée explicitement aux conduites économiques depuis le début du siècle. De son côté, l'économie a largement utilisé la psychologie sociale en reprenant ses concepts et en développant ses techniques. Toutefois les deux disciplines ne se sont véritablement rencontrées qu'après la Seconde Guerre mondiale. La psychologie sociale a ceci de commun avec la psychologie et de différent avec l'économie que la théorisation y est multiple, que l'articulation des concepts qu'elle produit est sujette à des interprétations variées, alors que l'économie dispose d'un modèle théorique unique, même s'il connaît diverses évolutions.

Cet ouvrage va certainement déplaire aux puristes. Nous espérons qu'il rencontrera l'indulgence de tous ceux qui s'essayent à la multidisciplinarité. Ce n'est ni un manuel de psychologie sociale, ni un manuel d'économie. Principalement destiné aux étudiants de psychologie, il utilise des références accessibles aux non-spécialistes, celles qu'on trouve dans des traités d'initiation pour les lycéens ou dans la littérature économique à disposition dans une bonne bibliothèque municipale.

Toutefois un tel ouvrage ne saurait faire le tour des travaux des psychologues dans le domaine de l'économie. Plusieurs thèmes seront pris comme illustrations avec parfois des recherches présentées en détail. D'autres seront simplement mentionnés. Nous parlerons des conduites économiques des enfants, des conséquences psychologiques du chômage, des conduites d'épargne, etc. Mais nous n'aborderons pas la psychologie du travail qui est pourtant un domaine dans lequel la psychologie appliquée à l'économie a déjà fait la preuve de sa pertinence, pas plus que nous ne développerons les études des psychosociologues sur l'influence sociale qui sont au cœur même de la discipline.

Si certains sont irrités de la faiblesse de la bibliographie en français et de la préférence accordée à l'exposé de recherches étrangères, qu'ils se rappellent que notre système universitaire est peu propice à l'appréhension de travaux pluridisciplinaires par les étudiants débutants auxquels cet ouvrage est destiné. On trouve plus facilement des exposés clairs et accessibles à tous dans des revues internationales européennes où nous puiserons de nombreux exemples.

Cet ouvrage a pour objectif de donner envie aux étudiants de psychologie d'aller voir du côté de l'économie, de poser les bases d'approches pluridisciplinaires et enfin de montrer l'exemple de la dynamique scientifique d'une discipline dont on ne peut encore confirmer l'existence : la psychologie économique, science des conduites économiques.

## □ Les conduites

Les développements fructueux de la psychologie cognitive ont amené les psychosociologues à négliger quelque peu l'analyse et l'explication des conduites. Pourtant, il existe dans ce domaine un important renouveau théorique, ainsi que la résurgence de modèles plus anciens, susceptibles de stimuler de nombreuses recherches empiriques. Ces modèles s'attachent en particulier à expliquer les conduites dans des situations complexes et concrètes ; ils peuvent aisément servir de support à des travaux d'application de la psychologie sociale à l'économie.

L'utilisation du terme de conduite marque une rupture avec le concept de comportement trop lié à la théorie béhavioriste. Toutefois, il n'existe pas en anglais un équivalent à « conduite » d'où l'ambiguïté croissante du mot *behaviour*. Une conduite est un comportement significatif (qui a du sens), en situation (par opposition au laboratoire), continu et fluide (inscrit dans la durée). La conduite a un passé, un présent et un futur et s'oppose à l'instantanéité du comportement.

Pour Daniel Lagache cité par Paul Albou (1984), la conduite est « un ensemble d'opérations matérielles et symboliques par lesquelles un organisme en situation tend à réaliser ses possibilités ou à réduire les tensions qui, en compromettant son intégrité, le mettent en mouvement ». Cette définition est fortement inspirée par le gestaltisme : l'individu tend à réaliser ses possibilités dans un champ environnemental ouvert. La conduite n'est pas une réponse à une stimulation, elle est essentiellement motivée. Le sujet va rechercher les situations qui lui permettent de réaliser ses objectifs. La conduite répond à un projet. Elle est rationnelle par rapport à ce projet. Si le projet est inconscient, la conduite peut paraître irrationnelle, mais elle a un sens qu'il conviendra de saisir en utilisant des théories particulières (psychanalyse).

Les conduites psychosociales sont des actes qui répondent à des motivations individuelles ou à des aspirations collectives, des idéaux partagés, et par lesquels les individus entrent en interaction dans un système d'interdépendance.

### □ Les conduites économiques

Définie du point de vue de l'économie, la conduite est une lutte contre la rareté. Cependant l'anthropologie et l'histoire montrent que la rareté et le besoin sont des concepts relatifs. Ils changent avec les cultures et avec le temps. Les conduites économiques sont inscrites dans le temps. Une de leurs particularités est d'être orientées vers le futur (prévision, planification, prospective) alors que la psychologie est plutôt tournée vers le passé (antériorité, refoulement). La conduite économique consiste à transformer ou à protéger le monde matériel (économie et écologie) et non à le comprendre ou l'interpréter (psychologie cognitive).

Le psychologue a traditionnellement une vision restrictive, moraliste et négative de l'économie comme champ de pouvoir, associé au stade anal en psychanalyse. Pourtant l'économie comme mécanisme d'échange semble davantage liée au stade génital. La psychanalyse utilise la métaphore de l'économie psychique comme modèle de transactions de produits affectifs. C'est vraisemblablement l'une des raisons du succès des techniques d'analyse transactionnelle dans le monde des entreprises.

Quelques critères peuvent rendre compte de la complexité des conduites économiques (Albou, 1984).

I. Elles sont à la fois individuelles et collectives. Ce qu'on appelle le panier de la ménagère est le résultat d'un réseau intense d'influences au sein de la famille. Le chef d'entreprise n'est pas isolé, il a son conseil d'administration, son banquier, les délégués du personnel qui eux aussi constituent un réseau d'influence.

II. Elles sont à la fois matérielles et symboliques. L'objet marchandise remplit une fonction. Le stylo permet d'écrire, mais il existe des stylos jetables, des stylos coordonnés aux vêtements, des stylos Mont-Blanc. Ils ont une fonction symbolique d'expression de l'individu et de positionnement social.

III. La même conduite a plusieurs fonctions dans sa forme répétitive ou occasionnelle : les repas reviennent trois fois par jour. Ils ont une fonction essentiellement nutritionnelle. Les repas de fête et les repas d'affaires remplissent des fonctions sociales.

IV. Il existe des conduites économiques de rétention et des conduites d'échange : on échange un produit contre de l'argent, du travail contre de l'argent; on peut aussi bloquer l'un et l'autre échange par l'épargne, la fraude fiscale, la grève.

V. Il y a des conduites rétrospectives et des conduites anticipatrices de réparation ou de prévision : rembourser un emprunt, éponger la misère.

VI. Certaines conduites sont spontanées (pillage), d'autres sont programmées (le « casse du siècle »).

VII. Certaines sont coopératives et d'autres sont antagonistes, comme toutes les conduites sociales.

VIII. Elles peuvent être normales ou pathologiques avec la difficulté de définir la limite entre les deux états : passage de l'endettement au surendettement.

IX. La même conduite peut être obligatoire ou facultative. Les cotisations à la Sécurité sociale peuvent être obligatoires (comme en France) ou volontaires (comme aux USA).

X. Enfin, elles peuvent être permises ou interdites. Dans ce domaine, la limite évolue. Par exemple, dans le problème du financement des partis politiques, il y a un avant et un après la loi. Toutefois, la conduite étant continue, il est difficile de savoir à partir de quel moment la loi n'a pas été respectée.

## □ Approche psychosociale de l'économie ou psychologie économique

On ne parle pas comme en psychologie de « sujet » économique, mais « d'agent » économique en tant qu'unité individuelle ou collective (le client ou l'entreprise). Nous avons vu que la conduite économique n'est jamais isolée. Elle est donc un objet d'étude pour la psychologie sociale. L'agent n'est jamais seul — la ménagère est entourée d'une famille —, de plus, il est toujours socialisé. La conduite économique répond à une situation par des techniques apprises, des modèles sociaux. Robinson Crusoe réinvente l'économie à partir de rien, mais prend son petit déjeuner à l'anglaise.

L'agent a plusieurs formes d'action sur l'économie, plusieurs rôles. Il est à la fois consommateur, producteur et investisseur : la mère de famille est consommatrice au supermarché, employée dans une entreprise, elle produit des biens ou des services. En tant que mère, elle investit dans les études de ses enfants et par ses activités ménagères, elle produit des biens et des services dont jouit sa famille en échange d'affection, de reconnaissance, de protection. En conséquence, le sujet économique devrait être étudié par le psychologue à partir de l'ensemble de ses rôles.

## □ Plan de l'ouvrage

Cet ouvrage se compose de trois parties relativement indépendantes. La première partie trace à grands traits l'histoire des positions relatives de la psychologie sociale et de l'économie et des rétroactions entre l'appliqué et le fondamental. Puisque nous nous adressons principalement à des psychologues, nous présenterons dans cette partie quelques notions d'économie et de marketing. Il y sera question de la structuration d'une nouvelle discipline scientifique, la psychologie économique, par ses publications, ses associations et ses colloques. La seconde partie est consacrée aux concepts de la psychologie sociale directement applicables à l'économie et qui ont évolué par leur application. Cette présentation pourrait figurer dans un manuel de psychologie sociale dont les exemples seraient pris uniquement dans le domaine de l'économie. La socialisation économique fait l'objet de la troisième partie. On y trouvera l'apport spécifique de la psychologie sociale en relation avec la psychologie fondamentale et la sociologie avec l'exposé de théories plus globales et plus fondamentales.

*Première partie*

# ÉPISTÉMOLOGIE

Afin de mieux situer les positions relatives de la psychologie et de l'économie, il est indispensable de faire état des divers courants épistémologiques de la psychologie. Altman et Rogoff (1987) distinguent quatre approches : l'approche par traits et les approches interactionnelles, organismiques et transactionnelles. Hirschman et Holbrook (1992) en dénombrent cinq : l'empirisme, le constructionnisme, l'interprétivisme, le subjectivisme et le rationalisme.

Nous préférons une classification plus simple en trois grands types d'explications des conduites humaines : le déterminisme, le systémisme et le courant holistique, qu'on appelle aussi transactionnel ou contextuel.

### ☐ Le déterminisme

Le déterminisme est à l'origine même de la démarche scientifique. C'est un modèle linéaire dans lequel les causes produisent des effets prévisibles dès lors que l'on connaît les lois scientifiques qui régissent les phénomènes. Il existe plusieurs formes de déterminisme auxquelles on fait référence dans les sciences humaines : les déterminismes biologiques et psychologiques et les déterminismes environnementaux et sociaux.

Les caractéristiques biologiques de l'espèce humaine déterminent les conduites : par exemple, on dira que les besoins nés de la nature humaine (alimentation, protection, communication) sont à l'origine des choix et des préférences. Dans ce cas les conduites sont essentiellement fonctionnelles. On peut aussi trouver la cause des conduites économiques dans des caractéristiques psychiques ou traits de personnalité (le caractère, les attitudes) qui prédisposent les personnes à agir d'une certaine manière. Les déterminismes biologiques et psychologiques sont donc des déterminismes internes. Les conduites des individus peuvent être déterminées aussi par des agents extérieurs matériels ou sociaux. Dans le déterminisme environnemental, ce sont les caractéristiques de la situation (stimuli) qui déterminent les conduites. Le sujet répond à des stimulations extérieures. Enfin certains considéreront que les conduites passent nécessairement par l'appartenance sociale de l'individu, c'est sa position dans la société (sa profession, sa culture, son éducation) qui permet de prévoir la façon dont il agit. C'est le groupe auquel il appartient qui l'influence.

On notera que dans les modèles déterministes, l'unité d'analyse est toujours le sujet. Le déterminisme incite à répertorier l'ensemble des facteurs externes ou internes au sujet qui sont à l'origine de ses conduites et à pondérer leurs influences respectives.

### ☐ Le systémisme

Avec le systémisme, on introduit la notion de *feed-back* ou de rétroaction des effets sur les causes. L'unité d'analyse est le système formé par un réseau d'interactions entre les individus et leur environnement. Ce système est agencé de telle manière que « le tout est plus que la somme des parties ». Les explications systémiques sont finalistes. Tous les éléments du système concourent au même but : son maintien. La structure (ou schème préférentiel) est la configuration globale qui assure la stabilité du système. Les éléments biologiques, psychologiques, sociaux et situationnels sont en interaction. Ils sont tout à la fois causes et effets dans le système. Quand celui-ci est déstabilisé, les conduites apparaissent dans le but de rétablir une structure. Par exemple, les préférences au moment du choix des mets dans un repas d'affaires permettent aux organismes de se maintenir en équilibre fonctionnel, à certains convives de faire face à des situations stressantes, à d'autres de garder leur position prestigieuse.

L'approche systémique a connu un grand succès en linguistique et en anthropologie (structuralisme), en psychologie (modèle homéostatique) et en sociologie (systémisme fonctionnel). Le but des recherches est de trouver les principes qui régulent les systèmes et leurs dysfonctionnements.

### □ Les théories holistiques

Pour Brunswik (1957) : « L'homme et l'environnement constituent chacun un système avec des propriétés spécifiques bien qu'ils soient issus à la base d'un même bloc. » Quand on cherche à analyser les relations entre l'homme et son environnement, il faut distinguer :

I. L'étude des correspondances intra-écologiques, c'est-à-dire le système environnemental proprement dit. Il doit répondre à certaines exigences pour fonctionner.

II. L'étude des correspondances intra-organismiques. L'organisme doit répondre à certains critères de validité fonctionnelle qui constituent l'objet de la psychologie fondamentale.

III. Enfin, il faut étudier les relations entre l'environnement et l'organisme qui se trouvent à la frontière commune aux deux systèmes. Le troisième type d'explication tient à ces interactions entre plusieurs systèmes.

Ainsi les besoins d'un environnement à caractère commercial sont déterminés par les prix, les profits, l'espace de stockage, le temps d'approvisionnement, alors que les conduites des clients sont liées à des facteurs physiologiques (faim, énervement) ou psychologiques qui constituent leurs motivations (organisation de la journée, demande des enfants).

Les individus vont à la fois agir comme des composantes « programmées » du site commercial, ils feront leurs courses en remplissant leur caddy et paieront à la sortie, et comme des personnes uniques avec leurs motivations, leurs préoccupations et leurs perceptions particulières. Le système organismique, autrement dit l'individu, opère des modifications sur les objets qui constituent l'environnement et il est lui-même modelé par ces objets.

L'unité d'analyse des modèles holistiques est l'événement qui intègre les personnes, leur environnement physique et social et la dimension temporelle. Le temps est un élément important des modèles holistiques. Il n'est pas conçu comme une succession de moments correspondants à des états, mais comme un courant continu dans lequel le sujet négocie avec son environnement par une activité volontaire et anticipée. Le changement fait partie de l'ordre des choses.

Ces trois modèles ne sont pas incompatibles. Les derniers englobent les premiers et les complètent.

### □ Plan de la première partie

Dans cette première partie, nous tenterons de situer les positions relatives de la psychologie sociale et de l'économie dans le champ scientifique, ce qui est commun, ce qui est différent, ce qui est conciliable, ce qui est inconciliable. Nous aborderons en particulier le problème de l'existence d'une branche spécifique de la psychologie qu'on appellerait «psychologie économique». Existe-t-il des méthodes, des théories et des concepts particuliers qui fonderaient une psychologie économique? Ou bien, la psychologie économique n'est-elle qu'une application de la psychologie générale ou de la psychologie sociale?

Cette psychologie économique pourrait être définie dans un premier temps par un champ d'application de la psychologie. Sur la base des recherches sur les conséquences psychologiques du chômage, on analysera comment une situation économique particulière, le chômage, modifie les conduites, la pensée et les sentiments des personnes. À l'inverse, par l'étude des conduites d'épargne, on verra la manière dont les conduites individuelles avec leurs motivations particulières sont à l'origine de phénomènes économiques globaux.

La psychologie économique peut être conçue comme l'analyse par les psychologues d'un modèle psychologique, l'*homo oeconomicus* que nous appellerons «naïf» parce qu'il a été élaboré en dehors de la psychologie et avant même que celle-ci n'existe. Autrement dit, comment les économistes ont-ils fait de la psychologie sans le savoir? Ce modèle apparaît comme une figurine mécanique à la lumière des travaux empiriques des psychologues. L'homme rationnel des économistes est un postulat qui génère des lois économiques : chercher à la valider est une perte de temps. Le psychologue, par la pluralité de ses approches théoriques, apporte des éléments nouveaux à l'économie et surtout cherche à recevoir d'elle une approche unitaire qui lui manque.

La troisième approche est celle des praticiens qui ont emprunté à la psychologie sociale, ses méthodes et ses concepts. Il s'agit alors d'analyser les pratiques psychologiques du marketing et de voir en quoi elles ont considérablement réduit les apports de la psychologie sociale. Toutefois celle-ci, dans ses développements récents, a constitué des modèles d'analyse des situations particulièrement éclairants dans le domaine des conduites économiques. Les exemples de nouvelles approches de la psychologie du consommateur et des situations de pénurie ouvrent la voie au développement d'une véritable psychologie économique.

Enfin le dernier chapitre de cette première partie fera état des principales méthodes utilisées en psychologie économique (enquête, expérimentation, observation) tout en réservant la présentation de techniques particulières pour les chapitres sur les concepts auxquels elles s'appliquent.

# 1

# La psychologie économique : une psychologie appliquée

Comme le souligne Paul Albou (1984), les précurseurs de la psychologie économique comme Tarde, *La Psychologie économique* (1902), Böhm-Bawerk (1912) ou Katona, *Psychological economics* (1975) n'ont pas apporté de définition de cette discipline et on peut actuellement constater que la psychologie économique n'est pas une discipline autonome. Elle ne dispose pas d'un corpus de théories, de concepts et de méthodes qui lui soit propre. Elle emprunte des éléments scientifiques à d'autres champs de la psychologie et en particulier à la psychologie sociale, aussi dans un premier temps la considérerons-nous comme une psychologie appliquée au domaine de l'économie. Deux thèmes importants de la psychologie économique peuvent illustrer cette conception : les conduites d'épargne et les conséquences psychologiques du chômage.

L'économie est un champ d'application des méthodes scientifiques élaborées par la psychologie sociale pour expliquer et prévoir les conduites économiques. Les effets rétroactifs de cette application sur la psychologie sociale fondamentale est importante. Les recherches dans le domaine de l'économie font évoluer considérablement la psychologie sociale. Elles sont génératrices de nouveaux concepts et de nouvelles méthodes. Cette recherche appliquée doit être distinguée de l'application pratique en tant qu'utilisation de méthodes rigoureuses fondées par la recherche pour influencer, modifier les conduites économiques. Dans ce cadre, on peut envisager la formation professionnelle de psychologues de l'économie.

## 1.1. LES CHAMPS D'APPLICATION

Selon Lea, Tarpy et Webley (1987), les champs d'application de la psychologie économique seraient de deux ordres : les actions individuelles sur l'économie, ce que l'individu fait à l'économie, et l'influence des phénomènes économiques sur l'individu, ce que l'économie fait à l'individu. De fait, les effets d'interaction, d'actions réciproques des deux phénomènes sont tellement nombreux qu'il est difficile d'en faire deux listes séparées qui ne comporteraient pas de recouvrements.

Le psychosociologue perçoit et analyse les conduites économiques selon plusieurs points de vue : celui des activités économiques individuelles, celui des activités économiques collectives, celui de l'influence de l'économie sur le psychisme des individus et les relations interpersonnelles.

### *Les activités économiques individuelles*

Trois grandes catégories de conduites individuelles sont repérables par leurs effets globaux sur l'économie : le travail, la consommation accompagnée de l'épargne, et la gestion.

- Le travail

Le travail est l'activité centrale de l'économie. Les individus dans les sociétés modernes consacrent environ un quart de leur vie à travailler. La psychologie du travail existe depuis très longtemps. Les principaux travaux de recherche ont porté sur les raisons qui poussent les individus à travailler, à faire des heures supplémentaires, à s'impliquer ou, au contraire, au désintérêt, à l'absentéisme, c'est le domaine de la motivation. L'étude de la motivation au travail a permis de développer et d'appliquer ce concept à d'autres domaines comme celui de la pédagogie. La psychologie du travail s'intéresse aussi au stress, à la fatigue, aux accidents et la psychologie sociale à l'organisation du travail, aux rapports hiérarchiques, aux relations interpersonnelles et au climat social sur le lieu de travail. Les travaux dans ce domaine ayant été très largement diffusés, il y en aura peu d'exemples dans cet ouvrage (Lévy-Leboyer et Spérandio, 1987).

- La consommation et l'épargne

On a souvent tenté de réduire la psychologie économique à une psychologie de la consommation, car il s'agit en effet d'une activité économique importante. Dans les divers manuels de psychologie économique, un chapitre au moins est consacré à la psychologie du consommateur (Albou, 1984; Brée, 1994). Les processus d'achat constituent le second mouvement de la circulation de l'argent : entré dans les foyers par la rétribution du travail, il en ressort par la consommation. Dans les sociétés économiquement développées et dites « de consommation », c'est le problème du choix qui domine le champ de la recherche : les décisions alternatives face à des produits concurrentiels. On étudie les diverses influences sur le processus de décision et sur le choix final : les besoins, les revenus, le prestige des marques, la publicité. C'est ici que la psychologie économique trouve sa principale application : le marketing.

L'épargne est un autre mode d'utilisation personnelle et familiale des revenus par les ménages. Les recherches sur les conduites d'épargne ont beaucoup apporté à la psychologie du point de vue théorique. C'est dans ce domaine que s'appliquent les relations entre les apprentissages et des caractéristiques individuelles comme la capacité à différer la récompense. L'épargne pour la retraite en est l'exemple le plus flagrant. Quand il y a achat immédiat, la récompense (le produit désiré) suit immédiatement l'acte. S'il y a épargne, il y a report dans le temps de cette récompense. Jusqu'à quand peut-on différer cette récompense pour que la conduite garde un sens? On entre ici dans un domaine peu exploré de la psychologie : l'horizon temporel des sujets en tant que variable de la personnalité qui prédisposera à des conduites d'endettement ou d'épargne.

• La gestion

Le chef d'entreprise gère des hommes et des capitaux. On se doit donc d'étudier la psychologie du chef d'entreprise, son sentiment de confiance, sa capacité d'innovation, ses attitudes à l'égard du marché et des nouvelles techniques, ses décisions d'investissement. Mais la conduite gestionnaire ne concerne pas que le chef d'entreprise. L'enjeu des dispositions d'esprit et des conduites que nous venons d'énumérer est variable depuis la gestion du budget personnel de l'adolescent à celui du budget familial, de celui des travailleurs indépendants, artisans, commerçants ou paysans, professions libérales, des chefs d'entreprises familiales, de PME, aux grands groupes nationaux et internationaux. La gestion des services publics représente un cas particulier dans la mesure où leurs activités ne sont pas orientées vers le profit. Dans leur gestion, les problèmes des coûts d'investissement et de fonctionnement ne doivent pas être négligés. Le problème psychologique qui se pose ici est celui de la rationalité économique et de l'ensemble des facteurs psychologiques, sociaux et environnementaux en jeu dans cette rationalité.

### *Les activités économiques collectives*

Il n'y a pas que les individus qui ont des conduites économiques. Les personnes qui travaillent, consomment et gèrent au sein de groupes structurés ou non interagissent et élaborent des stratégies et des actions collectives. Il faut distinguer trois grand types d'interactions économiques : la coopération, la compétition et la négociation et l'échange.

• La coopération

Conduite économique qui marque fortement les relations humaines, le don a été fort peu étudié dans nos sociétés modernes alors qu'il est interprété avec le troc comme une conduite économique dans les sociétés traditionnelles. Pourtant les psychologues se sont intéressés à l'altruisme, au partage, aux conduites d'aides, aux conduites qu'on appelle à présent de « solidarité ».

La fiscalité en tant que contribution de chacun au bien-être commun a été beaucoup étudiée sous l'angle de la fraude fiscale qui apparaît comme un « sport national » commun à de nombreux pays. Les auteurs ont appliqué des théories psychologiques de l'équité pour expliquer les sentiments d'injustice des individus face à la fiscalité.

D'autres dépenses imposées par la solidarité au sein des collectivités peuvent faire l'objet des études des psychologues : les assurances et les cotisations sociales.

Enfin les conduites coopératives ont également été étudiées du point de vue de l'entreprise. Une entreprise est un ensemble structuré de groupes et d'individus en interaction dynamique qui œuvrent vers un même but et donc sont amenés à coopérer.

• La compétition

Nous vivons dans une économie concurrentielle qui induit un certain nombre de conduites même si le modèle de la « concurrence parfaite » reste une utopie. Les relations économiques internationales restent largement dominées par l'image que l'on a de l'adversaire. On entre ici dans un aspect des attitudes et des opinions abondamment étudié par les psychosociologues : les préjugés, les processus de catégorisation d'un groupe d'appartenance et du groupe rival. C'est ce qu'on appelle actuellement la cognition sociale.

Il existe encore de nombreuses sociétés qui vivent dans des conditions économiques de rareté. Dans les sociétés industrielles, la rareté prend des formes nouvelles liées aux soucis écologiques de préservation des richesses naturelles (air, eau, forêts). Quelles sont les caractéristiques des sociétés qui réussissent économiquement? Existe-t-il des traits psychologiques fondamentaux (innés ou acquis par l'éducation) qui favorisent le développement? L'éthique protestante, le besoin d'accomplissement personnel sont des éléments d'explication de la réussite économique.

• La négociation et l'échange

La négociation est un processus qui met en jeu des échanges entre deux ou plusieurs personnes ou deux ou plusieurs groupes afin de résoudre un conflit ou de déterminer les modalités d'une relation, d'un contrat ou d'une transaction. C'est le domaine de l'interaction, de la dynamique de groupe. On négocie une décision d'achat au sein de la famille, des conditions salariales à l'intérieur de l'entreprise et aussi des conditions de paix entre deux nations belligérantes. Le rôle de la médiation (Touzard, 1977) est très important au cours de la négociation. Le médiateur crée le contact, oriente les échanges, arbitre les décisions.

Assez curieusement, l'échange en tant que tel n'a que très peu été étudié par les psychosociologues. Quels sont les termes de l'échange? On ne sait pas grand-chose des échanges de produits économiques contre des produits psychologiques. Quelques éléments pourront être trouvés dans les recherches psychologiques sur les transactions entre particuliers (logement, marché de l'occasion automobile, brocantes).

### *Les effets de l'économie sur le psychisme des individus et les relations interpersonnelles*

Il s'agit maintenant de voir en quels termes on peut décrire l'impact psychologique de l'économie. Nous en examinerons les conséquences cognitives et affectives, ainsi que les pathologies qui peuvent en résulter.

- Le cognitif

L'existence de l'argent impose une réflexion sur le sentiment de confiance et sur le symbolique. La confiance est un domaine peu conceptualisé et peu étudié par les psychologues. Ceux-ci ont en général une perception peu estimable de l'argent. Ils oublient que l'argent dans l'histoire est apparu comme un moyen conventionnel pour supprimer la violence et les guerres (Galbraith, 1975). Par contre, l'argent a fait l'objet de nombreuses études développementales : pour être utilisé, sa signification doit être comprise. Il joue un rôle socialisant important en permettant à l'enfant d'entrer dans la société, d'avoir de nouveaux rapports avec des personnes extérieures à la famille. La pièce de 10 FF donne à l'enfant un statut social reconnu par le commerçant : il devient un client.

- La prise de risque

Dans les textes antiques, il est fait état d'enjeux économiques importants au cours de parties de dés. Les rois de France et d'Angleterre ont été les premiers à utiliser des loteries pour renflouer les caisses de l'État. Sans aucun doute, jouer est une activité économique. Les jeux d'argent ont été prétexte à de nombreux travaux de psychologie expérimentale sur les stratégies mises au point par les joueurs à partir de leurs analyses des probabilités et des statistiques. D'une manière générale les recherches sur la décision conçoivent toujours le sujet dans une situation de prise de risque semblable à un jeu de hasard. Un autre problème important de la psychologie abordé par l'étude du jeu et du joueur est celui posé par la limite entre le normal et la pathologique : où commence l'excès en matière de jeu d'argent?

• L'affectif

Les conduites et les événements économiques entraînent des réactions affectives importantes.

La plus importante d'entre elles est positive. Elle concerne la satisfaction et le bien-être : l'argent fait-il le bonheur? Les diverses études n'ont montré aucun lien statistique entre la fortune et le bonheur (Campbell, 1981). Il y a plusieurs explications à ce constat :

1. Le niveau d'adaptation : le sentiment de bonheur s'accroît au moment d'une augmentation du niveau de vie, mais on s'y habitue vite.

2. La comparaison sociale : les personnes évaluent leur niveau de vie en se comparant aux autres et on trouve toujours plus riche ou plus pauvre que soi.

3. L'utilité marginale de l'argent : quand on devient riche d'autres valeurs augmentent comme la liberté ou l'amitié.

Mais il existe aussi une conséquence affective négative remarquable de l'économie sur les individus : le stress. Il est produit autant par les contraintes de productivité (stress du cadre supérieur) que par le chômage (états dépressifs). On remarque à ce propos que les travaux scientifiques, effectués par les psychologues pendant et après la grande crise de 1929 et dont les résultats indiquaient pourtant de nombreux éléments pour aider les chômeurs et leurs enfants à supporter cette situation difficile, n'ont pas été utilisés dans les périodes de crises économiques récentes. Ce fait témoigne du statut fragile des sciences humaines par rapport aux sciences « dures » et du peu de considération des dirigeants pour les travaux des psychologues.

• Le pathologique

Toute conduite peut prendre des formes pathologiques, il en est de même pour les conduites économiques. Déjà Durkheim en 1897, dans *Le Suicide,* évoquait les causes économiques du suicide. Depuis le début des années quatre-vingt, une abondante littérature paraît sur des recherches comparatives (comparaison entre catégories socioprofessionnelles) et longitudinales (suivi des rechutes) à propos des liens entre les changements économiques et la santé mentale (consommation de médicaments psychotropes, admissions en services psychiatriques, suicides). Les pathologies se définissent par rapport à des normes comportementales. Et il se trouve que la plupart des formes de conduites économiques pathologiques sont prohibées et réprimées par la loi. Elles sont donc délictueuses : évasion fiscale, vol, escroquerie, détournements de fonds, vandalisme ou sabotage, travail au noir, immigration clandestine. Il existe donc une délinquance économique qui fait de plus en plus la une de l'actualité judiciaire. Dans ce domaine, les psychologues s'intéresseront le plus souvent à la prise de risque que supposent ces conduites. Parfois ces conduites déviantes s'apparentent à des phénomènes sociaux généraux conduisant à une situation d'anomie (absence de normes), par exemple, on assiste à une dérégulation des conduites économiques dans les anciens pays communistes par l'irruption d'une économie capitaliste, sans culture et sans apprentissage.

Il existe aussi des conduites économiques problématiques à caractère individuel qui ne font pas l'objet d'interdictions précises : surendettement, jeux d'argent, achats compulsifs. Il s'agit de mécanismes qui souvent échappent à la conscience des sujets et les placent dans des situations catastrophiques.

## 1.2. LES CONDUITES D'ÉPARGNE

Les conduites d'épargne illustrent bien l'influence du comportement individuel sur l'économie. Ce sont en fait les économistes qui, par l'introduction progressive de données psychologiques de plus en plus affinées, ont permis l'émergence d'une psychologie économique. L'étude des conduites d'épargne en fournit un excellent exemple (Wärneryd, 1989). L'épargne consiste à accumuler des stocks de marchandises ou d'argent, pour les consommer plus tard. Jevons (1871), fondateur de l'économie classique, est parti de l'hypothèse que l'épargne croît avec l'incertitude quant aux données économiques et aux conditions de vie à venir. Böhm-Bawerk (1888) a écrit sur l'impatience du consommateur qui préfère consommer ici et maintenant que d'attendre et qui exige une rétribution pour cette attente. Ce sont les deux éléments psychologiques qui reviennent le plus souvent dans les études sur l'épargne : l'incertitude et la capacité à différer la récompense.

### *Le croisement des seuls indices économiques*

Dans un premier temps, les économistes ont vérifié l'hypothèse que « l'épargne croît avec l'incertitude » à l'aide des seuls indices économiques. Ils ont donc analysé la corrélation entre l'épargne, mesurée par la masse monétaire déposée dans les caisses d'épargne, et l'incertitude, mesurée par le taux de chômage et/ou le taux d'inflation. Wärneryd appelle ces indices des « proxies » (votes par procuration), car l'individu n'a pas de place dans ce schéma.

### *L'introduction des variables sociodémographiques*

Ces variables sont l'âge, les revenus, la profession, la taille de la famille. L'étude de l'épargne s'appuie sur la *loi psychologique fondamentale* de Keynes (1936) : « En moyenne et la plupart du temps, les hommes tendent à accroître leur consommation à mesure que leur revenu augmente, cette consommation ne s'élevant pas toutefois dans la même proportion que le revenu. » La relation entre l'incertitude et l'épargne dépend des revenus familiaux en tant que variable intermédiaire : les gens riches épargnent plus que les pauvres. Il s'agit d'une interprétation de la psychologie ambiante qui était très mécaniste aux États-Unis dans les années trente. Quand une personne voit ses revenus augmenter, elle se met à épargner. De la même façon, l'incertitude croît avec le nombre d'enfants, décroît avec l'âge et elle est plus forte dans certaines professions sensibles au chômage que dans d'autres. On épargne davantage quand on risque plus de perdre.

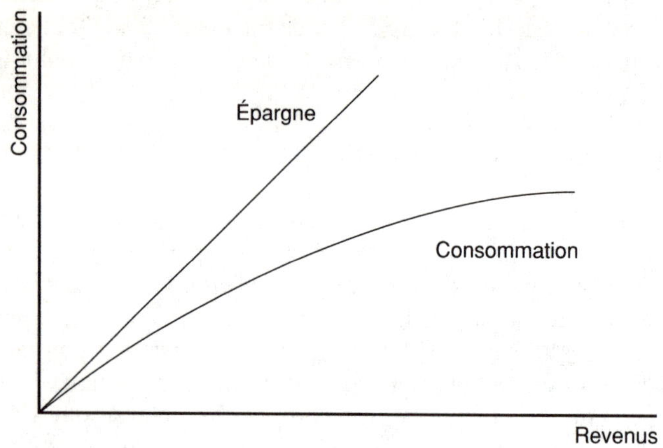


*Fig.* **1**.*1*. — *Le modèle de Keynes* (1936).

*L'intervention de variables psychologiques*

Katona (1974), psychosociologue, a fait entrer la théorie de l'épargne dans la psychologie. Le comportement économique, conçu depuis Keynes comme une relation consommation - épargne, dépend de la capacité et de la bonne volonté à consommer ou à épargner. La capacité est définie par la masse monétaire disponible : c'est une donnée économique. La bonne volonté est mesurée par des variables psychologiques, attentes, attitudes, motivations.

À la même époque, les économistes ont substitué le terme de préférence temporelle à celui «d'impatience» du consommateur. Ils ont signifié que la préférence des sujets va soit vers une faible récompense immédiate, soit vers une récompense plus élevée mais différée. Le choix pour une récompense à venir suppose un sentiment de confiance du sujet dans sa situation économique future.

Il y a une composante psychologique dans toute conduite économique. Les caractéristiques psychologiques personnelles deviennent des variables intermédiaires au même titre que les caractéristiques sociales entre la situation économique et la conduite. La conduite individuelle dépend de l'interaction entre la personnalité du sujet et son environnement économique. Les économistes utilisent alors des indicateurs psychosociaux en interrogeant directement les acteurs économiques sur la perception de la situation actuelle comme sur leur confiance en l'avenir : *Index of Consumer Sentiment* (Katona, 1979), *Indice de confiance des consommateurs de la CEE* (Van Raaij, 1986), *Système d'enquêtes relatif aux conditions de vie et d'aspiration des Français* (CREDOC).

*Le revenu discrétionnaire*

Katona (1975) distingue l'épargne contractuelle, celle qui suppose un engagement et une planification (plan-épargne logement, épargne-retraite), de l'épargne discrétionnaire, celle qui correspond à des projets d'achats dans le domaine du superflu (vacances, équipement audiovisuel) et de l'épargne résiduelle, les sommes dégagées par les surplus de la loi de Keynes et qui ne sont pas dépensées. La capacité à consommer ou épargner explique les dépenses de survie. Toutefois, quand les revenus augmentent, il existe un revenu discrétionnaire dont l'usage est entièrement psychologique.

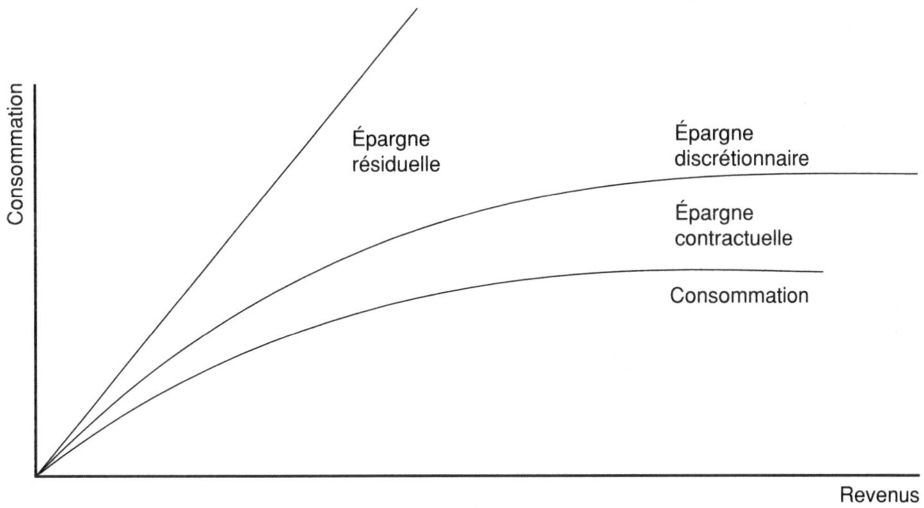


*Fig.* **1**.2. — *Le modèle de Katona* (1975).

Le modèle est transposable au niveau collectif. À mesure que les sociétés s'enrichissent, il se crée au-delà des dépenses de survie, une zone de consommation dont l'usage est entièrement idéologique. Dans une économie de pénurie, les dépenses ne sont que de survie. Puis les sociétés qui ont développé leur économie et se sont enrichies, investissent les sommes épargnées dans des équipements ou dans le système éducatif. Enfin en situation de surdéveloppement, on voit apparaître d'autres utilisations, des dépenses culturelles ou pour la protection de l'environnement.

*Les recherches actuelles sur les conduites d'épargne*

Les travaux contemporains sur l'épargne sont issus des réflexions de Katona. Ils supposent l'influence de trois groupes de variables : l'environnement économique perçu par le sujet, un certain nombre de facteurs individuels (attentes, attitudes et traits de personnalité comme l'optimisme ou le pessimisme), une diversification des conduites d'épargne (discrétionnaire, résiduelle, contractuelle).

Van Veldhoven et Groenland (1993) en tirent plusieurs conséquences méthodologiques :

I. Les chercheurs devraient systématiquement porter leur attention sur l'influence du contexte général et personnel sur l'épargne tout comme sur les effets d'événements (stimuli) spécifiques. Ce contexte peut être considéré de façon structurelle ou dynamique. C'est la raison pour laquelle les comparaisons interculturelles et intercatégorielles, ainsi que les études longitudinales sont particulièrement appropriées.

II. L'étude des divers postes budgétaires et la répartition des sommes sur ces postes devraient être étudiés en même temps que l'épargne. Quelles sont les catégories cognitives du budget?

III. La perspective temporelle des sujets dans leurs motivations et la gestion temporelle de leurs conduites d'épargne sont un élément clé de la conduite dans ce domaine.

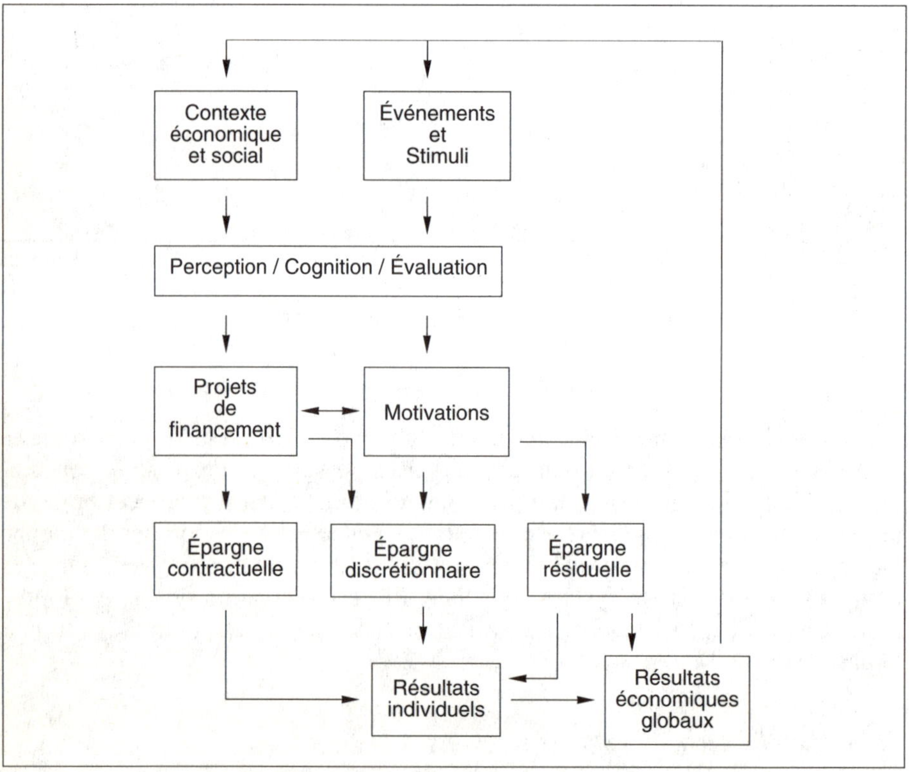


*Fig. 1.3. — Schéma des conduites d'épargne et de leurs antécédents*
(Van Veldhoven et Groenland, 1993).

Dans le schéma de Van Veldhoven et Groenland (1993), les variables du contexte socio-économique sont le climat économique (croissance, inflation, taux d'intérêt, chômage), l'information économique (mass média), le contexte économique personnel (patrimoine, revenus) et le contexte institutionnel (système bancaire, fiscalité). Les événements et les stimuli sont relatifs aux revenus (accroissement, héritage), au marché (nouveaux produits, promotions) et à la vie personnelle (mariage, maladie, naissance). Le cadre « perception, cognition, évaluation » regroupe les connaissances, les croyances, la catégorisation, le risque perçu, l'optimisme et la confiance. Les prévisions financières et les antécédents d'épargne sont l'orientation et la perspective temporelles, la capacité à différer la récompense, l'impulsivité et la capacité de planification. Les motivations à épargner sont la précaution, la richesse, les achats futurs, l'investissement et les projets pour les enfants. Enfin les résultats de l'épargne sont institutionnels (assurance-vie, pensions), numéraires ou en termes de sécurité.

## 1.3. LES CONSÉQUENCES PSYCHOLOGIQUES DU CHÔMAGE

Pour illustrer les conséquences psychologiques de l'économie, nous prendrons le cas particulier du vécu du chômage. C'est un domaine qui a été très étudié dans les années trente, surtout aux États-Unis, consécutivement à la grande crise économique et qui malheureusement est redevenu d'actualité depuis 1975, particulièrement en Grande-Bretagne. Le plus frappant dans les résultats de ces études est la similarité des phénomènes observés bien qu'objectivement les conditions économiques et sociales de la situation de chômeur soient différentes à ces deux périodes.

### *L'analyse sociologique*

Freyssinet (1993) fait apparaître deux dimensions sociales comme conséquences de la situation économique : la vulnérabilité au chômage et l'employabilité des chômeurs.

La vulnérabilité au chômage est la « probabilité d'entrée en chômage pendant une période donnée au sein d'une population donnée ». On l'analyse à partir des causes d'entrée. Parmi celles-ci, il y a les départs volontaires, mais dans une période difficile de récession comme celle que nous vivons, ils sont de moins en moins nombreux. Une partie de la population inactive est à la recherche d'un emploi, les jeunes qui sortent du système scolaire, et les femmes qui veulent reprendre une activité. Les premiers sont en forte augmentation, les secondes diminuent car les femmes se retirent de moins en moins du marché du travail pour élever leurs enfants. L'entrée en chômage provient dans la plupart des cas d'une décision de l'employeur : licenciements, remplacements des emplois à durée indéterminée par des emplois précaires.

L'employabilité est « la probabilité, au sein d'une population de chômeurs, de trouver un emploi pendant une période donnée ». Elle dépend de plusieurs facteurs. Plus la durée du chômage augmente, plus l'employabilité diminue. Corrélativement, il en est de même pour l'âge du chômeur. Le passé professionnel du demandeur d'emploi a tendance à se reproduire, les titulaires d'emplois précaires ne retrouvant que des emplois précaires.

À partir de ces constats, Freyssinet tente de constituer une typologie des chômeurs en trois grands groupes : le chômage répétitif, le chômage de conversion et le chômage d'exclusion.

Le chômage répétitif est caractérisé par une succession rapide d'emplois occasionnels et de périodes de chômage courtes, parfois entrecoupées de périodes de formation ou de stages. Il concerne des personnes peu qualifiées et principalement des jeunes.

Le chômage de conversion est plus long. Il résulte des licenciements économiques principalement d'hommes, entre 25 et 50 ans. La réinsertion est le plus souvent assurée par une formation qualifiante ou reconversion professionnelle.

Le chômage d'exclusion touche des travailleurs qui cumulent des handicaps : absence de qualification, âge avancé, zone géographique sans possibilité de reconversion.

Les chômeurs peuvent facilement passer d'une catégorie à une autre. À l'heure où nous écrivons ces lignes, le chômage d'exclusion prend une place de plus en plus importante.

### *Les conséquences du chômage*

En 1933, Mary Jahoda et ses collègues ont étudié l'impact du chômage sur la population d'une petite ville d'Autriche, Marienthal. À cette occasion, ils ont pu constater que la gamme de ces conséquences était très vaste : conséquences financières tout d'abord. À cette époque les allocations de chômage étaient versées pendant six mois, puis la population était secourue par des aides sociales ponctuelles. Beaucoup de familles ont eu des difficultés à obtenir ces aides et elles vivaient avec ce qui correspondrait actuellement au RMI sans la garantie de pouvoir régulièrement toucher cette somme. Cette situation financière avait évidemment de nombreuses répercutions sur leur mode de vie : une alimentation à base de féculents avec très peu de viande, pas de repas le midi pour les enfants à l'école, si ce n'est un peu de pain. Ces carences alimentaires ont conduit à une situation sanitaire difficile, surtout en ce qui concerne les enfants et l'absence de soins dentaires. Comme nous le verrons plus loin les états dépressifs étaient nombreux et les relations familiales, amicales ou de voisinage difficiles et ponctuées de périodes d'agression et de retrait. Les loisirs même gratuits comme les promenades aux alentours ou les visites entre amis sont devenus moins nombreux. La bibliothèque qui mettait à disposition les ouvrages gratuitement vit son nombre de lecteurs considérablement diminuer. Les activités politiques devinrent de moins en moins nombreuses pour quasiment disparaître.

Dans un article de 1979, Mary Jahoda a comparé les résultats obtenus dans cette étude approfondie avec ceux de divers travaux menés en Grande-Bretagne dans les années soixante-dix. Les recherches de l'époque insistaient plus sur les conséquences alimentaires et sanitaires du chômage, les recherches actuelles sont plus orientées vers les conséquences psychologiques et relationnelles, mais en ce qui concerne les résultats, elle a constaté plus de similitudes que de changements.

Que perd la personne qui perd son travail? Elle voit disparaître la structuration de son temps. Le travail rythme la journée, la semaine, l'année. Le contact social et l'expérience partagée avec des personnes extérieures à la famille lui manquent. Elle perd l'expérience de l'organisation, de la maîtrise d'une activité et le sentiment d'avoir un but ou d'être utile. Elle perd son identité et son statut vis-à-vis de sa famille, de ses amis, de son logeur, de son banquier, etc. Elle n'a plus d'activités et se trouve gagnée par l'ennui.

### *L'évolution de l'état psychologique du chômeur*

Si l'on a pu dire que certaines personnes se satisfaisaient de leur situation de chômage, la réalité est autre ou en tout cas elle ne dure pas. Certes au début, le chômeur apprécie de bénéficier de temps libre, mais à plus ou moins long terme, ce temps libre devient un temps vide et la situation euphorique fait place à la dépression, dans laquelle certains chômeurs s'installent, diminuant de fait leurs chances de retrouver un emploi. De nombreuses recherches (Eisenberg et Lazarsfeld, 1930; Hopson et Adams, 1976; Harrison, 1976; Hill, 1977; Briar, 1977; Townsend, 1979) ont décrit les diverses phases psychologiques par lesquelles passent les chômeurs. On les trouve pour la plupart résumées dans le chapitre du manuel de psychologie économique de Furnham et Lewis (1986). Les diverses phases psychologiques par lesquelles passe le chômeur sont : la déréalité, l'optimisme, la dépression, la réorganisation du temps et l'installation dans la durée.

I. La première réaction est une réaction de refus de la réalité de la situation (déréalité). Elle concerne les personnes licenciées qui perdent leur emploi. Le chômage était un problème extérieur et elles le vivent : elles n'y croient pas. Elles sont en état de choc ou d'immobilisation. Les changements à venir sont minimisés.

II. Cette période de refus est suivie d'une phase d'optimisme au cours de laquelle on voit la personne partir en vacances, entreprendre de nombreux achats, jouer à la loterie, organiser des réceptions ou des fêtes familiales, et aussi différer la demande d'allocations de chômage et d'aide sociale. Elle est persuadée qu'elle va rapidement retrouver un emploi et elle est bien décidée à profiter de son temps libre.

III. Le temps passe et l'argent commence à manquer, plus question de sortir, ni de bricoler (les matériaux coûtent cher). Le sujet réalise qu'il a perdu son statut (il n'a plus rien à raconter), ses relations familiales et conjugales se dégradent. Le chômage est vécu comme un échec personnel, une fatalité, une exclusion : «je suis un raté», «personne ne peut rien pour moi». Le chômeur ne se rend plus aux rendez-vous qui lui permettraient de retrouver un emploi. Il est en phase dépressive. En termes de traits de personnalité, le chômeur apparaît avec une baisse du sentiment de sécurité, de son niveau habituel de croyance dans les valeurs morales et religieuses, de son niveau de confiance en lui-même, de son niveau d'aspiration. Il est pessimiste et développe un fort sentiment d'infériorité. Il est plus introverti, moins sociable.

IV. La sortie de la phase de dépression passe par l'acceptation d'une réalité modifiée. Dans un premier temps la personne teste son nouveau mode de vie. Un des effets majeurs du chômage sur la vie quotidienne est une déstructuration du temps. Une réorganisation stricte du temps autour des démarches pour retrouver un emploi peut favoriser ce passage : acheter le journal, rédiger des lettres de candidature. Elle s'accompagne d'activités familiales ou domestiques : sortir pour faire les courses, s'occuper des enfants, faire le ménage, bricoler à la maison ou au jardin. Dans le cas inverse, la personne se couche tard, se lève tard. Elle perd le sommeil. Elle perd le rythme des repas, ne mange plus ou au contraire grignote toute la journée. Elle s'occupe en restant devant la télévision toute la journée et ne sort plus.

V. La santé mentale du chômeur est fragile. Souvent sa situation réactualise une vulnérabilité antérieure, qu'elle soit d'ordre dépressif ou physique. On note une surconsommation médicamenteuse et hospitalière qui ne correspond pas à une morbidité physique. Mais la dépression en tant que telle n'est que très rarement soignée. Les malades sont traités pour leur insomnie, leurs vertiges, leur constipation, comme si la dépression était un luxe qu'ils ne peuvent pas s'offrir. Par ailleurs, ils se remettent à fumer ou à boire de l'alcool, si c'est leur point faible.

Le milieu familial est souvent perturbé par la situation. Pourtant son rôle est fondamental. Le conjoint a du mal à supporter la situation; son attitude est parfois ouvertement dévalorisante ou simplement exigeante. Il exige que le chômeur compense sa situation par un travail domestique accru. L'abaissement du niveau de vie, voire la pauvreté entraîne d'autres difficultés : carences alimentaires, absence de soins et surtout de soins dentaires.

### *Les facteurs qui prédisposent à la dépression*

La revue de question d'Eisenberg et Lazarsfeld (1938) fait le bilan de très nombreuses recherches à la suite de la crise économique de 1929 aux États-Unis et en Europe. Des travaux récents ont largement confirmé ces résultats.

Les personnes les plus fragiles face à la situation de chômage sont celles qui ont le plus souffert durant leur période d'emploi (Hepworth, 1980). Les cadres, ceux qui gagnaient bien leur vie, les professions intellectuelles s'adaptent le mieux à la situation. Les personnes les plus âgées sont celles qui supportent le plus difficilement le chômage. Les jeunes qui peuvent reprendre des formations sous une forme ou une autre sont moins désespérés. Les femmes sont en général moins affectées que les hommes, car elles se retrouvent plus facilement un statut et des occupations familiales qui structurent leur temps. Les personnes qui ont une vie familiale sont moins fragiles que les célibataires. Enfin comme nous l'avons déjà vu, la durée du chômage affecte gravement les capacités de résistance des sujets à cette situation stressante.

Des études ont plus particulièrement visé la spécificité des difficultés psychiques des jeunes sans emploi. L'absence du rôle socialisant que constitue l'insertion professionnelle se fait particulièrement ressentir et la délinquance apparaît parfois comme un mode d'adaptation à une situation psychique et sociale devenue intolérable. Tous les auteurs soulignent la nécessité de résoudre ce problème du chômage des jeunes pour que les sociétés ne s'exposent pas à des situations d'anomie (absence de sociabilité et de règles de conduites). On se trouve ici à la convergence de l'économie, de la psychologie, de la sociologie et de la politique.

### *L'apport des modèles théoriques de la psychologique sociale*

La théorie de Vroom (1964) propose un schéma psychologique de la recherche d'emploi. Elle suppose que le sujet pense que postuler est essentiel pour trouver un emploi, des actions particulières sont nécessaires pour atteindre un certain but (instrumentalité), que l'obtention de l'emploi a une grande importance, degré de désirabilité du résultat de l'action pour l'individu (valence) et enfin que les démarches aboutiront (expectation).

Si les démarches n'aboutissent pas, le sujet se trouvera en situation de dissonance (Festinger, 1957) : «Je fais tout ce qu'il faut et j'échoue.» Plusieurs façons de réduire cette insupportable dissonance s'offrent au chômeur :

— une recherche intensive et désordonnée qui, si elle n'aboutit pas, peut enliser le sujet dans la dépression ;

— la baisse de la motivation et de l'énergie à rechercher un emploi est aussi un moyen de réduire la dissonance. Ne plus chercher, c'est retrouver une forme de confort ;

— un changement dans les attentes et les attitudes : comment concevoir une vie sans travail? Comment convertir ses compétences? Comment attendre l'âge de la retraite en se rendant utile?

Le modèle de l'attribution causale (Kelley, 1967) intervient pour saisir la façon dont le sujet explique sa situation. Il s'en attribue l'échec (baisse de l'estime de soi) ou il reporte ses rancœurs sur le système social et politique qui rejette des individus malgré leurs capacités. Une autre explication courante est celle de la fatalité d'un système économique dont on ignore la logique et dans lequel on apparaît comme une victime expiatoire. Enfin, le modèle du sentiment d'impuissance (ou de résignation) acquise (Seligman, 1975) montre comment réagissent les individus placés dans des situations incontrôlables. Ils s'immunisent en concevant des attentes contraires à celles qu'il serait logique d'avoir.

Les conséquences psychologiques du chômage sont connues depuis la grande crise de 1929. Elles ont été confirmées par les travaux des chercheurs britanniques dans les années soixante-dix. Cependant, quand la crise a touché la France, aucune structure d'aide n'a été mise systématiquement en place pour éviter les conduites d'auto-exclusion d'une large proportion de chômeurs et de jeunes.

# 2

# L'*homo oeconomicus*, un modèle psychologique

L'économie est fondée sur une certaine idée de la psychologie humaine qui s'est développée sans relation avec les travaux des psychologues. L'*homo oeconomicus* ou postulat de rationalité est caractéristique de la réussite des économistes qui trouvent avec lui, comme les biologistes avec le darwinisme, une théorie du comportement cohérente et unanimement respectée.

Parler de l'*homo oeconomicus*, c'est aborder l'aspect historique des relations entre l'économie et la psychologie. Celle-ci ne propose pas de théorie unifiée mais divers modèles théoriques des conduites humaines au mieux complémentaires, au pire compétitifs.

## 2.1. LE MODÈLE DES ÉCONOMISTES

Création du siècle des Lumières, l'*homo oeconomicus* a trouvé sa première cohérence dans l'ouvrage d'Adam Smith, *Recherches sur la nature et les causes de la richesse des nations*, publié en 1776. John Bentham (1789) définit l'économie comme « l'arithmétique des plaisirs et des peines ». On remarquera que, si les premiers économistes se présentent comme des moralistes, ils utilisent des termes psychologiques avant l'existence de la psychologie : plaisirs et peines relèvent de la psyché.

Au milieu du XIXe siècle, le modèle prend une forme fortement marquée par le déterminisme scientifique. Une terminologie issue des sciences physiques comme « les forces du marché », les équilibres, etc., conduisent les économistes à énoncer des « lois » générales tendant à réduire des mécanismes complexes à leurs formes les plus élémentaires dans des conditions « égales par ailleurs ». Le modèle a connu d'autres évolutions sous la pression du modèle marxiste et après la grande crise de 1929. Le modèle de l'*homo oeconomicus* ne s'accommode pas du chômage. John Keynes (1936) y introduit les premiers éléments qualifiés de « psychologiques ». Il faudra attendre la fin de la Seconde Guerre mondiale, pour qu'un psychologue, George Katona (1951), s'intéresse à un modèle psychologique des conduites économiques.

Le modèle est simple, il se résume en six postulats qu'il n'y donc pas lieu de démontrer et que tous les économistes tiennent pour acquis :

I. Le mobile psychologique essentiel à toute activité humaine est l'intérêt personnel. Le premier principe est donc affectif. Il définit l'unique mobile de l'activité économique.

II. L'homme n'obéit qu'à la raison. C'est le postulat de rationalité, un principe cognitif venant compléter l'aspect affectif énoncé en premier. La rationalité renvoie à l'utilisation de la causalité formelle de Descartes. La réflexion du sujet sur ses choix est nécessairement antérieure à la conséquence de ceux-ci.

III. Ce sujet est universel. L'intérêt personnel et la rationalité sont valables en tout lieu et de tout temps.

IV. Il est parfaitement informé. C'est un point qui a particulièrement son importance dans les théories de la décision. Il a connaissance de la totalité des conséquences de toutes les possibilités d'actions qui s'offrent à lui.

V. Il vit au présent dans un temps linéaire : il ne se souvient, ni ne prévoit. Entre son désir de satisfaire son intérêt personnel et cette satisfaction, il n'y a qu'un chemin possible qui passe par la délibération, puis par l'action.

VI. Enfin, il est isolé et libre donc indépendant des autres hommes. Il a seul le pouvoir de décider. Il n'existe pas de déterminismes extérieurs à lui.

*Tableau* **2.***1. — Quelques définitions tirées du Lexique d'économie de Silem et Albertini (*1987*), du Dictionnaire des Sciences Économiques (*Beitone *et al.*, 1995, 2e éd.*) et du Lexique de théorie économique de Bourdanove et Martos (*1992*).*

| |
|---|
| **Besoin :** sentiment de privation qui porte à désirer un bien ou un service. |
| **Utilité :** reflet de l'importance qu'un sujet économique attache à un bien, compte tenu de son aptitude à satisfaire les besoins économiques définis hors de toutes considérations morales ou hygiéniques. |
| **Désutilité ou coût :** peine (sacrifice) découlant pour un agent de la réalisation d'un acte. |
| **Coût total :** ensemble des dépenses engagées pour produire des biens ou des services. |
| **Coût marginal :** coût de production d'une unité supplémentaire d'un bien. |
| **Utilité marginale :** utilité procurée par la dernière unité de bien consommé. Elle est d'autant plus élevée que la quantité totale de biens disponibles est très petite. |

Le postulat de l'*homo oeconomicus* qu'on appelle aussi postulat de rationalité ne résulte pas de l'observation des conduites humaines systématisées en une sorte de psychologie naïve, c'est une construction abstraite sur laquelle les économistes ont bâti un corpus théorique unanimement accepté. Ainsi, ils ont énoncé des lois économiques, au sens scientifique, que l'on retrouve dans tous les ouvrages théoriques fondamentaux : la loi de maximisation de l'utilité, les lois sur l'utilité marginale appliquées à la consommation et à la production.

La différence entre ces lois et celles des sciences physiques réside dans leur évolution. En l'absence d'administration de la preuve par des méthodes de validation empirique de type expérimental, les postulats économiques n'ont pas été remis en cause. L'économie n'a pas connu les bouleversements théoriques radicaux vécus par les physiciens.

### *La loi de maximisation de l'utilité*

L'utilité est la qualité d'un objet de procurer du plaisir. En économie, les objets entassés au fond de nos placards et qui ne servent qu'une fois par an sont utiles car potentiellement, ils peuvent procurer du plaisir. L'*homo oeconomicus* cherche à obtenir la plus grande satisfaction possible de ses besoins moyennant le plus petit sacrifice possible. Citons Jevons (1871) : « L'objet de l'économie est de maximiser le bonheur par l'achat de plaisir au moindre coût de souffrance. » L'utilité totale d'un bien mesure la satisfaction globale que l'individu retire de l'usage de ce bien : utilité moins désutilité. Notons que les économistes ne définissent pas les notions de satisfaction, de plaisir ou de souffrance. L'*homo oeconomicus* pèse librement, sans contrainte extérieure, le pour et le contre de chacune des éventualités d'action sur lesquelles il est parfaitement informé. Il choisit celle qui présente le meilleur rapport entre les bénéfices et les coûts.

### *Les lois de Gossen (1854)*

Elles précisent le rôle de l'utilité dans la consommation : lois de prolongation, de répétition, de l'utilité décroissante et d'égalisation des unités marginales. La loi de l'utilité marginale décroissante, appelée aussi la loi de prolongation introduit la notion de durée dans les conduites économiques. « La poursuite ou prolongation d'un plaisir entraîne une diminution de l'intensité de ce plaisir. Le besoin est saturé. Au-delà apparaît la peine, la souffrance ». Le plaisir que nous procure la satisfaction de nos besoins s'atténue avec le temps. Il peut même se transformer en souffrance au-delà d'un « point de satiété » où le plaisir comme la souffrance sont nuls.

Cette décroissance est d'autant plus rapide que l'homme satisfait plus souvent ses besoins et que ses consommations sont rapprochées (loi de répétition). Les achats alimentaires donnent moins de satisfaction que les achats d'habillement ou que celui encore moins fréquent d'un logement. « Plus le volume de biens que possède un individu est grand, plus petite est la satisfaction qu'il tire d'une unité supplémentaire de ce bien » (loi de l'utilité décroissante). Par exemple, dans une famille, une seconde voiture apporte moins de satisfaction que la première, et la troisième encore moins que la seconde.

L'utilité marginale mesure l'évolution de l'utilité totale à la marge, c'est-à-dire pour une unité supplémentaire de ce bien ou pour une quantité minimale supplémentaire. « Devant une variété de biens et de services, le plaisir total est maximum lorsque les plaisirs procurés par les dernières unités consommées sont, pour chaque bien, égaux » (loi d'égalisation des unités marginales). L'*homo oeconomicus* par ses choix rationnels se retrouve dans une situation telle que la dernière unité de chaque bien consommé lui procure la même quantité de satisfaction. Le dernier disque acheté procure autant de plaisir que le dernier repas au restaurant.

### *Transposition de ces lois à la production*

Objectivement, plus un travailleur produit, plus il se fatigue et son travail devient progressivement moins efficace ; subjectivement, plus il se lasse et chaque minute de travail supplémentaire devient ennuyeuse. « Plus le volume d'un bien est grand, plus le coût réel impliqué dans la production d'une unité supplémentaire est grand » (loi du coût croissant).

Le producteur continuera de travailler jusqu'à ce que l'utilité de la dernière heure de travail soit égale à la désutilité de cette heure de travail. Rappelons que l'*homo oeconomicus* en tant que producteur est indépendant des autres hommes, il travaille donc pour lui (loi de l'égalisation de l'utilité marginale et de la désutilité marginale du travail). Tout revenu supplémentaire, comme la rétribution des heures supplémentaires, coûte davantage que le dernier revenu, en efforts, en impôts (loi de l'utilité décroissante du revenu).

Ces axiomes fondamentaux ont des conséquences sur les rapports sociaux et sur les conditions dans lesquelles la puissance publique, l'état, doit ou ne doit pas intervenir dans la vie économique.

### *L'État et la vie économique*

D'après Adam Smith (1776), la logique de l'intérêt égoïste de la satisfaction des besoins personnels conduit à une forme de contrat économique et social : « Donnez-moi ce dont j'ai besoin, et vous aurez de moi ce dont vous avez besoin vous-même. » Ainsi se crée un système de dépendance réciproque, de conjonction des intérêts des particuliers dont le correlat est que l'état n'a pas à intervenir dans le domaine de l'économie. « Le libéralisme est une doctrine économique qui considère que la régulation par le marché est la meilleure modalité de gestion de l'économie. » (Beitone *et al.*, 1995, 2e éd.)

Déjà Adam Smith avait entrevu que l'État devait être chargé d'établir les règles de la concurrence par le système éducatif et par l'impôt. À la fin du XIXe siècle, on estime que l'État doit avoir des actions plus directes sur l'économie (par exemple par des lois anti-trust). Toutefois, son rôle essentiel demeure d'assurer la défense, la justice, la sécurité et la diplomatie : c'est la conception de l'État « gendarme ».

C'est à la suite de la crise de 1929 que va s'épanouir l'idée de « l'état-providence » (*welfare state*). Afin de protéger les populations des méfaits des crises, l'état doit intervenir au sein des structures économiques pour protéger les individus et les mettre à l'abri du besoin : salaire minimum et RMI, régimes de protection sociale et de protection vieillesse, planification et aménagement du territoire, nationalisations. L'État prend un rôle actif en organisant la vie économique.

Depuis le milieu des années soixante-dix, la doctrine libérale est revenue en force. Dans de nombreux pays, on a assisté à un courant de dérégulation, de privatisation. Les crises pétrolières et le constat de l'échec des économies socialistes en sont les principales causes.

#### *Les premières critiques*

Comme toute construction hypothétique, le libéralisme est une utopie. Son inadéquation à la réalité a conduit à des évolutions du modèle et des postulats qui le sous-tendent. Au cours du XIXe siècle, l'*homo oeconomicus* a fait l'objet de nombreuses critiques, entre autres marxistes. Les travaux de Marx ont développé la notion d'interaction entre le fondement biologique des capacités et des préférences humaines et l'environnement en tant que mode de production. À un moment historique donné, ce dernier est caractérisé par un certain savoir-faire technique et par la structure sociale qui rend un groupe particulier détenteur des moyens de production. À la suite des analyses marxistes, John Stuart Mill (1863) lui a attribué des sentiments altruistes. La recherche de l'intérêt personnel conduit à s'identifier aux autres et à « identifier ses sentiments avec le bien de tous ». On notera que c'est le même processus d'identification, qui selon Freud (1915) est à l'origine de la société. En 1902, Gabriel Tarde se propose de « mettre en relief le côté subjectif des phénomènes économiques et de démontrer que c'est là leur côté vraiment explicatif » : les conduites économiques deviennent un objet d'étude pour les psychologues.

### 2.2. LE DÉBAT SUR LA RATIONALITÉ

La critique de l'*homo oeconomicus* tient à la fois à l'observation des phénomènes quand l'économie s'est trouvée en situation d'échec dans ses prévisions et à l'irruption de la morale dans l'économie, en particulier dans l'étude des relations entre pays riches et pays pauvres (économie politique). Par exemple, on constate dans de nombreux pays d'Afrique, que les paysans n'accroissent pas la production des denrées dont le prix augmente ou que les salariés cherchent à moins travailler dès qu'on les paye plus. Comme l'indique Hugon (1993), l'homme africain semble l'antithèse vivante de l'*homo oeconomicus* rationnel. C'est que l'économie est une activité d'échange parmi d'autres de nature religieuse ou sociale. L'irrationalité économique est due à la priorité donnée à la dimension symbolique des actes. Comment les économistes, les sociologues et les psychologues peuvent-ils analyser ces conduites? Les économistes d'une part avec le remplacement du concept de maximisation par celui de satisfaction, le point de vue subjectiviste et l'introduction de la morale dans la rationalité et les psychologues d'autre part, par l'application du concept d'inconscient aux conduites économiques, ont provoqué une évolution sensible du modèle de l'*homo oeconomicus* sans toutefois en rejeter les fondements car sa logique positiviste ne laisse que peu de place à d'autres possibilités théoriques.

### *La rationalité limitée*

C'est à partir d'Herbert Simon (prix Nobel en 1978) que les économistes se sont préoccupés de l'absence de rationalité des conduites économiques. Ils ont montré que dans la plupart des cas, les individus s'orientent plus vers des choix satisfaisants (satisfaction) plutôt que vers des choix optimaux (maximisation). Dans certaines circonstances des buts secondaires (intérêt collectif) peuvent prendre la place du but primordial de l'activité (intérêt personnel). Souvent l'individu n'a pas la possibilité de juger de l'exactitude de l'information qui lui est transmise; il doit donc faire confiance. Ces diverses constatations ont conduit Simon à parler en termes de rationalité limitée.

Herbert Simon (1945) est considéré comme le fondateur du «béhaviorisme économique» que l'on ne doit toutefois pas confondre avec le béhaviorisme en psychologie qui a donné naissance à la théorie de l'apprentissage. Son objectif était de remplacer la théorie traditionnelle de la rationalité parfaite que nous avons appelé plus haut «*homo oeconomicus*». Ce que critique Simon c'est le postulat selon lequel le sujet connaîtrait toutes les conséquences de toutes les alternatives à ses choix. Il propose de remplacer la loi de maximisation de l'utilité par un principe de satisfaction. Il faut cependant souligner que sa théorie et les développements qui ont suivi concernent essentiellement les organisations et non les individus (March et Simon, 1958; Cyert et March, 1963). Il s'agira donc de buts, d'attentes, de choix, de contrôles et de satisfactions de groupes d'individus. Le mouvement du béhaviorisme économique est actuellement représenté au sein de l'association scientifique SABE.

March et Simon (1958) distinguent trois situations générales qui s'appliquent autant à l'individu qu'au groupe : la certitude, le risque et l'incertitude. Dans son historique sur les théories de la décision, Lucien Sfez (1984) fait succéder à l'*homo oeconomicus* qui a un comportement certain, un *homo probabilis* au comportement probable, puis un *homo erraticus* au comportement aléatoire. La certitude est la situation dans laquelle se trouve l'*homo oeconomicus*; il connaît chacune des conséquences qui suivra chaque alternative. En situation de risque, le sujet connaît la probabilité des termes de la distribution des conséquences de chaque alternative (*homo probabilis*). Si le décideur est incapable d'assigner une probabilité d'occurrence à une conséquence particulière d'une alternative, il est en situation d'incertitude (*homo erraticus*). Les auteurs parlent donc de rationalité limitée. Dans de telles situations le sujet est incapable de maximiser ses choix. Il recherche les diverses possibilités d'action et la première alternative «satisfaisante» sera choisie. Les objectifs du décideur définissent des niveaux d'aspiration qui servent de critères pour juger de la satisfaction. La famille qui cherche un logement fixe quelques exigences premières de localisation, de taille, de prix, puis explore le marché. Après avoir examiné quelques alternatives, elle porte son choix sur un logement satisfaisant à l'ensemble de ces exigences et qui comporte en outre d'autres avantages comme l'ensoleillement, la taille des chambres.

### *Le point de vue de la morale*

La description des décisions et des choix montre que la rationalité n'est pas «la vérité». Les postulats économiques font de la rationalité une norme, un comportement prescrit vers lequel tendent les individus. Une des conséquences les plus importantes du principe de rationalité est que les décisions prises rationnellement rationalisent le monde. Cette rationalisation scientifique de la société ressemble au concept théorique de rationalité. Le temps est conçu dans les sociétés occidentales comme linéaire, alors que la plupart des sociétés traditionnelles en voient principalement les aspects cycliques (lunaisons, retour des saisons). L'acceptation d'un temps linéaire induit que les causes sont antérieures aux effets, qu'on ne peut revenir en arrière. L'adoption de la rationalité comme règle commune a rejeté d'autres principes, comme ceux fixés par les valeurs mystiques ou morales. Toute décision qui serait prise après avoir pesé le pour et le contre de ces valeurs, est considérée comme irrationnelle.

Les économistes comme March et Simon ont montré l'incapacité de l'être humain à répondre à la norme de rationalité. Pourtant l'homme le plus souvent manifeste sa volonté de se conformer à cette norme. La violation de cette règle entraîne une certaine désapprobation dont la première manifestation sociale est l'échec scolaire. Cependant toutes les conduites irrationnelles ne sont pas nécessairement tragiques ou vouées à l'échec : les personnes qui jouent régulièrement leur date de naissance au loto parviennent parfois à gagner. Kloppenborg Madsen (1989) conclut que la rationalité est librement choisie par les êtres humains parce qu'elle crée du lien social : «On peut concevoir la rationalité, comme une compétence en matière de communication, comme le résultat d'un processus d'apprentissage social et historique par lequel les capacités de jugement et de communication ont été transférées de façon similaire aux individus et aux institutions. » La norme de rationalité harmonise les rapports sociaux et le fonctionnement des institutions.

Le courant « moraliste » en économie a commencé à s'épanouir depuis la publication en 1988 de l'ouvrage d'Amitai Etzioni, *The moral dimension : toward a new economics*. Il est fondé sur le rejet de l'aspect individualiste du postulat de l'intérêt personnel. Il renvoie dos à dos l'*homo oeconomicus* et un certain *homo psychologicus*. L'un et l'autre ne tiennent pas assez compte des déterminismes sociaux, des rapports de force et des facteurs politiques dans les choix et les échanges. Etzioni veut créer une socio-économie qui étudie « la responsabilité du je et du nous ». L'individu n'est pas égoïste, il lui arrive de prendre en compte l'intérêt de la collectivité. Les choix économiques doivent tenir compte des interdits et des obligations morales tels qu'ils sont intériorisés et vécus par les sujets sociaux (solidarité entre générations, convivialité de voisinage, protection de l'environnement). Il s'agit d'une nouvelle rationalité. Une association scientifique (SASE) regroupe ce courant de chercheurs. La compatibilité de la recherche du profit et de celle du bien commun, de l'efficacité économique et de la justice sociale, l'éthique des entreprises sont leurs thèmes de prédilection.

### *Le point de vue subjectiviste*

Depuis longtemps il existe un courant très minoritaire en économie qui propose un modèle d'interprétation subjectiviste des conduites économiques. C'est ce qu'on appelle communément l'école autrichienne. Elle remonte à un économiste de la fin du siècle dernier, Menger (1871), dont les travaux ont été plus récemment prolongés par von Mises (1949) et Hayek (prix Nobel en 1974). Ces auteurs conçoivent que l'explication des phénomènes économiques repose dans l'analyse des conduites individuelles et leurs interactions ; c'est ce qu'on a appelé « l'individualisme méthodologique » et que l'on oppose au « holisme » qui fait intervenir dans l'explication des faits économiques et sociaux des entités collectives auxquelles on prête des caractères individuels comme des intérêts, des intentions et des préférences. Les intentions et les attentes des agents individuels sont les causes involontaires de phénomènes économiques globaux qui les dépassent. Par exemple Menger n'emploie pas le terme d'utilité, mais celui « d'utilisation possible perçue ». La subjectivité des agents économiques provient des caractères d'incertitude et de faillibilité de la situation dans laquelle ils se trouvent. Von Mises avance l'idée que si la conduite économique n'est faite que d'actions intentionnelles, conscientes et rationnelles, l'économie est une science logique pure et abstraite. Toutes les autres conduites sont du champ de la psychologie. Pourtant on constate des régularités dans ces conduites incohérentes dont les objectifs échappent à la conscience des acteurs. Les progrès de la psychologie ont montré que les intuitions de ces auteurs étaient bonnes.

Ce qui distingue les économistes «autrichiens» des théories classiques et néoclassiques, c'est d'abord le rôle du temps : la décision économique est un processus qui prend du temps, l'intentionnalité suppose une perspective future. Tous les acteurs économiques ne sont pas vigilants aux alternatives qui se présentent. Ils présentent des traits de personnalité différents : créativité, volontarisme, persévérance, compétences intellectuelles ou manuelles.

### *Les psychologues et la rationalité*

Les économistes ont donc développé un modèle psychologique autonome sans l'aide des psychologues. Il faut dire que ceux-ci ne s'intéressaient que très peu à ce genre de problèmes. Pendant longtemps, les psychologues ont considéré que l'économie était un domaine ni très noble, ni très propre. Peut-être faut-il y voir une influence de la psychanalyse, qui a placé en avant l'image de l'argent comme symbole des excréments (allusion au stade anal). À l'évidence, le modèle de l'*homo oeconomicus*, pour les psychologues, est mauvais. Ils peuvent réfuter point par point la description de l'*homo oeconomicus* exposée plus haut.

I. À la logique de l'intérêt personnel, ils répondent par l'existence de sentiments altruistes et par ailleurs, ils constatent que la mise en œuvre de l'intérêt personnel entraîne des sentiments de culpabilité.

II. Certaines conduites vont à l'encontre de l'intérêt personnel par altruisme et aussi par absence de raisonnement rationnel. Il existe des conduites économiques irrationnelles, des dépenses de prestige, des gaspillages, qui ne correspondent pas au but de satisfaction de l'intérêt personnel tout comme le surendettement dans un ménage ou le refus de faire des dépenses de modernisation dans une entreprise.

III. L'individu est modelé par son environnement et sa culture. Il évolue et ses besoins aussi. Il n'est donc pas universel.

IV. Son information est imparfaite. Celui qui veut acheter un logement ne connaît pas la totalité du marché, le consommateur ne connaît pas tous les composants des produits. On passe donc de la notion de maximisation à celle de seuils d'exigences.

V. Il a une histoire, des souvenirs, il fait des projets, des prévisions. Il a des attentes. Il planifie ses activités. Il n'est pas hors du temps.

VI. Il tient compte des autres : le profit, la marge bénéficiaire d'un produit sont calculés par l'entreprise en fonction du prix de revient, mais aussi à partir de son positionnement sur le marché par rapport à la concurrence. Il n'est jamais isolé.

Chacun notera que cette critique de l'*homo oeconomicus* est faite à partir du constat des conduites individuelles. À partir de ce constat, de nombreux psychologues, se posent en juges et critiquent les économistes pour leur utilisation d'un aussi mauvais modèle. C'est oublier que dans sa formulation, l'*homo oeconomicus* est un postulat, une entité abstraite infalsifiable. Son objectif n'est pas de représenter la vérité, mais de rendre des prédictions possibles à partir d'un certain nombre d'opérations. Ce qui intéresse les économistes, c'est comment l'*homo oeconomicus* se conduit rationnellement. D'une certaine manière les psychologues perdent leur temps à vouloir en vérifier le fondement. Faut-il pour autant qu'ils l'acceptent? À l'évidence non, puisque son objet est l'individu qui justement ne se conduit pas rationnellement. Un modèle psychologique de la rationalité serait trop réducteur, les psychologues ont tout intérêt à développer d'autres modèles pour comprendre les conduites économiques.

## 2.3. VERS UNE PSYCHOLOGIE ÉCONOMIQUE

On peut faire remonter l'utilisation du terme de psychologie économique à l'intitulé d'un ouvrage que le sociologue Gabriel Tarde a publié en 1902. Dans cet ouvrage qui n'a jamais été réédité, Tarde critique la théorie de l'*homo oeconomicus* pour lui substituer les concepts d'imitation, de répétition, d'opposition et d'adaptation qu'il a développés par ailleurs. Par exemple, les besoins ne sont pas «naturels», ce sont les résultats de croyances partagées au sein d'une société. L'approche de Tarde, par son caractère abstrait et dogmatique, n'a pas eu de répercussion, même si tous les psychologues qui s'intéressent à l'économie se doivent d'y faire référence.

Quelles explications la psychologie économique est-elle en état de fournir aux conduites humaines? S'il ne postule pas d'explication rationnelle, le psychologue ne s'en remet pas au hasard. Une de ses explications favorites est l'apprentissage, l'autre est l'inconscient. L'une fait référence à la théorie béhavioriste, l'autre à la psychanalyse. Enfin les développements de la psychologie cognitive qui tendent à montrer que la pensée précède l'action abondent dans le sens d'un comportement rationnel des personnes.

### *Les travaux de Dichter*

À partir de 1946, Ernst Dichter, psychanalyste viennois, émigré aux États-Unis, a appliqué la psychanalyse à l'étude des conduites du consommateur. En 1961, il a publié un livre à succès, *La stratégie du désir*, pour justifier auprès du public des pratiques qui avaient été dénoncées dans un autre livre à succès publié en 1958 par le sociologue, Vance Packard, *La persuasion clandestine*. Les deux ouvrages ont été publiés en français l'année même de leur parution et préfacés par Marcel Bleustein-Blanchet, président et fondateur de la célèbre agence Publicis.

Packard dénonçait la pratique intensive des recherches de motivations et de l'emploi dans les agences de publicité des «barbus», c'est-à-dire des psychologues. «Ce que cherchent ces sondeurs, c'est le pourquoi de nos actes...», et c'est de nous influencer à notre insu. Il est vrai que Dichter déclarait que son Institute for Motivational Research avait effectué plus de 2 500 études de motivations sur des produits ou des services.

Dichter met en avant l'idée que les consommateurs donnent des explications raisonnables — certains diraient rationnelles — à leurs choix, mais que ces explications ne sont pas les bonnes. La rationalité des choix économiques est une illusion. « La science de la motivation et ses méthodes tendent à mettre au jour les causes réelles du comportement de l'homme ». Les études de motivations, dont nous ferons plus loin un bref descriptif, sont des « techniques destinées à atteindre l'inconscient et le subconscient parce que les préférences sont généralement déterminées par des facteurs dont l'individu n'a pas conscience ». On n'achète pas des chaussures, mais de jolis pieds. On n'achète pas une voiture pour ses qualités fonctionnelles, mais pour son image sécurisante comme une mère ou excitante comme une amante.

Ce qui explique le comportement est profondément ancré dans la nature de chaque individu, ce sont ses motivations. Il les a acquises au cours de sa petite enfance à partir de son vécu des plaisirs de la bouche (oralité), de son apprentissage de propreté (analité) et de la découverte de sa sexualité. Les motivations sont, comme les souvenirs de la petite enfance, enfouies dans l'inconscient. L'inconscient ne connaît ni le temps, ni la raison. L'explication du comportement humain ne peut être rationnelle. Toutefois les motivations sont fonctionnelles parce qu'elles canalisent l'énergie de la personne vers la recherche du plaisir et la protègent du déplaisir. L'individu choisirait inconsciemment ce qui lui convient le mieux. En psychanalyse, on parle d'économie psychique. Par exemple, l'acte de payer le psychanalyste est une mesure qui lui permet de mieux contrôler le transfert : « L'absence de l'influence correctrice du paiement présente de graves désavantages; l'ensemble des relations échappe au monde réel; privé d'un bon motif, le patient n'a même plus la volonté de terminer le traitement », (Freud, 1913 cité par Gilbeault, 1989). L'argent prend ici la place de l'amour. Les bénéfices psychiques que l'on retire d'une conduite tendent eux aussi à être maximisés.

Dichter cherchait à remettre définitivement en cause le modèle de l'*homo oeconomicus*, tout au moins en ce qui concerne les capacités du consommateur à délibérer rationnellement sur ses choix. Pourtant le modèle psychanalytique, n'est pas en contradiction totale avec celui de l'*homo oeconomicus* puisqu'on peut dire que le mobile psychologique essentiel à toute activité humaine est la recherche du plaisir. C'est un principe affectif qui est compatible avec l'intérêt personnel. On pourrait dans ce cas admettre que l'inconscient dicterait une loi de maximisation de l'utilité, une économie d'origine psychique.

### *L'apprentissage des conduites économiques*

Les psychologues n'ont appliqué la théorie de l'apprentissage aux conduites économiques que récemment sous sa forme la plus neuve d'apprentissage social. L'hypothèse de base est que les conduites et les choix économiques sont appris comme toutes les autres conduites humaines. Ce postulat ne contredit en rien l'idée que ces conduites apprises pourraient être rationnelles. Au contraire la théorie de l'apprentissage peut aisément expliquer la rationalité. En effet une conduite est apprise parce qu'elle conduit à un résultat récompensant. Le fait donc d'atteindre un objectif (par exemple, le profit) est une récompense. Le fait de répondre par sa conduite à des critères socialement valorisés est également une récompense. Dès lors que la pensée rationnelle reste un modèle dominant dans les apprentissages scolaires, se comporter rationnellement est une conduite encouragée et récompensée par les autres et gratifiante pour l'individu même.

Examinons plus à fond la compatibilité du modèle béhavioriste avec celui de l'*homo oeconomicus* :

I. Le sujet des béhavioristes n'a pas de mobile psychologique, ni de raison : c'est une « boîte noire ».

II. Il apprend à la suite de renforcements (récompenses ou punitions). Il s'agit d'une maximisation de l'utilité sans délibération.

III. Le sujet béhavioriste est universel. Mais ses apprentissages sont variables selon le lieu ou l'époque.

IV. Il est informé du *feed-back* (des conséquences) de ses actions. C'est la base même de ses apprentissages. La conduite rationnelle est suivie (dans notre société) de *feed-back* positifs, elle est donc renforcée.

V. Il vit au présent dans un temps linéaire : il agit, reçoit le renforcement par les conséquences de son action qu'il répète si les conséquences en sont positives.

VI. Il est déterminé par les récompenses extérieures qu'il reçoit.

Bien qu'il soit en contradiction avec certains postulats de base, le modèle béhavioriste s'applique à quelques aspects de l'*homo oeconomicus*. Il en résulte que pour « chacune des conduites économiques que nous avons étudiées, nous avons été capable de trouver une description en termes de rationalité même en face d'une irrationalité apparemment grossière. Par exemple, les conduites de jeu d'argent, de don ou d'épargne impliquent toutes des déviations substantielles ou superficielles du point de vue de la rationalité, mais pour chacune d'entre elles, il existe une théorie économique qui permet d'identifier les ressources d'utilité que la conduite observée pourrait maximiser » (Lea *et al.*, 1987). Malgré leur caractère irrationnel, on peut décrire les conduites économiques des enfants ou celles des sociétés primitives en termes de maximisation de l'utilité. Cependant, il s'agit d'explications après-coup. Pour le psychologue la maximisation de l'utilité est plus réactive que prédictive. Nous dirons que si le psychologue peut s'accommoder de la rationalité, elle ne lui est pas véritablement utile pour expliquer les conduites économiques.

### *La psychologie cognitive*

Les recherches récentes sur la pensée, le traitement de l'information et les conduites de décision ont pris une telle ampleur que le problème de la rationalité semble résolu. Le subjectivisme des économistes autrichiens a également trouvé parmi les cognitivistes des spécialistes qui connaissent à présent les règles des préférences et des évaluations.

La façon dont les humains traitent l'information dépend à la fois de leur équipement physiologique cérébral et des informations qu'ils ont à disposition. La psychologie cognitive est au carrefour des neurosciences, de la linguistique, de l'intelligence artificielle et de la psychologie.

La décision économique peut être assimilée à une résolution de problème. La psychologie cognitive a étudié la façon dont les sujets se fixent sur certaines propriétés d'un objet, d'un stimulus, d'une information pour les traiter comme des éléments symboliques — leur donner du sens. À partir d'informations sensorielles ou symboliques, les personnes simplifient et organisent le monde en systèmes catégoriels. On a appelé ces raccourcis simplificateurs des heuristiques. Leur caractère général autorise à prédire la façon dont les sujets vont résoudre certains problèmes. Dans le domaine de la psychologie sociale, l'information est de l'information communiquée ; son traitement s'inscrit dans la communication et donc dans le rapport aux autres : on parlera surtout de représentations ou de cognition sociale quand celle-ci a pour objet des personnes.

Certains considèrent (Albou, 1984) que le débat sur la rationalité a donné à la psychologie économique un droit de cité en tant que discipline autonome. La psychologie économique ne doit pas être fondée sur la critique de l'*homo oeconomicus*. Au contraire, les critiques des psychologues sont affaiblies par leur manque de cohésion : il n'existe pas un modèle humain unique en psychologie capable de remplacer l'*homo oeconomicus*, mais une pluralité de modèles. Face à un problème posé par les économistes, on ne trouvera jamais la réponse des psychologues, mais diverses réponses de psychologues. Nous estimons avec d'autres (Lea *et al.*, 1987) que le débat sur la rationalité ne consacre pas un droit de critique de la psychologie sur l'économie. Au contraire, il montre à quel point un cadre théorique unifié et incontesté comme celui de l'économie est fructueux face à une discipline dans laquelle le débat théorique est perpétuel, la psychologie. Celle-ci devrait retirer de nombreux bénéfices de son partenariat avec les économistes à condition de rechercher davantage les complémentarités que les oppositions.

# 3

# L'approche psychosociale des problèmes économiques

L'approche psychosociale des conduites économiques la plus connue est celle du marketing. Elle s'est développée essentiellement à partir des techniques de la psychologie sociale. En effet, si la psychologie n'a pas été très riche en modèles théoriques susceptibles d'expliquer les conduites économiques, la psychologie sociale a produit de nombreux outils et méthodes largement repris dans l'ensemble des sciences humaines. Dans les années quatre-vingt, elle a développé de nouvelles approches théoriques qui permettent une appréhension du champ économique plus large que celle du marketing. À la suite des travaux de Katona, la psychologie économique a eu recours à l'utilisation directe des variables psychologiques. Nous examinerons donc dans ce chapitre l'évolution des relations entre l'économie et la psychologie sociale qui a permis d'envisager l'existence potentielle de la psychologie économique.

## 3.1. LE MARKETING

«Le marketing est le mécanisme de société par lequel individus et groupes satisfont leurs besoins et désirs au moyen de la création et de l'échange de produits et autres entités de valeur pour autrui», (Kotler et Dubois, 1986). Il s'agit donc d'une catégorie d'activités qui relèvent de la psychologie économique. Cette définition suscite de nombreux commentaires de la part de ses auteurs.

Le désir désigne à la fois un état d'inconfort et la volonté de supprimer cet inconfort. Le besoin est un sentiment de manque. Un produit est une entité susceptible de satisfaire un désir. Ce n'est pas nécessairement un objet. Un service, une personne, un lieu, une organisation, une idée peuvent remplir ce rôle. C'est la raison pour laquelle les auteurs l'étendent à la notion de « valeur pour autrui ».

La satisfaction du désir passe par la création et l'échange. Celui qui a faim et qui cueille une pomme dans son jardin, n'entre pas en relation avec les autres (autoproduction). On peut aussi obtenir ce que l'on désire par la force (violence) ou par la supplication (mendicité), mais dans ces deux cas, il n'y a pas d'échange que Kotler et Dubois définissent comme « l'acte qui consiste à obtenir quelque chose de quelqu'un en contrepartie d'autre chose ».

Le marketing suppose la notion de marché. Un marché est défini comme un domaine d'échanges potentiels. Toutefois le concept est flou, il recouvre des réalités diverses :

1. un type de produit : on parlera du marché de la chaussure, du marché électoral, du marché des médias ;
2. un groupe démographique : le marché des 11-15 ans, le marché des célibataires ;
3. une entité géographique : le marché français, européen ou mondial. On doit donc aborder un marché par trois facettes : un produit, une population et un lieu géographique.

Le marketing et le consumérisme (mouvement des consommateurs) sont nés en même temps dans les pays industrialisés et se sont développés en réaction l'un par rapport à l'autre. C'est la raison pour laquelle leurs histoires sont indissociables.

### *Avant le marketing*

Dans une économie de pénurie, l'entreprise cherche à produire le plus possible au moindre coût avec la plus grosse marge bénéficiaire possible. Son profit augmente quand les ventes augmentent. Elle a juste besoin d'une politique de vente. Le consommateur est « celui qui emploie les produits pour satisfaire ses propres besoins et ceux des personnes à sa charge, et non pas les revendre, les transformer ou les utiliser dans le cadre de sa profession », (Weiss et Chirouze, 1984). Le consommateur en situation de pénurie cherche à obtenir des produits utiles et satisfaisants, en quantité suffisante, à un prix acceptable, sur un lieu d'achat facilement accessible. Les premières associations de consommateurs sont nées au XIXe siècle sous forme de coopératives de consommateurs dans ce but. Pour l'entreprise, il s'agira donc de placer les produits dans un maximum de points de vente. La problématique est identique pour l'usager de services.

### *Naissance du marketing*

Le marketing est né de façon réactionnelle dans les années cinquante quand les entreprises ont commencé à rencontrer des difficultés du fait de la concurrence.

Les idées marketing datent d'avant la guerre mais leur développement pratique en est postérieur. On constate alors des difficultés pour les entreprises : déclin du chiffre d'affaires, ralentissement de la croissance, évolution rapide et saturation progressive du marché, accroissement des stocks, agressivité de la concurrence. Il faut donc prévoir et s'adapter pour satisfaire un consommateur de plus en plus exigeant face au choix. C'est l'époque où se créent des associations de défense des consommateurs et des usagers.

Pour que l'entreprise puisse prévoir sa production, elle doit fidéliser les consommateurs et pour cela les satisfaire. Il faut connaître le marché, c'est-à-dire les besoins et les désirs des consommateurs. Il y a deux façons de s'adapter ou de fidéliser la clientèle : agir sur l'offre en créant des produits qui répondent aux besoins ou agir sur la demande en créant des besoins pour écouler les produits. Ainsi vont se développer simultanément des services d'étude de nouveaux produits et des services publicitaires, tous deux rattachés au marketing.

### *L'argumentation publicitaire*

Quand on a créé un nouveau produit qui satisfait à un besoin nouvellement révélé, il faut le faire connaître avec des arguments adaptés, cohérents avec le besoin désormais connu. Le produit a une valeur matérielle, qui est vantée par la partie informative de la publicité, et une valeur psychologique, le service rendu, la satisfaction du besoin. La publicité insiste donc sur la satisfaction du besoin plus que sur les qualités intrinsèques du produit. Le quincaillier ne vend pas des perceuses mais des trous. Dans une publicité célèbre, Reynolds ne vendait pas des stylos, mais « des kilomètres d'écriture ». Ces besoins sont mis à jour par le dialogue avec le consommateur (étude de marché). La connaissance des motivations inconscientes (Dichter) permettra aussi d'influencer inconsciemment le consommateur (utilisation de la sexualité dans la publicité).

« La publicité (est) un ensemble de moyens et de techniques mis au service d'une entreprise commerciale, privée ou publique, et visant à agir sur le plus grand nombre d'individus possible et ceci à distance, sans intervention directe du vendeur. Cette action a pour but d'acquérir et de développer une clientèle, c'est-à-dire, soit de faire connaître une entreprise, soit de vendre des produits ou des services. Elle agit dans ce sens en démontrant l'excellence du produit ou, de manière plus détournée, en suggérant, développant et satisfaisant des besoins réels ou imaginaires des consommateurs », (Cadet et Cathelat, 1968). Un même besoin peut être satisfait par des produits différents. Un même produit peut satisfaire différents besoins. On mettra en avant tel ou tel aspect du service rendu auprès de différents publics (segmentation du marché). On peut citer en exemple une marque de draps (Descamps) dont une page publicitaire vantait la solidité dans les revues lues par les ménagères aux moyens économiques modestes et une autre le contact agréable à la peau dans les revues lues dans les couches aisées de la société. En réaction à l'exubérance des argumentations publicitaires, les consommateurs ont exigé une juridiction contre le caractère mensonger ou trompeur de certaines publicités.

À ce stade, le marketing est devenu une pratique de plus en plus complexe. Kotler et Dubois (dans l'édition de 1976) définissaient, le marketing management comme « l'analyse, la planification, la mise en œuvre et le contrôle des activités, des stratégies et des ressources d'une entreprise qui ont une influence sur le client ». Le marketing « mix » réunit l'ensemble des moyens dont dispose l'entreprise pour influencer le marché. Cela concerne les produits, leur qualité et leur présentation (marque, conditionnement), leur prix, leur distribution et la publicité sous toutes ses formes (promotions de vente, relations publiques). La place du service marketing est devenue de plus en plus importante et celui-ci a rencontré au sein des entreprises une certaine hostilité en raison de son attitude « impérialiste » vis-à-vis des services commerciaux et des services de production.

*Le marketing sociétal*

Dans les années soixante-dix, les consommateurs se sont organisés, obligeant les entreprises à tenir compte de la sécurité des produits, de leur qualité, puis de la protection de l'environnement. Les consommateurs ont pris l'initiative du dialogue avec les entreprises quand, jusqu'alors, ce sont les entreprises qui les questionnaient. Weiss et Chirouze (1984) attribuent ce développement du consumérisme à l'accroissement du niveau d'éducation, à l'accroissement de la complexité des choix liée aux nombreuses innovations et à la technicité des produits, à la déshumanisation des relations commerciales, à la pression grandissante et à la sophistication des techniques de marketing et enfin au retard de la réglementation pour gérer les litiges de plus en plus nombreux. De 1976 à 1980, on a vu huit mots d'ordre de boycott suivis de succès en France : vin à l'amiante, paiement des factures d'eau, colorants, aérosols, légumes, paiement des loyers, pneus Kléber Colombes, viande de veau. Les mouvements de consommateurs ont remporté d'importantes victoires comme le vote de textes assurant l'information sur les prix et la protection des consommateurs (loi du 21 juillet 1983 relative à la sécurité des consommateurs) et leur représentation dans les instances consultatives (Conseil national de la Consommation). Plus récemment, la publication de résultats de tests comparatifs ont très rapidement influencé le marché (crèmes antirides, préservatifs) : certification, normalisation, contrat d'amélioration de la qualité. Le regroupement des associations nationales au sein d'organisations internationales de consommateurs est un nouveau pas dans la défense des consommateurs. Depuis 1960, l'OIUC regroupe des organisations de plus de cinquante pays.

Le marketing « classique », thèse soutenue pendant longtemps par le CNPF, refuse de prendre en compte les revendications collectives des associations de consommateurs, alors qu'il accorde à chaque consommateur le droit de protester (échanges standard, création de « services consommateurs » dans les entreprises). Les produits définis par les associations de consommateurs sont considérés comme « invendables » car leurs revendications sont rationnelles, sociales, logiques et écologiques. Ceci va à l'encontre du consommateur présenté par l'école de Dichter comme irrationnel, impulsif et égoïste. Paradoxalement, à ce stade, le marketing a abandonné le postulat de l'*homo oeconomicus* dont la rationalité est revendiquée par les consommateurs. Ainsi est né le marketing sociétal qui « reconnaît que la tâche prioritaire de l'entreprise est d'étudier les besoins et désirs des marchés visés et de faire en sorte de les satisfaire de manière plus efficace que la concurrence, mais aussi d'une façon qui préserve ou améliore le bien-être des consommateurs et de la collectivité », (Kotler et Dubois, 1986).

### *Le marketing social*

Certains auteurs comme Lindon (1976) vont tenter de définir un marketing « désintéressé » directement en prise avec les demandes des consommateurs et des usagers.

Il n'y a pas que les entreprises qui doivent prévoir. Rien n'interdit d'utiliser le marketing pour des « causes nobles », pour l'intérêt général et non plus seulement pour les intérêts privés. Le marketing devient social, il s'intéresse aux services publics (SNCF, Poste, universités), aux organisations sociales (syndicats, partis politiques, associations), aux organisations humanitaires (Croix Rouge, Restos du Cœur, recherche pour le cancer) et à la prévention (planning familial, vaccinations, accidents de la circulation, lutte contre le SIDA).

Il s'agit d'un élargissement considérable du champ d'action du marketing. Ces démarches restent des stratégies d'influence mais qui prennent en compte le point de vue du consommateur. Dans l'édition de 1986 de l'ouvrage de Kotler et Dubois, les fonctions du *marketing management* ont évolué, il s'agit de « l'analyse, la planification, la mise en œuvre et le contrôle de programmes conçus pour créer, développer et maintenir un courant d'échange mutuellement satisfaisant avec des marchés visés dans le but d'atteindre les objectifs d'une organisation ».

### *La logique de l'intérêt général*

Quand le marketing s'applique aux services publics, la logique des intérêts privés doit faire place à celle de l'intérêt général. L'usager doit être au centre des préoccupations du service public puisque celui-ci a été créé pour satisfaire ses besoins par des activités qui ne permettent pas de faire des profits. Toutefois, le service public se doit de répondre à des critères économiques rationnels d'une certaine forme de « rentabilité » au-delà de laquelle le contribuable s'en trouverait pénalisé. Traditionnellement, on définit les exigences du service public par trois critères : égalité de traitement des usagers, continuité, prévision.

L'intérêt collectif et la solidarité doivent garantir l'égalité de traitement de tous les usagers : on maintient des lignes ferroviaires ou aériennes non rentables, alors que la concurrence privée s'exerce sur les lignes rentables.

La continuité du service ou de la production doit être assurée. Cela explique l'interdiction pour ses agents de faire la grève dans des secteurs « vitaux » comme l'armée, et cela pose aussi le problème des limitations du droit de grève dans les transports ou dans la production d'électricité. Il faut anticiper les besoins à très long terme, ce qui implique une planification. En France, le Commissariat au Plan fait des prévisions pour cinq ans, alors que certaines entreprises japonaises prévoient à une échéance de cent ans.

## 3.2. LES THÉORIES DE LA PSYCHOLOGIE SOCIALE

L'idée d'une psychologie sociale est née vers 1895 avec les écrits de Le Bon sur la psychologie des foules et ceux de Tarde intitulés *Psychologie sociale* en 1903. Très rapidement l'étude du caractère social de l'homme est devenu le champ des sociologues (Durkheim, 1897). La psychologie sociale ou la psychosociologie reste à l'interface de deux disciplines qui malgré de nombreuses pratiques communes rencontrent de grandes difficultés à trouver un langage commun. En quoi la psychologie sociale dans ses développements les plus récents peut-elle apporter des éclaircissements sur les conduites économiques?

Pendant et après la Seconde Guerre mondiale, la psychologie sociale était en plein développement. Tout était à découvrir, les chercheurs passaient du laboratoire au terrain, de la psychologie fondamentale à la psychologie appliquée sans problème : c'était une période d'euphorie sous la forte influence des chercheurs américains. La plupart des techniques issues de la psychologie sociale et développées dans le domaine de l'économie (études de marché) datent de cette époque. Au cours des années soixante-dix, la psychologie sociale a connu une crise. Peu de nouvelles connaissances ont été produites. Il semble à l'analyse que pendant cette période de réussite, personne n'a véritablement pris le temps de réfléchir aux concepts. Il n'y a plus de théorie en psychologie sociale. Peut-être n'y en a-t-il jamais eu? Or comme l'écrivait Lewin, un des fondateurs de la psychologie sociale : « Il n'y a rien de plus pratique qu'une bonne théorie. » Les succès remportés dans le domaine des sciences physiques en témoignent : ils sont essentiellement théoriques.

Dans un numéro spécial de l'*European Journal of Social Psychology* (1989), on s'aperçoit qu'à défaut de grandes théories, plusieurs approches sont sorties de cette crise. Il s'agit d'approches épistémologiques qui s'affrontent parfois très vivement. Le paradigme le plus classique, soutenu par Zajonc, fait de la psychologie sociale, un cas particulier de la psychologie générale. À l'opposé un courant autonomiste tend à sortir la psychologie sociale de la psychologie et à lui définir un paradigme propre, l'interaction (Altman, Doise, Moscovici). Enfin un troisième courant tend à faire disparaître la psychologie et à positionner la psychologie sociale comme une science charnière entre la biologie et la sociologie, une science du discours comme seul élément psychologique « tangible » (Harré, Gergen).

### *La psychologie sociale, branche de la psychologie*

La psychologie sociale classique prend modèle sur les sciences exactes. Sa démarche est hypothético-déductive et elle procède par découpages en divers facteurs isolés. Ses modèles théoriques sont fortement influencés par la psychologie et en particulier par ses développements cognitivistes récents.

La psychologie cognitive est née des progrès de la linguistique, de l'informatique et des neurosciences. Elle se veut science du traitement de l'information symbolique en fonction du contexte (tâche, situation, personnalité).

Il n'y a pas de raison fondamentale pour que le cerveau humain traite les situations sociales différemment des autres situations. Certains peuvent aller jusqu'à retourner la proposition : l'être humain étant fondamentalement social, toutes les situations qu'il traite sont sociales. La psychologie sociale n'a plus qu'à reprendre les modèles, les concepts et les méthodes de la psychologie générale. Les méthodes les plus utilisées par ce courant sont l'expérimentation ou la simulation en laboratoire.

Le cognitivisme se veut un courant épistémologique réunificateur de la psychologie dans ses aspects développementaux, différentiels et sociaux, ce qui dans les relations avec l'économie doit être considéré comme un atout.

### *La psychologie sociale, science de l'interaction*

« Tant que la psychologie sociale se considérera comme une branche de la psychologie, elle sera une science mineure », écrit Serge Moscovici (1989) incitant les psychosociologues à prendre leur autonomie par rapport à la psychologie.

La psychologie sociale doit se définir un objet spécifique : l'interaction (Moscovici, 1969*b*). De nombreux auteurs s'accordent sur cette définition déjà ancienne (Newcomb *et al.*, 1970).

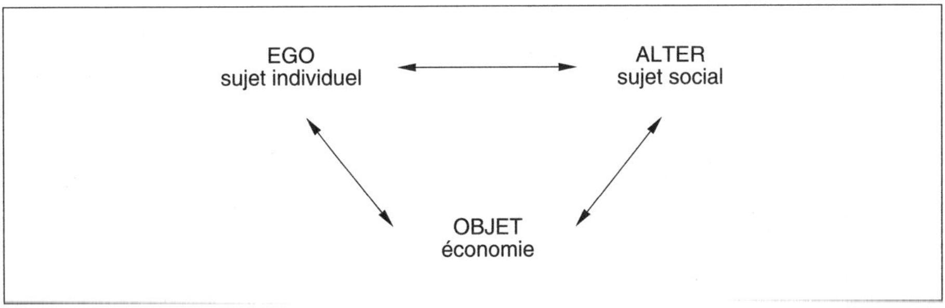


*Fig.* **3**.*1.* — *Le modèle de Moscovici* (1969).

L'interaction est la situation que vit l'individu avec ses caractéristiques propres (Ego) dans un environnement social complexe (Alter) qui a des caractéristiques objectives propres (Objet). L'objet de la psychologie sociale est donc l'interaction à trois termes entre le sujet individuel (Ego), le sujet social (Alter) et l'objet social indépendant du sujet. « Les problèmes cruciaux et fascinants se trouvent au carrefour où les relations entre les gens trouvent leurs origines, où les systèmes symboliques sont créés, où l'individu et les éléments collectifs entrent en contact », (Moscovici, 1989). L'ethnologie et l'anthropologie trouvent ici leur place. Cela concerne aussi l'économie.

Les travaux d'une science en constitution seront préférentiellement descriptifs plutôt qu'explicatifs. Dans le même courant, Altman et Rogoff (1987) proposent un type de recherche dite « transactionnelle » ou « contextuelle ». Elle se situe nécessairement sur le terrain (sites naturels) ; la situation est envisagée comme un tout (exemple : le supermarché), elle prend en considération le temps. On parle quelquefois de modèles holistiques non pas dans le sens du « holisme » en sociologie ou en économie, mais dans la volonté de ne pas séparer le sujet, qui reste l'élément fondamental de l'observation, de son contexte. Cette recherche étudie les événements comme unités à la fois psychologiques, environnementales et temporelles (exemple : les courses hebdomadaires). L'observateur fait partie de l'événement. Les méthodes sont essentiellement descriptives des changements et des évolutions. Elles font appel à un pluralisme méthodologique : observation et questionnaire, provocation expérimentale. Enfin, dans cette conception, il n'y a pas d'opposition entre la psychologie sociale fondamentale et la psychologie sociale appliquée.

### *Les modèles pluridisciplinaires*

Ils traduisent un net rejet du cognitivisme qui serait « une révolution erronée » (Gergen, 1989) : « Il n'y a pas de substance psychique », (Harré, 1989). Le point de vue cognitiviste est trop réducteur. Il existe une différence entre le sujet pensant et l'objet de sa pensée. On ne parviendra à comprendre le comportement humain qu'à partir de sa nature biologique et de sa nature sociale. Seule la biologie peut dire comment le sujet scrute l'environnement, enregistre certaines configurations et en néglige d'autres. Seule la sociologie peut indiquer comment le sujet passe d'un système d'abstraction à des actions concrètes particulières. Les réalités sociales existent indépendamment des catégorisations mentales des sujets. En rejetant le cognitivisme, ces auteurs rejettent la psychologie, toutefois ils gardent la psychologie sociale comme science « charnière » entre la biologie et la sociologie.

La psychologie sociale est définie en référence au philosophe Vigotsky (1934) : « Le mental est une privatisation du social. » C'est le langage qui permet de passer des normes de conduites sociales au processus cognitif. Le langage n'est donc pas une extériorisation de la pensée, mais une conséquence des échanges sociaux et un moyen d'intérioriser les pratiques sociales en un mode de pensée. La conduite est déterminée par une interaction continue entre deux réalités indépendantes : les processus physiologiques et les pratiques conversationnelles.

Ce troisième groupe de modèles laisse une grande place à l'étude des conduites en tant que « réponses naturelles », biologiques ou en tant que « pratiques culturelles », normes. Pour comprendre la composition d'un repas, on tiendra compte du biologique, la faim, et du social, les normes régissant l'alimentation (les tabous), mais pas de l'expression des préférences individuelles (les catégorisations mentales des produits). Sous l'influence de la linguistique, on analysera la conversation ou plutôt les normes conversationnelles en tant que discours acté, sa rhétorique (la logique naturelle), sa mise en scène (Goffman, 1959) : par exemple, il existe plus de deux cents formes grammaticales pour exprimer les statuts relatifs de deux personnes en japonais. Les travaux de la psychologie sociale seront dans ce cas encore essentiellement descriptifs puisque la causalité est ailleurs dans le biologique (darwinisme) ou dans le social.

### *Le modèle psycho-économique*

Le champ épistémologique de la psychologie économique est celui de l'interaction entre le psychologique et l'économique. En ce sens, on peut appliquer le schéma de Moscovici (1969) dans lequel Ego serait en interaction avec Alter et un objet économique. La psychologie économique n'est alors qu'un cas particulier de la psychologie sociale. Van Raaij a exposé dans le premier article paru dans le *Journal of Economic Psychology* (1981) un modèle à quatre termes qui tient compte de la spécificité du champ de l'économie. Ce modèle entre aisément dans la catégorie des modèles « autonomes » par sa volonté de rendre compte de la complexité des phénomènes économiques.

Le modèle de Van Raaij formalise les relations entre le psychologique, le social et l'économique. Les éléments d'une situation particulière sont tous en interaction : l'environnement économique, l'environnement tel qu'il est perçu et vécu par le sujet ainsi que sa conduite. Comme le soulignent Furnham et Lewis (1986), la psychologie économique est concernée par les conduites sociales, les croyances sociales et les émotions sociales. Par ailleurs chacun de ces phénomènes est relié à un contexte plus général : l'environnement économique global, l'ambiance sociale et la personnalité du sujet (voir fig. 3.2).

L'environnement économique du sujet (ses finances personnelles, le marché local) est en relation avec l'environnement économique général (récession, inflation, chômage). On entre dans la psychologie quand on considère que cet environnement est perçu par l'agent économique (le consommateur, le chef d'entreprise, le contribuable), qu'il est l'objet de représentations qui dépendent de ses caractéristiques sociales et psychologiques et les influencent en retour. C'est ici que pourront être placés le statut social ou les goûts du sujet (facteurs personnels). Une conduite économique précise dépend de la représentation de l'environnement économique et de la situation du moment (le cycle de la vie familiale, le dépôt de bilan de

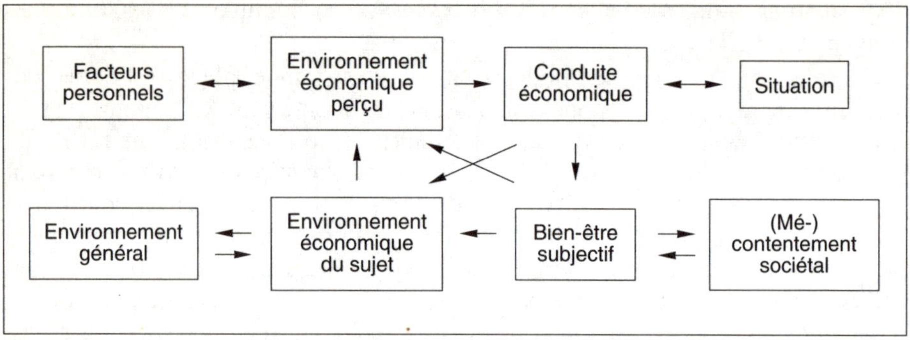


*Fig.* 3.2. — *Le modèle de Van Raaij* (1981).

l'entreprise). Elle a des conséquences affectives (satisfaction ou insatisfaction) qui sont relatives au climat social et le modifient. On retrouve à ce point les indicateurs psychosociaux de Katona (*Index of Consumer Sentiment*). Les rétroactions sont nombreuses. L'état psychologique d'une personne influence ses représentations. Par ailleurs, la conduite économique individuelle est susceptible de modifier la réalité économique.

Le modèle de Van Raaij, implique de nombreux travaux de psychologie sociale fondamentale. 1. L'étude de la perception de la situation s'appuie sur la cognition sociale, les représentations, l'attribution causale. 2. Il y a toujours plusieurs conduites possibles. On étudiera les antécédents du choix (influence sociale), les processus (décisions), les conséquences attendues ou non des choix (stress). 3. L'étude de facteurs émotionnels concerne les attentes, la satisfaction et le bien-être.

### *L'espace de la psychologie économique*

Paul Albou (1984) a développé un modèle qui articule divers plans qui donnent forme à l'espace de la psychologie économique. L'économie (E) est caractérisée par les rapports de production, la culture matérielle, la base écologique et les institutions. Le plan de la culture (C) concerne les productions intellectuelles, la culture matérielle et l'histoire. Le plan sociologique (S) est formé de la démographie, de l'histoire, des relations collectives et de l'écologie. Enfin le plan politique concerne les institutions, les relations collectives et la pratique militante. Ces quatre plans permettent de situer le sujet. Le plan psychologique articule le cognitif, le conatif (l'action) et l'affectif (les sentiments). Le sujet aménage son milieu, lutte contre la rareté. À l'interface du conatif et de l'affectif, on trouve la motivation. Le cognitif est le domaine de la perception et de l'interprétation du réel. À l'interface du cognitif et de l'affectif, on trouve la croyance et à celle du conatif et du cognitif, on trouve la technique. Albou place la représentation au centre du modèle. Cette conception de la psychologie économique a le mérite d'articuler des concepts classiques de la psychologie sociale pour une meilleure approche des conduites économiques.

## 3.3. ÉTAT ACTUEL DE LA PSYCHOLOGIE ÉCONOMIQUE

L'état d'une discipline et son développement potentiel peuvent être évalués de diverses manières. Les plus communes tiennent compte du nombre de publications dans le domaine (manuels et revues), du nombre d'articles publiés dans un autre contexte (revues de psychologie ou d'économie), de la constitution d'associations scientifiques et du nombre de leurs adhérents, de l'existence de colloques dans son champ d'investigation. Si la psychologie économique montre une vitalité certaine au niveau européen, en particulier par l'avancée des travaux aux Pays-Bas, en Suède et en Grande-Bretagne, son existence reste hypothétique en France. Aux États-Unis, elle n'est pas sortie du champ du marketing.

On évalue aussi un nouveau champ disciplinaire à l'originalité de ses recherches. Pour que le lecteur puisse se faire une opinion, nous présenterons quelques travaux actuels de la psychologie économique qui nous semblent les plus innovants, c'est-à-dire qui n'ont été abordés par aucune autre discipline. Le premier parce qu'il développe une approche nouvelle d'un vieux problème : la conduite des consommateurs. Le second parce qu'il aborde un aspect souvent négligé : la pénurie.

### *La psychologie du consommateur*

La psychologie économique du consommateur ne correspond pas totalement aux préoccupations du marketing. Si l'on part de l'étude des évolutions récentes du marché faite par les économistes (Poiesz, 1993). Que constatent-ils? Le nombre et la nature des producteurs, des distributeurs et des consommateurs est en perpétuel changement. Les limites géographiques des marchés disparaissent (mondialisation). Les segments de population sont de moins en moins stables. Le terme de marché ne concerne plus seulement les produits commerciaux, mais aussi celui des idées politiques, religieuses ou humanitaires. Il devient donc très difficile de définir un marché comme nous avons pu le proposer plus haut.

Face à ce caractère insaisissable du marché, comment se comporte le consommateur? Il ne parvient plus à discriminer les produits et les marques. Il n'utilise qu'une partie limitée des fonctions des objets technologiques. On parle de gaspillage technologique : par exemple, les consommateurs n'utilisent que trois programmes de lavage de la vaisselle alors que les modèles les plus simples de lave-vaisselle proposent cinq programmes et les plus sophistiqués huit programmes. Ils ne prennent plus leurs décisions d'achat sur la base des qualités ou attributs des objets, ni sur la base de besoins définissables. La satisfaction n'est plus évaluée par une comparaison entre avant et après l'achat (utilité), mais en référence à ce que possèdent les autres (norme).

La psychologie du consommateur peut et doit se développer de son propre point de vue et non plus de celui des entreprises, ce qui modifie considérablement la façon de poser les problèmes (Ölander, 1990, 1993). Quelles sont les croyances des consommateurs sur les tactiques utilisées par les vendeurs? Quels sont les déficits de l'information des consommateurs? Quelles sont leurs plaintes et leurs soucis réels? Quelles sont les raisons de leur absence de mobilisation personnelle et citoyenne? Les réponses à ces questions seraient d'une grande utilité pour les organisations de défense des consommateurs. On entend parfois développer dans le public des raisonnements et des avis sur les intentions des entreprises, des publicitaires ou des distributeurs, une sorte de «marketing naïf» : si une information manque dans une publicité, est-ce que l'annonceur a manqué de place ou cherche-t-il à cacher quelque chose? Ce produit en tête de gondole, pourquoi est-il si peu cher? La plupart des psychologues perçoivent la psychologie économique comme avant tout commerciale, donc manipulatrice et compromise par les intérêts des entreprises, pourtant, tous ces travaux peuvent être développés dans un but éducatif d'émancipation des consommateurs.

Sans compter que la psychologie du consommateur peut beaucoup apporter à la psychologie en général. Le concept d'attitude a évolué grâce aux travaux des politologues. L'analyse des processus décisionnels, qui par leur caractère quotidien et banal en ce qui concerne les achats de consommation courante, ont pu être étudiés directement sur le terrain et non plus en laboratoire. Dans le domaine publicitaire, des travaux de recherche sur la mémorisation, et l'interaction entre le cognitif et l'affectif ont permis de développer de nouveaux modèles théoriques. Enfin, les résultats de recherches sur la socialisation économique des jeunes ont une portée générale dans un domaine qui était jusqu'à présent resté l'apanage des comparaisons interculturelles.

### *Les recherches sur la pénurie*

Les modèles économiques traditionnels ont fait quelques hypothèses sur les conduites économiques en situation de pénurie. Toutefois, celles-ci n'ont pu être vérifiées empiriquement. En effet, la psychologie économique est un luxe qui n'existe que dans les pays développés. Seules des conditions économiques particulières, la récession économique en Europe occidentale, et le «déverrouillage» idéologique des pays de l'Europe de l'Est, ont permis d'amorcer des travaux dans ce domaine inexploré. Nous en donnerons deux exemples : un aux Pays-Bas (Van Raaij, 1986) et l'autre en Pologne (Wosinski, 1989).

• Les tactiques de réduction des dépenses

Van Raaij (1986) observe une dizaine de tactiques des ménages hollandais pour réduire leurs dépenses quand leur pouvoir d'achat diminue. Certains choisissent de s'orienter vers des prix plus bas, en allant dans les magasins à bon marché, en achetant des marques de distributeurs ou des marques génériques, en recherchant les soldes et les promotions. D'autres réduisent la quantité de leurs achats et retardent le remplacement des biens d'équipement. Les consommateurs peuvent également jouer sur la qualité des produits, soit en achetant une qualité supérieure plus durable, soit en choisissant la qualité inférieure à bon marché. Enfin, on constate quelques changements dans les modes de vie : une plus grande utilisation des productions ménagères et du bricolage, le partage de certains produits (journaux, copies de disques sur cassettes), l'abandon de certaines dépenses (sorties, vacances) ou de certains produits (beauté). Contrairement à ce que les théories économiques postulent, c'est sur les dépenses fondamentales, comme les dépenses alimentaires, que se portent les plus fortes économies au bénéfice de dépenses d'expression des modes de vie (habillement, biens culturels) qui sont moins touchées. Le modèle rationaliste est infirmé.

• La résignation et la débrouillardise

Wosinski (1989) a demandé à deux cents personnes, hommes et femmes âgés de 25 à 45 ans en Pologne : « Comment faites-vous si vous avez besoin d'un produit particulier qui n'est pas disponible sur le marché? ». Il a utilisé une technique d'entretiens libres. Nous présentons cette recherche au passé puisque la situation politique, sociale et économique de la Pologne a changé depuis cette étude.

À la suite d'une brève recherche sur le marché, les personnes estimaient la probabilité de trouver le produit recherché. Puis elles se résignaient à ne pas satisfaire leur besoin : 22 % d'entre elles n'en éprouvaient aucune amertume, mais 18 % en gardaient un fort sentiment d'injustice. Les autres se remettaient à chercher au bout de quelque temps (quelques jours, semaines ou mois). Elle avaient recours à des « stratégies alternatives » : marché noir, achat dans les points de vente en devises fortes, importation privée, procédure illégale et recherche d'intermédiaires. Le « marché noir » n'était pas toujours illégal; il pouvait s'agir de revente de produits d'occasion (5 % des personnes interrogées). Les achats en devises fortes (18 %) ne pouvaient être le fait que des plus riches ou de ceux qui avaient de la famille qui vivait à l'étranger. Cette dernière condition était également la meilleure pour importer le produit désiré (15 %). Les procédures illégales, difficilement chiffrables dans une enquête, consistaient essentiellement dans le recel de produits volés (le plus souvent par les ouvriers qui les fabriquaient). Mais le moyen de loin le plus souvent utilisé était la recherche d'intermédiaires (52 %). Il s'agissait de trouver une personne parmi les membres de la famille, les voisins ou les amis qui pouvait se procurer le produit. Il existait des coupons permettant d'acheter des produits dans les boutiques en devises fortes, il existait des listes d'attente pour l'acquisition de denrées rares (automobiles). Contracter avec un intermédiaire supposait de trouver une personne qui bénéficiait d'un de ces avantages, et de la contacter entraînait l'obligation de rendre un service à l'avenir. Le coût psychologique d'une telle opération était considérable. La personne préférait demander le service à un ami plutôt qu'à un inconnu, et elle devait évaluer le type de demande qui lui serait faite en retour. Le recours à un intermédiaire avait un coût : pour le trouver, essuyer des refus, se trouver en situation de dépendance, offrir une récompense. Il avait aussi des bénéfices : se procurer le produit, se faire des amis et des relations, acquérir du pouvoir par la constitution d'un réseau.

Les conséquences économiques et sociales d'un tel système qui concernait plus de la moitié des ménages étaient nombreuses : constitution d'une catégorie économique particulière, les intermédiaires, renforcement du tissu social sur la base de la consommation et non de la production, décalage considérable entre les prix officiels et les prix réels des produits.

### *Le développement de la psychologie économique*

Pierre-Louis Reynaud, économiste français a écrit le premier «Que sais-je?» intitulé *Psychologie économique*, en 1964 (il n'est plus disponible actuellement). Pour lui, la psychologie économique est «l'aménagement réciproque des ressources matérielles et mentales en vue du développement de l'homme dans la mesure où ce développement dépend de l'activité économique». En 1974, il a publié un *Précis de psychologie économique*.

Quels sont les aspects psychologiques actuellement les plus étudiés? En les classant en fonction du modèle de Van Raaij, on trouve pour l'environnement perçu : la perception de la publicité et la perception de l'inflation. Parmi les conduites, on étudie surtout les choix des consommateurs (ce qui représente environ 70 % des articles publiés), l'épargne, les économies d'énergie et l'évasion fiscale. Dans le domaine du bien-être subjectif, on étudie la satisfaction du consommateur et les conséquences psychologiques du chômage (voir tableau ci-contre).

Par contre, d'autres conduites sont beaucoup moins étudiées : les prises de décision des chefs d'entreprise, les productions familiales, l'utilisation de l'espace et de la nature, les échanges internationaux, l'utilisation des nouveaux moyens de communication.

Après une vingtaine d'années d'existence, la psychologie économique s'oriente vers un paradigme scientifique dont les principales qualités sont le réalisme et la complexité. De la psychologie, elle tire l'intérêt pour l'étude des conduites individuelles complexes qui a dû abandonner tous les modèles théoriques classiques. Elle apporte à l'économie une dose de réalisme, voire de pragmatisme, en prenant la conduite non comme elle devrait être, rationnelle, mais comme elle est : complexe.

*Tableau* **3**.*1*. — *L'Association internationale de recherche en psychologie économique* (IAREP).

L'Association internationale de recherche en psychologie économique (IAREP) a été créée en 1982. En 1986, elle regroupait 103 membres issus de 19 pays. En 1994, elle en regroupait 268 issus de 24 pays.

Il existe une dizaine de chaires de psychologie économique en Europe, le plus souvent dans des départements d'économie. Aux USA, il existe essentiellement des chaires de marketing situées surtout dans les écoles de gestion (*business schools*).

Dans les colloques annuels de l'association, quatre groupes de chercheurs se répartissent dans des proportions identiques : des psychologues, des psychosociologues, des économistes et des spécialistes du marketing. De façon plus marginale, l'association regroupe des sociologues, des ethnologues, des historiens ou des philosophes.

Les principales revues dans le domaine de la psychologie économique sont :

– *Journal of Economic Psychology*
– *Journal of Consumer Policy*

et dans celui du marketing :

– *Journal of Marketing*
– *Journal of Consumer Research*
– *Journal of Public Policy and Marketing*
– *Revue Internationale de Recherche en Marketing*

# 4

# Les méthodes de recherche

Nous nous contenterons dans ce chapitre de brosser à grands traits les principales méthodes de la psychologie sociale utilisées pour comprendre les conduites économiques. Dans la seconde partie, certains détails techniques seront donnés à propos de l'étude des différents concepts. Le terme de technique sera réservé à des opérations particulières utilisées dans le cadre général des méthodes. De fait la liaison est très forte entre l'approche épistémologique, la définition des concepts d'une part et la méthode utilisée et les techniques développées d'autre part. Il est indispensable de préciser dans quel cadre théorique les méthodes trouvent leur place et quelles techniques permettent d'opérationnaliser les concepts. Les ouvrages sur les méthodes utiles à la psychologie économique sont nombreux. Leurs intitulés se rapportent soit aux sciences sociales, soit à la psychologie (Festinger et Katz, 1953; Reuchlin, 1962; Grisez, 1975; Matalon, 1988; Robert, 1988; Ferréol et Deubel, 1993). Il n'existe pas actuellement d'ouvrages méthodologiques spécialisés en psychologie économique, mais la plupart des manuels de psychologie économique comportent un chapitre sur les méthodes (Albou, 1984; Lea *et al.*, 1987).

## 4.1. LES MÉTHODES D'ENQUÊTE

L'enquête est la méthode des sciences humaines la plus connue du public. Dans l'enquête, la réalité est appréhendée à travers les discours et les témoignages d'individus. Le souci essentiel du chercheur est de trouver de bons témoins (échantillonnage) et de recueillir la meilleure qualité de témoignage possible (qualité du questionnement). Le type de questionnement peut conduire à des analyses quantitatives (questionnaires fermés, utilisation d'échelles de mesure, différenciateurs sémantiques) ou à des analyses qualitatives (études de motivations, méthodes projectives, tests de personnalité).

*Les niveaux d'agrégation*

En psychologie, on pratique souvent des mesures individuelles dans le but de tester des hypothèses sur des phénomènes généraux. La généralisation passe par l'extraction d'un échantillon au sein de la population que l'on veut étudier et qui est définie par une ou plusieurs caractéristiques communes aux individus qui la composent : les acheteurs de voitures neuves, les cadres des entreprises multinationales, etc. En psychologie sociale, les unités de population étudiées peuvent être elles-mêmes collectives : des familles, des classes, les habitants de différents quartiers ou les clientèles de divers magasins. Dans ce cas, l'échantillon sera extrait de «populations» de familles, de classes, de nations, de quartiers. Elles auront également des caractéristiques communes : les familles monoparentales, les classes de seconde des lycées, les quartiers des banlieues défavorisées, les hypermarchés. Si nous voulons savoir si les familles monoparentales des quartiers défavorisés fréquentent les hypermarchés, deux possibilités se présentent :

— l'étude des individus : prendre deux collections d'individus, des ménagères selon qu'elles habitent un quartier de banlieue défavorisée ou non et examiner s'il se trouve parmi elles des chefs de familles monoparentales, et quel est, parmi ces dernières, le nombre de celles qui fréquentent les hypermarchés;

— l'étude de l'institution : on prend une série d'hypermarchés et on analyse la structure de leur clientèle selon les critères familiaux ou d'habitation.

Ces deux approches distinguent en économie comme en sociologie le point de vue individualiste et le point de vue holiste (Matalon, 1981). Nous verrons à propos des besoins, comment elles génèrent des techniques très différentes comme les indicateurs sociaux ou la mesure du bien-être. On peut apparenter la première démarche à une sorte de psychologie microéconomique, alors que l'autre sera vue comme une psychologie macroéconomique. Van Raaij (1984) croise cette distinction avec un autre critère d'étude, les paradigmes comparatifs et les paradigmes temporels. Dans notre exemple, il s'agissait de paradigmes comparatifs dans lesquels on pouvait comparer les habitudes de diverses sortes de ménagères ou les clientèles de diverses sortes de commerces. Avec un paradigme temporel, on comparerait l'évolution des habitudes au sein d'une même catégorie de ménagères, ou l'évolution de la structure de clientèle d'un certain type de commerce.

*Tableau* **4**.*1*. — *Quatre types de données en psychologie économique* (Van Raaij, 1984).

| | **Étude comparative** | **Étude temporelle** |
|---|---|---|
| Étude des individus | Données d'enquête auprès d'individus | Données de panel sur des individus |
| Étude des institutions | Propriétés structurelles des institutions | Données évolutives d'indicateurs statistiques |

Ajoutons qu'on envisage parfois des propriétés qualitatives des individus ou des institutions que Van Raaij appelle « propriétés intégratives » ce qui donnera en fait des études à proprement parler psychologiques (caractéristiques psychologiques des chefs de familles monoparentales) ou sociologiques (la structure hiérarchique du personnel dans les hypermarchés).

Il existe des liens entre ces diverses sortes de données. On utilise parfois des données d'enquête auprès des individus pour connaître la structure des institutions, mais cette analyse « pointilliste » ne donnera pas la même image qu'une approche globale holistique de l'institution. Le suivi de l'évolution de diverses structures constitue des documents « cliniques » ou des « études de cas » fort intéressantes, qui ne seront véritablement probantes ou explicatives des phénomènes que si on a établi des outils statistiques (indices) permettant des comparaisons fiables. De même, on peut faire diverses enquêtes sur des échantillons équivalents à des époques différentes, mais là encore les résultats ne feront qu'approcher ceux issus du suivi des mêmes individus sur une longue période (panels).

### *Les indicateurs statistiques*

Traditionnellement les économistes utilisent des indicateurs macro-économiques qui permettent de décrire l'économie d'un état d'une région et de prévoir des évolutions. De plus en plus ces indicateurs sont accompagnés de résultats d'études d'opinion de populations particulières, responsables économiques et consommateurs. Il s'agit d'attentes en matière de commandes, de prix, de stocks, de projets d'investissements, d'achats, d'épargne. La constitution de systèmes d'enquête cohérents et comparables entre les différents pays fait actuellement l'objet de recherches intenses au sein de l'Union européenne (Biart et Praet, 1987).

Depuis 1946, le Michigan Survey Research Center publie quatre fois par an et plus récemment tous les deux mois un indicateur du « sentiment du consommateur » (ICS) en plus des indicateurs statistiques économiques traditionnels. D'autres indicateurs similaires ont vu le jour dans différents pays. Les pays de la Communauté européenne organisent régulièrement depuis 1972 des sondages pour mesurer la confiance des consommateurs. Leur objectif essentiel est de mesurer et de prévoir les changements de tendance de dépenses en matière d'équipement et d'achat de biens durables. Il existe également des indices spécifiques en matière de projets d'achats d'automobile, de mobilier, de logement, d'équipement audiovisuel ou électroménager.

Sur la base des travaux de Katona (1979), on part de données individuelles pour établir des prédictions en termes de masses budgétaires. Par exemple, aux Pays-Bas, on présente trois fois par an (janvier, mai et octobre) à un échantillon représentatif de 1 500 personnes les questions suivantes :

— quelle est votre opinion sur la situation économique générale aux Pays-Bas pendant les douze derniers mois? (évaluation de l'économie générale);

— quelle est votre opinion sur la situation économique générale aux Pays-Bas pour les douze prochains mois? (prévision de l'économie générale);

— quelle est votre opinion sur la situation financière de votre ménage pendant les douze derniers mois? (évaluation financière du ménage);

— quelle est votre opinion sur la situation financière de votre ménage pour les douze prochains mois? (prévision financière du ménage);

— quelle est votre opinion sur les prix pour les douze prochains mois? Est-ce qu'ils augmenteront ou diminueront? (perception de l'inflation);

— est-ce que la situation sera favorable ou défavorable pour les achats importants (biens durables)? (les achats importants);

— quelle est la situation financière de votre ménage en ce moment? Avez-vous des dettes ou vous est-il possible de mettre de l'argent de côté? (situation financière actuelle);

— quelle est votre opinion sur le chômage pour les douze prochains mois? Est-ce qu'il augmentera ou diminuera? (perception du chômage);

— sera-t-il possible à votre avis de mettre de l'argent de côté au cours des douze prochains mois? (possibilité d'épargne);

— est-il raisonnable d'épargner vu la situation économique générale? (volonté d'épargne).

Pour chaque question, il y a cinq réponses possibles : nettement meilleure, meilleure, la même, mauvaise, plus mauvaise. On calcule un indice en additionnant le pourcentage de réponses favorables au complément à 100 des réponses défavorables. Une analyse de piste de type LISREL menée sur 46 observations de 1972 à 1987 (Van Raaij et Gianotten, 1990) montre que le premier facteur, les prévisions de la situation financière du ménage au cours des douze prochains mois est corrélé positivement avec les projets d'achat d'équipement, le crédit et l'épargne. Il n'est pas corrélé avec la consommation courante et il est corrélé négativement avec la consommation de services. Le second facteur, l'évaluation du développement de la situation économique générale, n'est pas corrélé avec les conduites économiques (consommation, crédit, épargne).

L'économie modélise à un très haut niveau d'agrégation. Elle s'intéresse à la demande et non aux acheteurs d'un produit, ni aux vendeurs ou aux lieux de vente d'ailleurs. La psychologie ne s'intéresse qu'aux conduites individuelles et la psychologie sociale s'intéresse aux conduites individuelles en tant qu'elles impliquent les autres dans leur origine ou leurs conséquences. Les travaux d'analyse des corrélations entre les indicateurs psychologiques et les indicateurs économiques sont nombreux. D'une manière générale l'ensemble de ces indicateurs sont cohérents. Les indicateurs de confiance sont corrélés avec les intentions d'achats et les intentions d'achats avec les ventes. Cependant, les indicateurs de confiance ne le sont pas toujours avec les ventes. On attribue ces disparités à des incidences temporelles. Wärneryd (1989) considère que les « proxies » (indices macro-économiques) expliquent environ 80 % de la variance des conduites mais à une échéance supérieure à six mois. Les indicateurs psychosociaux comme les attitudes sont meilleurs à court terme (4 à 6 mois). Quant aux intentions, elles ne sont des indicateurs fiables que pour les deux mois qui suivent.

Les notions d'indicateurs « micro- » et d'indicateurs « macro- » n'opposent pas nécessairement le quantitatif au qualitatif. Le besoin d'accomplissement décrit par McClelland (1961) est étudié par l'analyse de contenu des livres pour enfants dans une nation donnée. Il met ce contenu en relation avec le produit national brut (PNB) de la nation. Un autre exemple est celui de Zullow (1991) qui a analysé le *Top 40* des chansons populaires de 1955 à 1989, en cherchant dans leur contenu les événements désagréables ou des visions pessimistes de la vie ou de la société. Il a examiné les mêmes éléments sur les pages de couverture du magazine *Time*. L'augmentation des éléments pessimistes des chansons populaires précède le même phénomène dans les médias et les récessions économiques de un à deux ans. Le pessimisme dans les chansons n'est pas un indicateur direct de l'évolution du produit national brut, mais il donne de bonnes prévisions de l'ICS (indice de confiance des consommateurs) et des dépenses de consommation des ménages. Il ne s'agit pas d'une relation causale, mais d'un ensemble de corrélations positives. Les chansons populaires peuvent donc être considérées comme des indicateurs économiques fiables.

### *Les panels*

Un panel est constitué par un même échantillon d'individus que l'on interroge à des périodes régulières. L'enquête consiste en vagues successives répétées pour obtenir d'un même individu une série d'informations de même nature à des temps différents. Le panel est une technique très appréciable pour étudier les évolutions de comportement ou d'opinion. Mais il comporte aussi des inconvénients : le fait de répondre à des enquêtes répétées crée des habitudes qui peuvent influencer les conduites et donc les réponses des sujets. Cette influence peut intervenir dans le sens d'une lassitude donc d'une moins bonne qualité des réponses ou au contraire dans le sens d'un intérêt croissant d'où une meilleure qualité des réponses. Une autre difficulté est le remplacement des panélistes démissionnaires (érosion de l'échantillon) par des sujets équivalents (panels « glissants »). Conserve-t-on dans ce cas des données comparables ? Il existe des panels dans le domaine des études de marché, de l'audience des chaînes de télévision, de l'insertion professionnelle des jeunes, des données socio-économiques des ménages.

### *Les sociostyles et les modes de vie*

Constatant que les variables traditionnelles (sexe, âge, catégorie socioprofessionnelle) n'expliquaient que très partiellement les choix des consommateurs, les psychosociologues ont développé dans le domaine du marketing l'étude des sociostyles ou styles de vie. Ceux-ci permettent de regrouper des personnes qui ont des attitudes, des opinions et des conduites communes. Ils combinent parfois une méthode d'enquête avec des observations. En France c'est le CCA 68 et la COFREMCA, deux instituts d'études de marché qui ont développé ce type d'approche. Beaucoup d'autres les ont suivis (Cathelat, 1990).

Une enquête en vue de définir des sociostyles s'adresse à un large échantillon de population, soit un échantillon d'une taille supérieure à un échantillon représentatif de la population étudiée (par exemple, pour étudier les consommateurs en France, il faut interroger environ 3 500 personnes). Le questionnaire est en général assez lourd. Il porte sur de nombreux thèmes de la vie quotidienne (consommation, exposition aux médias, loisirs, déplacements, etc.), des valeurs (philosophiques, politiques, religieuses). Pour rendre sa longueur acceptable, on a recours à une très grande diversification de la forme des questions : échelles, grilles, schémas, illustrations. Récemment, la société de sondage Démoscopie prône l'approche « milieu de vie » qui prend en compte toutes les composantes de la vie des individus par l'intermédiaire classique d'enquêtes et aussi « par une phase d'observation *in situ* et un reportage photo du lieu de vie ».

On opère le traitement des données par analyses factorielles (analyse en composantes principales, analyse des correspondances multiples, analyse hiérarchique) selon que les données sont quantitatives ou qualitatives. Le but est de définir une typologie de la population à partir d'axes factoriels (par exemple, aventurisme/conservatisme et sensualisme/ascétisme) par interprétation des variables qu'ils représentent le mieux. On situe les sujets selon le centre de gravité de leurs réponses défini par ces facteurs : on obtient ainsi des « nuages » de points auxquels les analystes donnent des noms par interprétation des réponses. Le CCA (1984) repère cinq grands groupes de consommateurs : les rigoristes (20 % de la population interrogée) du côté des pôles des conservateurs et des ascètes, les matérialistes (26 %) plutôt conservateurs, les activistes (13 %) assez aventuriers, les « décalés » (17 %) très aventuriers, et les égocentriques (23 %) du côté du pôle sensuel. Les résultats des études sur les styles de vie se présentent sous une forme attrayante qui explique en grande partie leur succès.

Les styles de vie constituent actuellement un outil fondamental des études de marchés. Ils permettent de concevoir des produits et des marques dont la présentation et la publicité seront adaptées aux différents groupes. Les entreprises ont régulièrement recours aux styles de vie pour mieux connaître leur clientèle. Ils sont également appliqués au marketing social et politique.

Rares sont les études auxquelles il est possible d'accéder dans ce domaine. Les exemples donnés par Cathelat (1990) sont présentés comme fictifs ou incomplets. Aussi prendrons-nous l'exemple d'une étude américaine pour illustrer les avantages et les limites de cette méthode. Karns (1987) propose de diviser le marché financier en segments de clients potentiels qui ont des caractéristiques semblables et qui sont susceptibles de montrer des conduites financières identiques. La population est segmentée autour d'un trait, l'acceptation ou l'évitement du risque. L'auteur distingue quatre groupes :

— les « taureaux » qui foncent acceptant tant le risque d'une fluctuation des taux de rémunération des investissements que celui d'une prise de décision en situation d'information limitée (ils sont estimés à 16 % de la population américaine) ;

— les « souris » qui refusent tout risque (40 %) ;

— les « écureuils » qui acceptent la décision risquée mais pas la variabilité des taux (32 %) ;

— enfin, les « pur-sang » qui ont le profil inverse (12 %).

À la différence des traits de personnalité, les segmentations psychographiques ne semblent pas avoir un caractère stable. Par exemple, les « taureaux » peuvent évoluer de 13 à 18 % de la population selon deux vagues d'enquête espacées de six mois.

La véritable cause du succès des études sur les styles de vie est qu'avec une telle méthode, on trouve toujours des résultats. Tout est affaire d'interprétation. Mais souvent quand on analyse la qualité statistique des facteurs évoqués, on s'aperçoit que les deux premiers facteurs peuvent parfois expliquer au mieux 15 % des variations des réponses des sujets... On constate aussi que les groupes définis ne sont pas stables et que quand on renouvelle l'enquête, les facteurs changent rapidement et les sujets changent aussi de groupes. Cette méthode est incontestablement d'une grande richesse descriptive mais elle n'apporte pas d'explication aux conduites constatées.

L'enquête, sous diverses formes techniques, est de loin la méthode la plus utilisée en psychologie sociale appliquée à l'économie. Son utilisation aisée masque un certain nombre de défauts qu'il ne faut pas oublier. L'enquête requiert le consentement et la participation de la population interrogée. Elle suppose que les personnes interrogées sont fiables et honnêtes, qu'elles n'ont pas l'intention de tromper le chercheur. L'enquête crée une situation sociale particulière dans laquelle le chercheur, par l'intermédiaire de l'enquêteur ou d'un courrier, doit se faire accepter. Contrairement à ce que l'on pourrait croire, la difficulté ne provient pas des personnes qui refusent de répondre (il s'agit dans ce cas d'un problème statistique de redressement de l'échantillon), mais de celles qui acceptent. Quand le sujet accepte de répondre, il entre dans le rôle du « bon sujet » qui va chercher à fournir la « bonne réponse ». Il cherche souvent à entretenir une bonne relation avec l'enquêteur en l'aidant à valider son hypothèse (complaisance scientifique), à montrer une bonne image de lui-même avec une réponse originale (réaction de prestance), ou chercher à se fondre dans l'anonymat en cherchant la réponse la plus commune (conformité). L'usage de la méthode d'enquête ne doit jamais être routinier pour éviter ces écueils.



## 4.2. LA MÉTHODE EXPÉRIMENTALE ET LA SIMULATION

Le propre de la méthode expérimentale est de vérifier le fondement d'un modèle théorique par la production de faits en isolant le phénomène que l'on veut étudier. L'utilisation de la méthode expérimentale suppose une élaboration théorique très poussée et la construction d'hypothèses qui pourront être validées, c'est-à-dire confirmées ou infirmées à l'aide d'une procédure expérimentale. Pour étudier les conduites économiques, on va donc créer une situation économique particulière en laboratoire à laquelle des sujets seront exposés et observés dans le but de mesurer leurs conduites.

Le modèle devra articuler des variables indépendantes et des variables dépendantes. Les premières définissent des conditions discriminantes de variations des secondes. Elles décrivent un ou plusieurs éléments de la situation économique, alors que les variables dépendantes permettent de rendre compte des conduites des sujets (taux de réponses, activités). Par exemple la couleur de l'emballage d'un produit sera une variable indépendante et la conduite d'achat du consommateur, une variable dépendante. L'expérimentation sera d'autant plus complexe que les variables indépendantes seront nombreuses et prendront des valeurs multiples. Le recueil des variations des variables dépendantes peut aussi être très complexe : si une décision d'achat est relativement facile à observer dans un magasin, la tâche est plus délicate quand il s'agira d'achats boursiers ou de décisions concernant la gestion d'une entreprise. Dans ce cas l'expérimentation ne pourra s'effectuer en situation réelle, mais plutôt sur la base de simulations. Ces simulations en laboratoire sont plus ou moins réalistes, de même que le choix des sujets n'est pas toujours représentatif des phénomènes étudiés. On peut regretter que de nombreuses expériences en psychologie économique soient réalisées auprès d'étudiants en psychologie ou en économie.

### *Les différents types d'expériences*

Nous pouvons distinguer six types différents d'expériences.

I. L'expérience « pure » en laboratoire : le milieu est artificiel, il permet de contrôler le mieux possible l'ensemble des variables en jeu en isolant les phénomènes. Les sujets sont volontaires et la tâche est artificielle. Les exemples les plus connus concernent la prise de décision. Dans ces expériences, on soumet des alternatives de choix « sur papier » aux sujets, le plus souvent des étudiants recrutés dans les couloirs de l'université.

II. L'expérience de laboratoire transposée sur le terrain : elle tente de garder l'ensemble des contrôles de la situation qui reste artificielle, mais se déroule sur un site réel. Les sujets sont représentatifs de la population concernée par le phénomène étudié. Ils sont informés et volontaires, mais leur tâche est naturelle. Elle existe indépendamment de toute recherche. On sollicitera les clientes d'un magasin pour choisir entre plusieurs produits dans des conditions expérimentales bien définies. Elles peuvent refuser de participer à l'expérience. L'expérimentateur requiert leur consentement éclairé.

III. L'expérience sur le « terrain ». La situation n'est pas artificielle mais tout est fait pour la contrôler. La tâche est naturelle et les sujets ne sont pas toujours informés, ni volontaires. Le plus souvent, il s'agira d'une population « captive » en milieu scolaire, hospitalier, industriel ou militaire. Les élèves devront choisir parmi des plats à la cantine, les ouvrières seront soumises à des conditions de travail différentes. L'expérience dans ce cas a le plus souvent un objectif pratique. La déontologie des psychologues exige que les sujets ne subissent aucun préjudice, et qu'ils soient mis au courant dès la fin de l'expérience (*debriefing*) de l'origine et des résultats attendus de la recherche. De plus en plus, ce type d'expérience est réalisé sur la base du volontariat.

IV. La provocation expérimentale est issue des travaux des éthologistes. C'est une combinaison de l'expérimentation et de l'observation. On ne contrôle pas les caractéristiques des sujets, on fait varier des situations naturelles. Pour étudier les conduites d'aides, l'expérimentateur va demander son chemin à des passants, abandonner une lettre timbrée ou un portefeuille dans la rue et observer les réactions des sujets involontaires et anonymes.

V. L'expérience « naturelle ». Les conditions expérimentales en adéquation avec un modèle théorique sont produites par hasard (catastrophes) ou par une volonté extérieure aux chercheurs (relogement). Ceux-ci profitent de la situation pour observer certains comportements.

VI. Les expériences *post-facto*. Le chercheur analyse après-coup des données recueillies au moment des faits par divers organismes dans le but de valider des hypothèses énoncées sur le mode expérimental. Ainsi, pour valider la théorie frustration-agression, on a pu rapprocher le nombre de lynchages (données issues des instances judiciaires) du cours du coton (données collectées par les chambres de commerce) dans les villes du sud des États-Unis depuis le milieu du XIXe siècle.

### *Les jeux expérimentaux*

Dans les jeux expérimentaux, on introduit un conflit dont on contrôle toutes les données pour obtenir un résultat en termes de gains ou de pertes. On peut demander aux sujets de négocier en vue d'un accord ou au contraire d'un gain maximum. On espère que les sujets accepteront de prendre les rôles attendus. Certains jeux ont lieu en face à face, d'autres laissent le sujet face à un adversaire anonyme, parfois représenté par un ordinateur.

Les jeux d'ultimatum consistent en l'affrontement de deux sujets dont l'un P1 reçoit une certaine somme et fait une offre à une seconde personne P2. P2 reçoit la somme s'il accepte l'offre et les deux sujets partagent. Si P2 refuse l'offre de P1, la somme est perdue pour les deux sujets. Ce jeu s'appuie sur la théorie de l'équité (Adams, 1965) : cette théorie suppose que les sujets tendent à partager équitablement et non égalitairement. Si l'on fait varier des caractéristiques individuelles (machiavélisme, niveau d'aspiration), si l'on fait intervenir les intérêts d'une troisième personne, si l'on crée des asymétries entre les deux personnes, si l'on fait varier les sommes en jeu, les résultats changent.

Les chercheurs utilisent également des jeux de société (sur le modèle du Monopoly) qui permettent d'explorer des conduites individuelles ou de groupes dans des situations relativement complexes qui laissent place à de nombreux paramètres. Ces jeux de négociation sont à la fois producteurs de données et formateurs pour ceux qui y participent.

Une des principales difficultés de l'expérimentation en psychologie sociale, c'est que la situation expérimentale est elle-même une situation sociale. On parlera de psychosociologie de la situation expérimentale quand on analyse les événements qui se produisent entre les sujets et les expérimentateurs ou bien la façon dont les sujets interprètent les symboles et les significations contenus dans la situation expérimentale. Face à l'autorité naturelle que la « science » confère à l'expérimentateur, on voit les sujets se plier à des situations absurdes ou dangereuses. Les sujets savent que le chercheur dispose d'un code pour déchiffrer leur comportement, que l'expérience a un objectif, ils essaient donc de reconstituer ce code pour agir dans le sens qu'ils estiment positif, soit pour donner une bonne image d'eux-mêmes, soit pour consolider leurs théories psychologiques naïves. De son côté, l'expérimentateur anticipe sur les réponses et les conduites des sujets et la perception qu'il en a influence les résultats obtenus malgré lui. Le recours à l'expérimentation par des chercheurs, en particulier des économistes, qui n'ont pas connaissance de ces phénomènes, peut conduire à des erreurs grossières.

## 4.3. L'OBSERVATION

Les techniques d'observation trouvent leurs fondements dans le domaine de la psychologie animale en sites naturels ou de l'ethnographie dans des sociétés traditionnelles, et par extension dans toutes les conditions où l'on ne peut pas ou on ne veut pas utiliser le langage : étude des conduites de très jeunes enfants, étude de conduites routinières peu conscientes. On l'utilise aussi dans les cas où il est difficile de provoquer expérimentalement les conduites en laboratoire pour des raisons matérielles (cas de conduites qui s'étendent sur une longue durée) ou morales (études des conflits). Enfin c'est la méthode la plus utilisée pour comprendre les phénomènes dans leur complexité sur le terrain.

### *L'apport de la psychologie animale*

La biologie s'est développée autour de la théorie de Darwin (1859) de l'évolution des espèces au moyen de la sélection naturelle. Un organisme vivant et l'ensemble de ses caractéristiques, sa forme, ses fonctions et son comportement, constituent un phénotype qui est le résultat d'une organisation génétique qui lui est propre (génotype) et des actions de l'environnement sur cet organisme pendant son développement (ontogenèse). Les variations entre les individus signifient que certains sont mieux adaptés à un environnement particulier que d'autres. La loi de la sélection naturelle postule que les individus adaptables sont capables de survivre et de reproduire leurs caractéristiques. Le modèle darwinien est finaliste : la sélection s'exerce par ses conséquences. La psychologie animale constitue un support d'une très grande lisibilité. Il suffit de placer l'animal dans certaines conditions et d'observer ses comportements pour découvrir celles qui sont favorables à l'espèce. Beaucoup croient y voir la solution de problèmes comme la définition des besoins et des motivations ou l'acquisition des habitudes (Hursh *et al.*, 1989).

### *La biologie de la monnaie*

Dans un article au titre provocateur, « La biologie de la monnaie », Stephen Lea et Marie Midgley (1989) font état de l'apport de la psychologie animale pour mieux comprendre les conduites économiques. On pourrait penser que la monnaie par son caractère essentiellement symbolique est un phénomène strictement humain. Cependant les arguments en faveur d'une conception de la monnaie comme dotée d'un pouvoir fondamental et universel sur les conduites humaines font penser à une origine biologique de la monnaie. L'argent est un stimulant motivationnel puissant. La biologie de la motivation a utilisé de l'argent comme agent de renforcement primaire dans la plupart des expériences chez l'homme de la même manière qu'on utilise de la nourriture, de la boisson, certaines drogues psychoactives ou des matériaux pour construire un nid chez d'autres espèces animales. L'apprentissage consiste à remplacer l'effet des renforçateurs primaires par des renforçateurs secondaires qui leur sont associés. Chez les animaux, la monnaie peut devenir facilement un renforçateur secondaire. Ainsi les singes apprennent à utiliser des jetons de poker (*tokens*) et les rats des billes, plus faciles à manier pour ce petit animal. On dresse aisément un rat à obtenir des billes en poussant un levier puis à les déposer dans une case pour obtenir autre chose. Ce qu'il apprend dans ce cas c'est à manipuler le levier et les agents renforçateurs sont les billes. Le psychologue Skinner (1963) a suggéré que l'argent serait un renforçateur généralisé chez l'homme. Si les billes permettent d'obtenir nourriture, boissons, femelle, chaleur ou roue d'activité, le rat va-t-il les stocker? Autrement dit, les humains peuvent-ils apprendre l'usage généralisé de la monnaie au rat? Nous manquons de preuves dans ce domaine. Les expériences ont montré que les animaux pouvaient en effet stocker les jetons, mais qu'ils se conduisaient avec ceux-ci comme avec de la nourriture. Le raton laveur se met à laver les billes comme il le fait avec la nourriture. Les jetons ne semblent servir qu'à remplacer les renforçateurs primaires de façon spécifique : on peut en effet apprendre à un rat à se servir de billes pour obtenir de la nourriture, mais il ne saura pas s'en servir pour obtenir de la boisson.

### *L'observation des sites*

Afin d'étudier les sites comportementaux, unités écologiques naturelles où se déroulent les conduites, Barker (1965), fondateur de la psychologie écologique, fait appel aux « psychologues T », traducteurs, qu'il oppose aux « psychologues

O», opérateurs (expérimentateurs ou enquêteurs). Ces derniers dictent à ce qu'ils observent leurs propres unités psychologiques, alors que les psychologues T enregistrent et codent selon leur signification, les phénomènes psychologiques et les événements tels qu'ils se déroulent. Ils les traduisent en systèmes de données quantifiables, à l'aide de techniques d'observation, d'enregistrements (sonores, photographiques, vidéo) et de codages effectués régulièrement sur de longues périodes. Barker (1978) préconise la constitution, la conservation et la mise à disposition des chercheurs d'archives psychologiques qui permettent des comparaisons sur des époques différentes.

Cette méthode vise à prévoir les conduites, non à partir d'expérimentations en laboratoire, mais par l'accumulation et la confrontation d'observations de faits naturels. L'observatoire des sites comportementaux (*field station*) s'apparente plus à celui de l'astronome qu'au laboratoire du physicien. Toutefois Barker souligne qu'il s'agit d'observer des conduites humaines et que l'observatoire doit s'intégrer dans la vie de la cité en tant que site particulier avec son programme de fonctionnement. Il doit instaurer des relations de confiance avec la population, les collectivités locales. Ses employés doivent résider dans la ville et participer aux affaires publiques. Ses publications de données objectives, bien qu'elles soient parfois formulées en termes conceptuels, doivent bénéficier à la communauté d'accueil. Actuellement la création d'observatoires locaux de la jeunesse par de nombreuses municipalités devrait pouvoir correspondre à ce type d'exigences.

Dans l'hémérographie de Mary Ennis, Barker (1978) a mis en œuvre un système d'observation très complexe. Mary Ennis, huit ans, a été observée le 12 mai 1949 entre 7 h 58 (son lever) et 20 h 12 (son endormissement) par huit observateurs qui se sont relayés toutes les demi-heures. Ce travail a été effectué avec l'accord et une certaine complicité de Mary et de ses parents. Les observateurs enregistraient verbalement sur cassette toutes les activités de Mary sans tri préalable. Ils inféraient ses sentiments en fonction de ce qu'elle disait et de ses mimiques. Les observateurs s'étaient évidemment entraînés auparavant à cette tâche. Cette technique d'observation «totale» reste une exception dans l'histoire de la psychologie sociale.

La principale difficulté de l'observation réside dans l'intrusion de l'observateur dans la situation qu'il observe. Il ne faut pas qu'il modifie ce qu'il observe par sa présence. Les moyens techniques d'observation à distance ou d'enregistrement (vidéo) permettent, sous réserve de ne pas entraver les règles déontologiques, de résoudre cette difficulté. L'observation en direct est devenue rare et le chercheur peut revenir plusieurs fois sur les documents qu'il a enregistrés. Le relevé rigoureux des observations s'apparente donc davantage aux techniques d'analyse de contenu qu'à celle de l'observation participante des ethnologues. L'établissement de grilles croisant des unités d'observation clairement définies (unités temporelles le plus souvent) et des catégories sémantiques permettant de discriminer les conduites observées reste le meilleur outil pour faire des comparaisons. Toutefois il ne faut pas négliger l'importance des observations cliniques et des études de cas, qui permettent souvent de fonder les problématiques nouvelles.

## 4.4. LES COMPARAISONS INTERNATIONALES ET INTERCULTURELLES

L'économie utilise beaucoup les comparaisons internationales. De nombreux organismes s'emploient à mettre en œuvre des indicateurs économiques permettant les comparaisons les plus fines. Quand il s'agit d'expliquer les succès économiques des uns et les échecs des autres, certains modèles théoriques (le besoin d'accomplissement personnel, les représentations sociales, la théorie du rôle) mettent l'accent sur les différences interculturelles qui forgent des mentalités nationales variées. Les structures cognitives sont alors reliées à des conduites par le truchement de l'appartenance à des groupes sociaux ou culturels. Les conduites économiques expriment l'appartenance au groupe. Les conduites alimentaires sont particulièrement illustratrices dans ce domaine, tout comme les conduites qui expriment la relation à l'argent (Caroll, 1989).

*Le terrain expérimental des pays sortis du communisme*

La recherche scientifique sur les modes de vie et la consommation est relativement récente dans l'ensemble des pays communistes. L'étude des modes de vie a été interdite en Chine jusqu'en 1979. S'intéresser au courant, au banal, au trivial, et donc à l'économique est dangereux pour les systèmes idéologiques fermés. Il est vrai que bon nombre de constatations empiriques remettent en cause les idées préconçues. En Pologne par exemple, les chiffres de la production étaient rarement établis ; quand ils existaient, ils demeuraient secrets. La consommation n'intéressait pas davantage les responsables des décisions économiques : par exemple, il n'existait pas de compteurs d'eau, de gaz ou d'électricité dans les appartements et les immeubles. Les soucis d'économie d'énergie et le développement de l'économie de marché ont montré que les consommateurs jouent un rôle aussi important que les producteurs dans le développement économique. L'étude des modes de vie est devenue maintenant un secteur clé des recherches en sciences humaines dans les pays sortis du communisme. Ceux-ci fournissent un terrain propice aux enquêtes, expérimentations et observations de la psychologie économique.

Les comparaisons internationales constituent un des aspects les plus enrichissants des recherches contemporaines. Mais elles présentent d'importantes difficultés. Le recours au langage d'abord qui suppose des traductions très délicates des outils de recueils des données surtout lorsqu'il s'agit d'enquêtes. Il faut aussi poser le problème du choix des pays étudiés (échantillonnage). Très souvent les pays sont choisis en fonction des bonnes volontés et des réseaux des chercheurs et non sur des critères scientifiques. Pour étudier les effets de la dimension culturelle et de la dimension institutionnelle, il convient de choisir à travers différents pays, plusieurs exemplaires de chaque forme culturelle ou de chaque forme d'institution. Il faut ensuite comparer systématiquement les ressemblances entre les pays présentant le même modèle et les différences entre les pays présentant des modèles différents. Dans ce cas et dans ce cas seulement, les recherches internationales deviennent un formidable outil d'évaluation.

*Deuxième partie*

# LES CONCEPTS

Dans cette seconde partie, nous examinerons les principaux concepts de la psychologie sociale applicables à l'économie ainsi que les modèles théoriques qui articulent ces concepts :

— besoins et satisfaction ;
— motivations ;
— attitudes et préférences ;
— cognition, perception et représentations ;
— décisions et choix.

Il s'agit des concepts les plus utilisés, même si certains d'entre eux sont mal définis et par là même peu utiles, peu fructueux (besoin). Certains renvoient à des bases théoriques issues des mathématiques (décision), de la biologie (motivation), des sciences sociales (opinion) ou cognitives (représentation). Bien souvent, ils ont connu des évolutions et des développements parallèles sans qu'une véritable théorie vienne les intégrer et tisse des liens entre eux.

On trouve rassemblés dans la plupart des manuels de psychologie sociale une série de concepts qui ont de nombreux points communs : attitude, attribution, besoin, désir, instinct, intention, libido, perception, préférence, pulsion, représentation. L'ordre de présentation que nous avons choisi établit une progression des concepts les plus proches de la biologie aux plus cognitifs.

Tous ces concepts sont en fait des variables inférées : ils ne sont ni directement observés, ni véritablement observables par opposition à d'autres concepts comme choix, décision, opinion ou négociation qui peuvent faire l'objet d'un recueil par observation directe. C'est quand on rencontre un certain nombre de conduites cohérentes à l'égard d'un même objet ou à l'égard d'un caractère commun à un ensemble d'objets qu'on les utilise.

On leur reconnaît généralement des traits communs :

I. Ils supposent tous un certain ancrage physiologique, une préparation spécifique à l'action qui, soit oriente les actions intentionnelles, soit préexiste à la réponse à une stimulation.

II. Ils sont tous une composante affective polarisée ; ils sont à l'origine de conduites d'approche ou d'évitement de certains objets, d'états émotionnels favorables ou défavorables, de réactions positives ou négatives, d'expressions verbales « pour » ou « contre ».

III. Ils ont tous une composante cognitive : ce sont des caractéristiques personnelles acquises et qui sont susceptibles de subir des influences externes. Ils supposent un traitement d'information, même minime.

C'est le dosage des composantes biologiques, affectives et cognitives qui permet de distinguer ces concepts les uns des autres ; c'est aussi le caractère des comportements auxquels ils donnent lieu.

Le besoin et l'instinct sont des concepts très proches. Leurs composantes affectives et cognitives sont si faibles que l'individu n'en a pas conscience. On réserve l'usage du terme d'instinct pour expliquer les conduites innées qui n'ont pas fait l'objet d'apprentissage : on peut crier quand on a peur ou au contraire se retrouver sans voix. On utilisera celui de besoin pour expliquer les comportements inorganisés du nouveau-né dont on ne peut discerner si les pleurs et les gesticulations correspondent à des coliques ou à la faim. Les comportements instinctifs sont inorganisés et indifférenciés.

La pulsion, terme développé dans la théorie psychanalytique désigne un désir archaïque, avant le clivage entre le moi et l'objet. D'une manière générale, le désir suppose la reconnaissance d'un objet préférentiel (la mère) vers lequel l'ensemble du comportement est focalisé. Nous aborderons le terme de pulsion dans le chapitre sur la motivation.

*Tableau* **5**.*1*. — *Classification des concepts.*

| Composantes | Biologique | Affective | Cognitive | Comportement |
|---|---|---|---|---|
| Besoin<br>Instinct | +++ | (?) | (?) | Inorganisé |
| Pulsion<br>Désir | +++ | ++ | + | Directionnel |
| Motivation<br>Libido | ++ | ++ | + | Discriminant |
| Attitude<br>Perception | ++ | ++ | ++ | Résultant |
| Attribution<br>Représentation | + | ++ | +++ | Verbal imagé |
| Opinion<br>Préférence<br>Intention | (?) | + | +++ | Verbal orienté |
| Choix<br>Décision<br>Négociation | (?) | (?) | +++ | Observable |

La motivation suppose un apprentissage spécifique, la connaissance de catégories d'objets et de situations en fonction desquelles elle s'actualise. Le comportement est alors discriminant (approche/évitement) selon la catégorie d'objet : pour satisfaire sa faim, il faut savoir classer les objets en comestibles et non-comestibles. La libido est également un concept psychanalytique. Il s'agit de la part de la pulsion de vie (Eros) qui s'actualise en fonction du principe de réalité. L'attrait pour certains objets, certaines situations, le sentiment amoureux en sont diverses expressions.

L'attitude suppose une meilleure connaissance des objets qui ne sont plus envisagés d'un bloc mais selon des composantes positives et des composantes négatives. Le comportement résulte d'une pondération des unes et des autres, c'est la résultante de forces contradictoires. Tel aliment est attirant pour différentes raisons et repoussant pour d'autres. L'attitude en tant que prédisposition à l'action, notion que l'on retrouve dans l'aspect postural de l'attitude, garde encore un fort ancrage biologique. Par cet équilibre du biologique, de l'affectif et du cognitif, c'est certainement un concept clé de la psychologie sociale. Il a permis avec plus ou moins de succès d'articuler la pensée et l'action. C'est aussi celui qui a permis de très nombreux développements méthodologiques.

La perception n'est plus considérée aujourd'hui comme un processus physiologique. Elle suppose un traitement de l'information lui-même fortement influencé par l'état affectif dans lequel se trouve le sujet, aussi le rapprocherons-nous du concept d'attitude bien qu'il n'induise pas nécessairement de comportement associé. On peut percevoir sans agir.

L'attribution et la représentation ont perdu une bonne part de leur composante biologique. Leur caractère affectif témoigne encore de cette origine. Les concepts d'attribution et de représentation viennent de la psychologie cognitive. Il s'agit d'un ensemble d'idées organisées, structurées qui servent à comprendre les individus et les situations, à expliquer les conduites et les événements. L'un et l'autre donnent lieu à des élaborations verbales concrètes, imagées qu'on a parfois désignées sous le terme d'images mentales. La notion de représentation a considérablement évolué. En particulier, le développement de la notion de représentation sociale par Serge Moscovici (1969) a permis de mieux comprendre l'articulation entre le psychologique et le social, donnant ainsi à la psychologie sociale l'autonomie conceptuelle qui lui manquait jusqu'alors.

L'opinion est la plus cognitive de ces notions puisqu'elle peut porter sur des objets qui ne correspondent à aucun vécu (la peine de mort), mais elle conserve une composante affective qui la polarise. Il s'agit tout simplement d'un jugement sur un objet. De fait, nous ne l'aborderons pas directement dans cet ouvrage, lui réservant la modeste place de «partie verbale» de l'attitude. La préférence traduit la même polarisation quand il s'agit de juger plusieurs objets ou situations en compétition. L'intention est la traduction de l'opinion à l'égard d'un acte que l'on peut accomplir. Elle exprime verbalement un projet d'action dans un futur proche ou éloigné.

Les concepts de choix et de décision sont des éléments très importants de la psychologie économique puisqu'ils renvoient à l'étude de la rationalité en jeu dans la définition de l'*homo oeconomicus*. On les dit «rationnels», dépourvus d'affectivité, bien qu'on puisse observer de nombreuses décisions irrationnelles. Leur dimension sociale ne peut non plus être négligée puisque de très nombreuses décisions économiques sont prises collectivement ou sous l'influence d'autrui. La négociation est l'application des processus décisionnels aux groupes ou aux individus en situation de compétition ou de conflit.

On voit que cette classification conduit à un modèle de dérivation par un processus d'acquisitions cognitives à partir du besoin, considéré comme purement biologique et inné. La filiation des concepts est continue. Il en résulte que pour Jean Stoetzel, fondateur de l'IFOP, le sondage d'opinion est une première approche des besoins sous leur forme verbale la plus abstraite (Stoetzel et Girard, 1973).

# 5

# Besoins et satisfaction

D'après le dictionnaire *Robert*, « besoin » est un mot du XI^e siècle, qui avait un féminin « besogne ». Il est défini par une « exigence née de la nature ou de la vie sociale. Avoir besoin de : ressentir la nécessité de, vouloir comme nécessaire, utile ». Dans le lexique de Bourdanove et Martos (1992), le besoin est défini comme « une sensation de manque ; désir de l'individu de faire cesser ou de diminuer une sensation désagréable, ou d'accroître une sensation agréable ». Les besoins découlent des exigences de la nature (les besoins vitaux ou physiologiques comme boire, manger, se vêtir, se loger, ...), mais aussi des nécessités de la vie sociale : besoins psychosociologiques comme les besoins de loisirs, d'instruction, de santé, d'amour, de liberté, de sécurité... D'autres semblent aller à l'encontre des nécessités vitales : besoins d'alcool, de drogue... Les besoins sont donc essentiellement envisagés du point de vue biologique ou du point de vue psychosocial. Le but du système économique serait de satisfaire l'ensemble de ces besoins.

Les économistes et les sociologues s'accordent à penser que la définition des besoins est du domaine des psychologues. Cependant, leurs attitudes sont différentes. Les économistes (Beitone *et al.*, 1995, 2^e éd.) opposent l'individualisme et le holisme méthodologiques.

Les économistes s'en remettent aux psychologues pour établir une notion descriptive des états sensoriels des individus, par exemple Raymond Barre (1983) reprend la définition d'un auteur du XIX^e siècle, Pantaléoni : « Les besoins sont des désirs de disposer de moyens capables de prévenir ou de faire cesser des sensations de peine ou d'insatisfaction ou des moyens aptes à provoquer ou à accroître des sensations agréables. » On voit donc que l'économiste se réfère ici uniquement au besoin individuel sous des aspects psychophysiologiques. Les sociologues affirment aussi que le besoin est du domaine des psychologues, mais c'est pour mieux en rejeter l'usage. Pour Durkheim, *Les règles de la méthode sociologique*, (1895), le besoin est un principe explicatif non sociologisé. « La cause déterminante d'un fait social doit être cherchée parmi d'autres faits sociaux antécédents et non parmi les états de la conscience individuelle ». L'économie est un phénomène collectif, qui ne peut trouver ses fondements que dans d'autres phénomènes sociaux et non dans des phénomènes individuels. D'autres auteurs iront plus loin : les besoins individuels, psychologiques, n'existent pas, ils résultent d'une construction idéologique qui permet d'expliquer et de justifier le système économique.

La première partie de ce chapitre porte sur la difficulté à définir le besoin, la seconde partie sur les théories relatives aux besoins et la troisième sur quelques techniques d'étude des besoins.

## 5.1. DE LA DIFFICULTÉ À DÉFINIR LE BESOIN

Apparemment la notion est claire : l'individu a besoin de ce qui est indispensable à sa survie. Les besoins sont avant tout biologiques. Mais on constate que la limite du biologique et du non-biologique n'est pas précise. Il y a des besoins liés à la survie individuelle, la faim ou la soif, mais aussi des besoins liés à la survie de l'espèce, la sexualité. L'homme est un animal social — il n'est pas le seul — il a, par nature, des besoins liés à sa vie en société, par exemple la communication. Ces besoins prennent certaines formes créées par la société, par exemple le besoin d'avoir le téléphone. On voit que la limite entre le biologique et le social est mouvante, évolutive. On constate par ailleurs, qu'il y a aussi des besoins individuels sans utilité sociale et même nuisibles à la survie de l'individu qui se font ressentir physiologiquement, par exemple le besoin d'alcool.

### *Des définitions opératoires*

Face à ces difficultés, on peut tenter de définir le besoin par des opérations : le besoin est ce que l'on obtient par des procédures méthodologiques clairement définies. Toutefois, on doit encore faire le constat d'une pluralité de procédures ou de mesures : des mesures par la consommation, par la demande, par les aspirations, par la satisfaction ou par la structure sociale.

- La consommation

D'après Bourdanove et Martos (1992), la consommation est « la destruction immédiate (biens fongibles et services) ou progressive (biens semi-durables et durables) d'un bien pour satisfaire directement (consommation finale) ou indirectement (consommation productive) un besoin». Il arrive souvent que le besoin soit défini par la consommation. «L'homme a des besoins impressionnants. On trouve cette statistique dans l'ouvrage de Kotler et Dubois de 1973, un Français a acheté 80 kg de pain, 70 kg de légumes frais, 209 œufs, 15,6 kg de bœuf, 91,4 litres de lait et 95,3 litres de vin». Actualisé en 1981, cela donne : 48 kg de pain, 178 œufs, 48 litres d'eau minérale auxquels s'ajoutent pour 1983, 532 FF de tabac et 1 000 FF de produits pharmaceutiques. Ce rapprochement suggère deux réflexions : d'une part les besoins en pain et en œufs ont diminué, d'autre part les préoccupations des professionnels des études de marché ont changé entre 1973 et 1983, le tabac et les produits pharmaceutiques entrant dans la liste des besoins couverts par leur pratique.

Halbwachs (1970) classe les besoins selon la fréquence de renouvellement des objets qui les satisfont : «Plus longue est l'échéance de la prévision que réclament les besoins, plus ceux-ci peuvent être dits sociaux.» On estime qu'en cas de pénurie, ils devront être satisfaits dans cet ordre qui irait du plus «vital» au plus «social» : nourriture, vêtements, logement. Cependant, en période de récession économique en France, on constate que les ménages sont prêts à opérer des restrictions davantage sur l'habillement 74,8 % des ménages) que sur l'alimentation (29,5 %) ou le logement (34,5 %), mais ce sont les soins médicaux (10,1 %) et les dépenses pour les enfants (22,8 %) qui restent les dépenses prioritaires (LSA, 1984, cité par Kotler et Dubois, 1986). Il faut noter une autre anomalie par rapport à cette classification : nous devrions dépenser de plus en plus pour la qualité de l'air que nous respirons, premier élément indispensable à notre survie.

• La demande

On voit donc que la définition du besoin par la consommation ne dégage pas véritablement de piste claire. Une des caractéristiques du besoin est de n'exister que s'il est exprimé, que s'il y a communication verbale d'un sentiment de manque. «La consommation, concept *ex post*, (après coup) est à distinguer de la demande, concept *ex ante*, (par avance)» (Bourdanove et Martos, 1992). Prenons l'exemple du logement : chaque famille qui se crée exige un logement supplémentaire et chaque logement déclaré insalubre doit être remplacé par un nouveau. La mesure du besoin de logement paraît donc simple mais la demande en logement croît plus vite que le nombre de familles installées augmenté du nombre de logements déclarés vétustes, c'est que le niveau d'exigence augmente. Les familles aspirent à plus de confort. Ainsi peuvent apparaître des besoins d'objets qui n'existent pas. On en vient donc à une définition du besoin par la demande.

• Les désirs et les aspirations

Les aspirations sont des exigences nées de la vie sociale par comparaison à la situation des autres connus ou représentés par les médias ou par rapport à des idéaux socioculturels.

Chombart de Lauwe (1969) distingue les besoins et les aspirations. Le besoin peut désigner « un état de tension chez un sujet donné résultant de l'écart entre une fin à réaliser et les moyens dont il dispose pour y parvenir » ou « un moyen (un élément extérieur indispensable) permettant de supprimer la tension ». C'est là une définition psychologique.

Les aspirations sont des représentations-désirs. Le désir de la psychanalyse est un désir régressif tourné vers le passé, la recherche d'un plaisir perdu. L'aspiration est un désir tourné vers l'avenir. C'est un « processus psychologique par lequel un sujet désirant (individu ou groupe) est attiré ou poussé vers un objet proche ou éloigné, dont il prend conscience à travers des images, des représentations, des symboles, des conversations et qui contribue à définir et à orienter ses projets ». Il n'y a pas dans l'aspiration la notion de nécessité aussi impérieuse que dans celle de besoin, on y trouve l'élaboration cognitive d'un objet de désir. On aspire à des idéaux : la liberté, la justice, le confort. Comme pour le besoin, une même aspiration peut orienter les individus vers des projets différents. Un même objet peut satisfaire plusieurs aspirations à la fois.

• La satisfaction

Le lien entre la demande et la consommation est fait par la notion de satisfaction : la consommation satisfait la demande. Le besoin est satisfait par une certaine catégorie d'objets. Mais la satisfaction n'est pas non plus un concept clair car on peut distinguer la satisfaction comme état (être satisfait) ou comme action (se satisfaire). Comme état, on parle plutôt de satiété qui provoque un arrêt de la demande ou de la consommation. On parlera aussi du plaisir, qui lui est sans limite, pendant l'action de satisfaire. Les lexiques d'économie n'évoquent ni le terme de satisfaction, ni celui de satiété.

De nombreux problèmes restent sans réponse car il est difficile de mesurer la satisfaction. N'y a-t-il satisfaction que s'il y a eu besoin auparavant? Qu'est-ce qui est le plus satisfaisant? Manger quand on a eu faim ou ne pas avoir faim? Le concept de satisfaction répond à celui de besoin mais on n'arrive pas à le cerner davantage. Dans les sociétés modernes, la satisfaction est de plus en plus médiatisée et différée, elle passe par le travail, le salaire déposé mensuellement sur le compte en banque, l'argent investi, épargné ou utilisé pour consommer à mesure que le besoin s'en fait ressentir. Empiriquement, on s'aperçoit que la satisfaction est le plus souvent une affaire de compromis :

— entre des besoins contradictoires chez un même individu (avoir l'animation de la ville et le calme de la campagne) ;

— entre les besoins de plusieurs personnes (choix du lieu de vacances pour les membres d'une même famille) ;

— pour l'ensemble de la société (les maisons mitoyennes sont une solution permettant de satisfaire le désir d'habitat individuel au moindre coût foncier).

• La structure sociale

Les besoins naissent et ne peuvent être satisfaits que dans un contexte social. Il y a donc lieu d'éviter toute réduction physiologique. Même les besoins dits de survie subissent l'influence des valeurs sociales et ne reçoivent de satisfaction que collective par le système de production et de distribution. Il arrive que les besoins individuels soient reconnus socialement. Ainsi en 1950, le Conseil économique et social a proposé « un budget type servant à la détermination d'un salaire minimum national interprofessionnel garanti », le SMIG, devenu depuis le SMIC (salaire minimum interprofessionnel de croissance). D'autres outils économiques officiels reconnaissent le caractère social des besoins, par exemple, l'indice des prix de l'INSEE est fortement marqué par l'évaluation des besoins à l'époque où on l'a conçu : le tabac y est pris en compte alors que l'essence n'y est pas. Le RMI (revenu minimum d'insertion) est calculé à partir du SMIC : c'est la somme considérée comme minimale pour être intégré à la société.

Au-delà de la reconnaissance sociale des besoins individuels, il y a des exigences nées du caractère social de la nature humaine. Nous vivons dans un système de dépendances réciproques qui impliquent des exigences collectives. La structure sociale requiert certains comportements des individus pour son fonctionnement propre. Ainsi avons-nous besoin de payer des impôts, cependant cette exigence n'est pas ressentie individuellement. On retrouve ici une définition du besoin qui pourrait convenir à Durkheim. Il est inutile d'aller chercher l'origine du besoin dans la conscience des sujets. Ces besoins collectifs ne sont pas la somme des besoins individuels. Donc, pour satisfaire les besoins de chacun, il faut des structures sociales qui ont leurs propres besoins auxquels vont répondre des produits et des services particuliers. Les fonctionnaires en général, la recherche, etc., n'apportent rien à chacun, mais beaucoup à tous.

Le besoin est en fait une variable inférée, supposée. C'est un concept hypothétique pour expliquer la consommation et/ou la demande. Si on ne constate ni consommation, ni demande, il n'y a pas de besoin. En psychologie, on a l'habitude des variables inférées car la plupart des mécanismes mentaux ne sont pas directement observables.

### *Les classifications des besoins*

À défaut de définition, les besoins ont fait l'objet de nombreuses classifications. Silem et Albertini (1987) en citent cinq. On en trouve au moins une douzaine chez les psychologues. Chaque auteur fournit ses listes, plus ou moins longues, plus ou moins logiques et utilise des critères plus ou moins nombreux : besoins innés ou acquis, fondamentaux ou secondaires, biologiques ou sociaux, naturels ou culturels, affectifs ou cognitifs. L'idée générale restant de trouver le plus petit nombre de besoins expliquant le plus grand nombre possible de conduites.

Une des plus célèbres classifications est celle de Maslow (1954) qui propose une hiérarchie de besoins innés, universaux et relativement stables, classés en cinq groupes :

— besoins physiologiques, faim, soif, besoin sexuel, de sommeil, besoins sensoriels ;
— besoins de sécurité, de calme, d'équilibre ;
— besoins d'appartenance, d'amour et d'affection ;
— besoins d'estime, de communication, de reconnaissance sociale ;
— besoins de réalisation de soi, de connaissance, d'esthétique, de créativité.

En général, chaque type de besoin n'émerge que quand le précédent est satisfait. Les besoins en quelque sorte mûrissent au cours de la vie : tout d'abord « poussés » par les états physiologiques, ils sont ensuite « tirés » par le contexte environnemental. Le niveau économique atteint dans une société donnée permet la satisfaction presque automatique des besoins physiologiques, laissant les besoins de niveau supérieur se développer. Prenons l'exemple du travail : il permet de satisfaire plus ou moins à l'ensemble de ces besoins, besoins de survie par les revenus qu'il procure, de plus ou moins grande sécurité face à l'avenir, d'appartenance à une équipe ou à une grande entreprise, de reconnaissance sociale par les promotions, de réalisation de soi quand les tâches s'y prêtent.

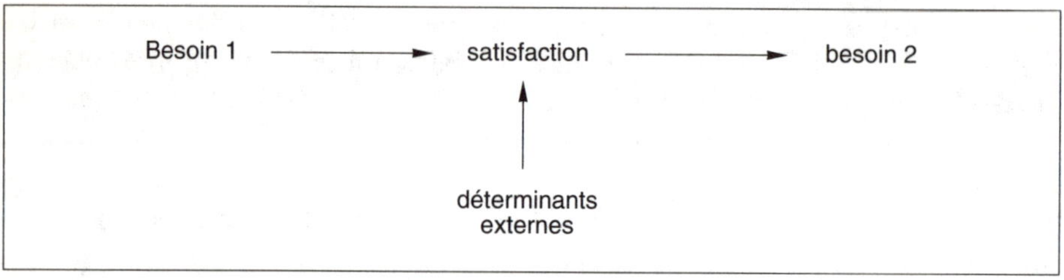


*Fig.* **5**.*1*. — *Le modèle de Maslow* (1954).

Jugée trop simpliste par certains auteurs (Albou, 1976), les propositions de Maslow présentent des nuances : l'ordre proposé n'est pas universel et la satisfaction n'est pas nécessairement totale pour que le besoin suivant apparaisse. Il s'agit ici de la satisfaction au sens « action de satisfaire » et non de la satiété, ce qui montre le caractère essentiellement dynamique de cette théorie. Maslow ne postule pas que les conduites permettant de satisfaire les besoins sont universelles, au contraire, elles peuvent être très diversifiées selon les apprentissages, les traditions culturelles ou les contraintes du moment. C'est la raison pour laquelle, il a toujours refusé de donner une liste plus précise que ces cinq grands groupes. Les besoins apparaissent dans cet ordre hiérarchique puis évoluent en parallèle. Maslow rend compte de la surdétermination des conduites par des groupes de besoins de forces inégales. On peut donc prévoir l'issue des affrontements de besoins conflictuels. Les conduites peuvent être expliquées par plusieurs besoins à la fois et elles subissent aussi les effets de déterminants externes. L'apparition d'un nouveau besoin peut être influencée — Maslow écrit «tirée» — par des déterminants externes. On trouve ici l'ébauche d'une théorie de diversification des besoins qui justifie le fait que chacun d'entre nous ressente des besoins différents malgré l'origine biologique des besoins humains.

Des auteurs ont développé la notion de besoins spécifiquement sociaux comme le besoin d'affiliation de Murray (1938) ou le besoin d'accomplissement personnel de McClelland (1985). D'autres ont mis l'accent sur des besoins plus cognitifs, comme le besoin de cohérence (Heider, 1946; Festinger, 1957). Citons aussi le besoin d'information, le besoin de rechercher les causes ou besoin d'attribution (Heider, 1958; Kelley, 1967). Nous détaillerons plus loin dans d'autres chapitres les modèles théoriques qui mettent en jeu ces besoins, car ils sont dans ce cas articulés avec d'autres concepts.

## 5.2. LES THÉORIES DES BESOINS

Le concept de besoin a parfois joué un rôle important dans la formulation de grandes théories explicatives des conduites humaines et en particulier des conduites économiques. Nous envisagerons dans ce chapitre deux théories : une théorie socio-historique, le marxisme et une théorie biosociale, le systémisme fonctionnel.

### *Le marxisme*

Les besoins ont surtout été étudiés dans les premiers écrits de Marx : *Critique de l'économie politique* (1844), *Idéologie allemande* (1845), puis ils ont été repris très rapidement et sans changement dans *Le Capital* (1867).

Marx part du postulat suivant : ce qui caractérise les sociétés humaines par rapport aux sociétés animales, c'est qu'elles ont une histoire. L'histoire du besoin, c'est l'histoire des relations de l'homme avec la nature et avec sa propre nature. L'homme est un produit de la nature et, en même temps, il s'en sépare et s'y oppose, c'est là sa condition dialectique. «Le premier fait historique est donc la production des moyens permettant de satisfaire ces besoins, la production de la vie matérielle elle-même». L'animal recherche directement sa nourriture quand il a faim. L'être humain va fabriquer des outils pour chasser, il va fabriquer des outils pour cultiver la terre. «Bien entendu, la forme différente que prend la vie matérielle est à chaque fois dépendante des besoins déjà développés et la production de ces besoins tout comme leur satisfaction est elle-même un processus historique que nous ne retrouvons jamais chez un mouton ou chez un chien». La fabrication d'outils pousse à de nouveaux besoins. Car «le premier besoin, une fois satisfait lui-même, l'action de le satisfaire et l'instrument déjà acquis de cette satisfaction poussent à de nouveaux besoins», et cette production de nouveaux besoins est le premier fait historique» (*Idéologie allemande*, 1845). Le besoin est donc, selon Marx, à l'origine de la société et de l'histoire. Il ne faut pas le considérer comme la manifestation d'un handicap de la condition humaine mais comme une richesse, un moteur de progrès. C'est parce qu'il a des besoins que l'homme crée. Cette conception s'oppose aux doctrines de l'incarnation qui, dans la culture judéo-chrétienne, fait de l'homme un prisonnier asservi par ses besoins humains alors que son âme est libre et que son esprit est seul créatif.

Marx explique pourquoi c'est cette conception qui prédomine et non la sienne. Le système capitaliste avilit les besoins en les aliénant et produit un discours idéologique sur ceux-ci. Il les utilise pour asservir l'homme à la production.

Les besoins sont utilisés comme une force productive de deux façons : par la consommation et par la reconstitution de la force de travail. La consommation est inséparable de la production, les besoins sont à l'origine de toute production mais «la fin du capitalisme est la production de profit et non la satisfaction des besoins».

Pour produire, il faut des travailleurs en bon état. Certaines sociétés réduisent les travailleurs à la stricte conservation de la vie (esclavage, servage). Les besoins liés à la reproduction de la force de travail sont des besoins sociaux (produit d'un mécanisme social) et non des besoins de l'individu. Ces besoins-là déterminent les rapports sociaux. Pour le marxisme la structure sociale est déterminée par l'économie. En évoluant, la société réprime certains besoins et en libère d'autres (éducation, culture, sexualité). Par exemple, dans un système dominé par une économie agricole, on observe des structures familiales élargies; dans une économie industrielle, la famille est réduite à sa forme nucléaire (parents et enfants); dans une économie dominée par le travail tertiaire apparaît l'égalité conjugale. Les individus croient que c'est par un besoin de liberté personnelle qu'ils ne se marient pas, en fait cette liberté répond aux besoins du système économique.

- La genèse idéologique des besoins

La capitalisme utilise de façon abstraite en suscitant le besoin de marchandises qui n'ont plus de valeur d'usage (une chose qui, par ses propriétés matérielles, peut satisfaire les besoins de n'importe qui) mais une valeur symbolique (un signe d'appartenance à une catégorie sociale).

La classe dominante définit les besoins des autres classes sociales en fonction de la représentation qu'elle en a et de son intérêt. Ce qui parfois conduit à des contradictions : la crise du logement est née de la contradiction entre les intérêts des propriétaires fonciers et ceux des entrepreneurs. La production des marchandises est en même temps production de besoins sociaux de ces marchandises. Ils ne peuvent satisfaire les besoins que par l'appropriation individuelle, d'où l'illusion de besoins individuels. Les besoins spécifiques à une catégorie sociale sont des besoins aliénés par opposition aux besoins humains universels. Le besoin individuel est une illusion, «il relève de la pensée magique» (Baudrillard, 1972). Il sert de justification à la production : «C'est une passerelle entre le sujet et l'objet.» Le système capitaliste masque l'origine socio-économique des besoins par une représentation idéologique de telle manière qu'ils apparaissent comme individuels et endogènes. Il n'y a pas de théorie des besoins, il ne peut y avoir qu'une théorie du concept idéologique des besoins : «Il n'y a de besoins que parce que le système en a besoin.» Ainsi les marxistes contemporains ne sont plus en accord avec les exposés de Marx en 1845.

- Critique du modèle marxiste des besoins

L'analyse en termes d'aliénation des besoins, quelque peu mécaniste, rencontre une principale difficulté. Si la détermination des besoins par la situation des groupes dans les rapports de production reste au niveau social global satisfaisant, il demeure «insuffisant quant à l'analyse des pratiques de consommation et les besoins subjectivement vécus et exprimés» (Pinçon, 1978). Le modèle n'explique pas les conduites individuelles. En fait, on constate que plus la société s'enrichit, plus la liberté d'épanouissement des besoins est grande, ce sont dans les sociétés les plus pauvres que les besoins sont les plus réprimés. Cette constatation vient plutôt à l'appui de la théorie de Maslow.

### *Le systémisme fonctionnel*

L'approche systémique est née dans les années quarante de la rencontre d'un modèle biologique, le modèle homéostatique, avec la sociologie et l'économie. Elle repose sur trois principes essentiels :

— l'interdépendance entre tous les éléments du système. L'économie nationale n'est pas indépendante de l'économie mondiale, la production ne l'est pas de la consommation, etc.;

— la totalité est différente de la somme des parties. Elle a des propriétés spécifiques que n'ont pas les parties. Une entreprise est autre chose que les services qui la composent;

— le principe de rétroaction ou *feed-back*. L'augmentation des prix à la consommation peut entraîner des augmentations de salaires qui font elles-mêmes augmenter les prix.

• Le modèle homéostatique

En physiologie, le modèle homéostatique a été introduit par Claude Bernard au milieu du XIXe siècle, son influence sur les Sciences humaines a été considérable.

Pour supporter les variations du milieu externe, l'organisme se doit de maintenir son milieu interne le plus stable possible, en équilibre (homéostasie). Claude Bernard fournit le modèle de la fonction glycogénique du foie qui stocke le sucre pendant la digestion et le restitue à l'organisme quand le besoin s'en fait ressentir, donc le taux de glucose dans le sang reste à l'intérieur d'une «fourchette» de variations (glycémie pré- ou postprandiale). La faim est une tension qui induit un comportement vis-à-vis du milieu extérieur (recherche de nourriture). Elle intervient quand le processus interne n'est plus suffisant. C'est la boucle longue. Le modèle homéostatique est un modèle finaliste : il y a équilibre pour un bon fonctionnement du système.

Le neurophysiologue américain Cannon (1932) a développé la notion d'homéostasie en psychologie.

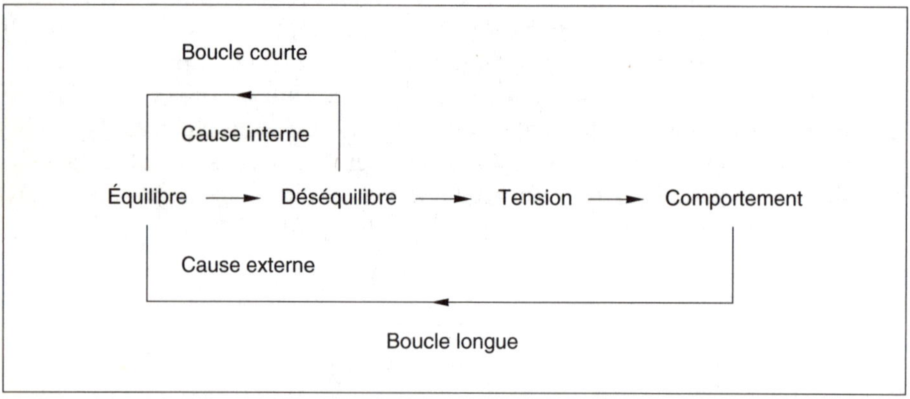


*Fig. 5.2. — Le modèle homéostatique de Cannon* (1932).

Le besoin est un état de tension créé par une situation de déséquilibre. La boucle courte décrite par Claude Bernard échappe à la conscience des sujets, elle préserve l'équilibre du sujet par des régulations internes. Le comportement permet de passer d'un mécanisme de régulation interne, inconscient, à un mécanisme de régulation ouvert sur le milieu par utilisation de ressources externes pour rétablir l'équilibre interne. Tout comportement s'inscrit dans une fonction biologique de rétablissement d'équilibre (boucle longue). Dans ce modèle la satisfaction correspond à un état d'équilibre dans lequel il ne se passe rien. L'inaction devrait être la situation la plus satisfaisante, cependant on constate que les êtres vivants recherchent des stimulations et qu'ils créent eux-mêmes des déséquilibres.

• Le système économique

Parsons (1975), économiste et sociologue et Merton (1957), sociologue, ont appliqué le modèle homéostatique à l'économie et à la société.

« Le système social tend à maintenir un état d'équilibre ou schéma préférentiel au moyen de mécanismes d'autorégulation ». Prenons l'exemple d'un supermarché. Il existe des exigences fonctionnelles qui doivent être satisfaites pour pouvoir poursuivre ses objectifs, pour la survie du système, dans ce cas le commerce. Approvisionner les rayons fait partie de ces exigences. Il existe des structures (organisation des rayons) et des processus correspondant à un fonctionnement normal (horaires d'ouverture). S'il intervient des modifications accidentelles, il existe des mécanismes compensatoires qui vont amener le système à retrouver un équilibre. On ouvrira les caisses en fonction du nombre de clients. On n'ouvrira pas trop de caisses, car pendant le temps d'attente le client continue à acheter. Dans un tel modèle tout est susceptible de changement mais les éléments qui sont à la fois les plus dynamiques et les plus malléables sont les individus : la caissière aux heures creuses fera du réassortiment alors que le tapis roulant de la caisse n'a qu'une seule fonction.

Pour Parsons, les actions humaines se déroulent à la fois dans quatre milieux d'équilibre : le milieu biologique de l'organisme qui agit, le milieu psychique qui est celui de l'équilibre psychique de la personnalité, le milieu social qui est celui des interactions et le milieu culturel. Le modèle du « corps social » par analogie avec la neurophysiologie, vaut pour les relations de l'individu à l'environnement (psychologie individuelle), des individus entre eux (fonctionnement des groupes) et pour la société et ses institutions, indépendamment des individus. Ainsi le biologiste, le psychologue, le sociologue, l'anthropologue et l'économiste sont réunis par une même conception théorique de la conduite humaine.

Dans ce modèle, il y a assimilation du concept de besoin à celui de norme. La distinction entre les besoins biologiques (de survie), les besoins psychologiques ou les besoins culturels (induits par la socialisation) est inutile car tous les besoins sont exprimés et reconnus par des comportements précis ou normes culturelles.

• Les normes

Il existe deux définitions de base aux normes, une définition statistique et une définition biologique.

En statistique, la norme renvoie à la notion de fréquence. La distribution des fréquences se fait selon la loi normale (courbe de Laplace-Gauss). La norme est

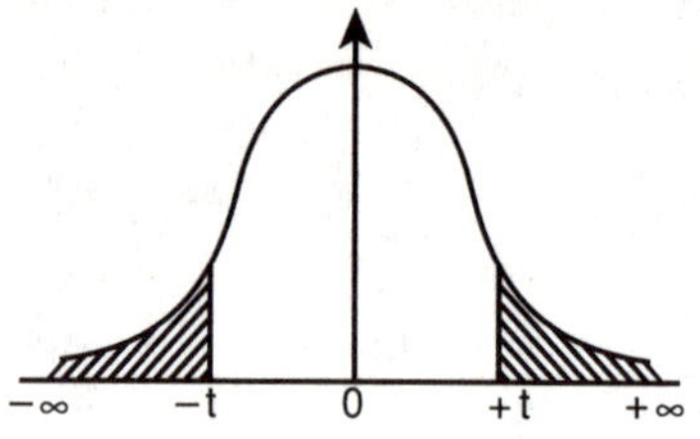


*Fig. 5.3. — La loi normale de Laplace-Gauss.*

le niveau d'apparition le plus fréquent d'un phénomène mesurable. Le contraire de la réponse normale est ici la réponse extrême, trop grande ou trop petite.

On peut aussi définir la norme comme la règle du fonctionnement harmonieux d'un système. Est normal ce qui fonctionne conformément aux lois naturelles biologiques ou physiques : le corps humain ou un moteur bien réglé. Là encore il y a des variations dans des limites en deça et au-delà desquelles il y a anormalité ou pathologie.

Ces deux définitions fondamentales en ont généré d'autres.

Pour faire fonctionner harmonieusement un système dont les règles ne sont pas naturelles (biologiques ou physiques), on se met d'accord sur des normes. Il s'agit de normes de standardisation, résultant d'un consensus (normes industrielles définissant les caractéristiques du courant électrique, la taille d'éléments séparés destinés à être assemblés, l'écart entre les rails du chemin de fer, etc.). Le système social est fait de nombreuses règles de ce type. Quand ces règles se dissolvent ou qu'elles ne sont plus fonctionnelles, on parlera d'anomie. L'anomie est une pathologie sociale.

Vient ensuite une définition morale de la norme. Puisqu'elle est la plus répandue, qu'elle est fonctionnelle et qu'elle repose sur un consensus, la norme paraît désirable : c'est ce qu'on doit faire. Elle devient modèle (norme NF de qualité, norme de performance) ou obligation (loi, réglementation). La non-observance de la norme entraîne réprobation morale ou sanction. On est fautif, coupable, délinquant, déviant. Cette norme arbitraire peut toutefois évoluer. Elle est discutable, relative. Le groupe ou la société exercent une pression pour le maintien de la norme (règlement intérieur, législation, Code pénal).

Toutes ces définitions sont bien souvent entremêlées. Dans une société où il y a beaucoup de véhicules automobiles, la société a besoin d'un code de la route et les individus ont besoin d'un permis de conduire. C'est obligatoire. Ce permis atteste que l'on sait conduire un véhicule, c'est-à-dire répondre aux lois physiques (distance pour s'arrêter quand le véhicule est lancé à une certaine vitesse), et aux lois de la construction des moteurs à explosion (débrayer pour changer de régime). Il atteste aussi que la personne connaît les règles arbitraires du code (le consensus permettant la sécurité). Ces règles garantissent la sécurité individuelle et collective. La solidarité entre ces deux besoins de sécurité est matérialisée par l'assurance obligatoire.

Les changements de normes sont souvent individuels avant d'être sociaux. En matière de logement, la définition des normes d'occupation a évolué au cours du siècle de façon très significative. Avant la guerre de 1914, un logement n'était pas considéré comme surpeuplé s'il comportait une pièce par famille, puis, après la seconde guerre, la norme était d'une pièce pour le couple et une pièce pour les enfants. En 1968, le Code de la construction indiquait la norme d'une pièce pour le couple, une pièce pour chaque personne de plus de 19 ans, une pour deux enfants de zéro à six ans, quel que soit le sexe, et une pour deux enfants de sept à dix-huit ans de même sexe. Actuellement, les personnes estiment qu'il faut une pièce par enfant à l'entrée au collège. On voit que l'influence des préoccupations sexuelles cède la place à une nouvelle exigence : la réussite scolaire. Parfois la norme sociale est en avance sur la législation, d'autres fois une politique volontariste fait passer des changements légaux avant que les mentalités aient accepté les nouvelles normes. On remarque aussi que certaines normes en créent incidemment d'autres : les normes de construction en matière d'économies d'énergie en augmentant l'isolation thermique ont accru les besoins en isolation phonique. En effet, l'isolation thermique protège des bruits extérieurs et fait apparaître plus nettement les bruits intérieurs aux habitations.

On voit ici que l'utilisation du terme «besoin» est inutile puisque tout est normé, la conduite individuelle, la demande et la réponse sociale.

- Conséquences et critiques du modèle

Le système économique est un produit du système social. Il est régi par les mêmes règles. Les besoins naissent du déséquilibre, ce sont des artefacts. Les besoins changent pour rétablir l'équilibre (modèle homéostatique) car l'être humain est plus malléable que les objets ou le système social. La conduite économique ne serait donc qu'un mouvement pour retrouver l'immobilisme. Le modèle social parsonien est conservateur. Si toute conduite est destinée à rétablir l'équilibre, l'harmonie, le bon fonctionnement, si par ailleurs on admet que ce qui est le plus malléable, ce sont les individus, ce sont eux qui doivent évoluer pour maintenir le système. Ce modèle marginalise donc les conduites novatrices comme déviantes ou inadaptées. Comment expliquer le progrès ou la créativité par le systémisme? Par ailleurs le modèle n'explique pas les contradictions internes au système : on fabrique des voitures qui roulent beaucoup plus vite que les vitesses autorisées. Le modèle classique de l'économie libérale par la notion d'intérêt personnel et la recherche du profit, ou le modèle marxiste de l'intérêt de classe sont beaucoup plus efficaces pour expliquer ces contradictions.

## 5.3. QUELQUES TECHNIQUES D'ÉTUDE DES BESOINS

Le psychologue collecte des données individuelles. Pour que celles-ci soient utilisables par les économistes il convient de les transformer en données collectives. Le problème du passage de l'individuel au collectif est à la fois conceptuel et méthodologique. Le concept de norme facilite d'ailleurs ce passage. Ce sont ces normes que mettent au jour les indicateurs sociaux (recensement des comportements), les mesures subjectives (interviews sur les opinions et les aspirations des personnes), et les analyses sociologiques des systèmes de régulation (législation, codes, contrats sociaux).

Prenons l'exemple d'une crèche : une jeune mère est capable d'exprimer ses besoins de garde d'enfant en nombre d'heures, horaires et jours précis. Comment organiser le fonctionnement de la crèche pour qu'elle réponde aux besoins des mères de famille d'un quartier?

Il y a deux approches conceptuelles du besoin collectif :

— le besoin collectif est la somme des besoins individuels;

— le besoin collectif est un besoin du système économique et social : la garde des enfants est nécessaire au bon fonctionnement de l'économie.

Cette dichotomie entraîne deux méthodes différentes de recueil des données concernant les besoins :

— les enquêtes auprès des individus permettent de découvrir les besoins et les aspirations individuels (mise au point d'horaires satisfaisant une majorité de parents). Les techniques utilisées s'intègrent au sein de méthodes d'enquête ou d'observation;

— les analyses économiques : mise au point d'horaires en fonction de choix politiques : priorité aux parents isolés, aux familles les plus démunies financièrement, horaires alignés sur d'autres institutions, etc.

L'étude des besoins par les économistes est venue de la nécessité de prévoir au niveau de la production industrielle comme au niveau des équipements publics. On peut distinguer deux principales techniques d'étude des besoins :

— les indicateurs sociaux (observations et sondages);

— les mesures subjectives du bien-être (enquêtes).

### *Les indicateurs sociaux*

Les indicateurs sociaux ou indicateurs socio-économiques permettent la description statistique d'un point de vue externe, c'est-à-dire par les institutions (entreprises ou gouvernements), d'événements, de comportements ou de caractéristiques des individus dans une société donnée.

Les données statistiques sont nombreuses et de tous ordres, par exemple : le nombre de savonnettes produites par une entreprise, de journaux diffusés, d'entrées dans les cinémas, d'inscrits dans une bibliothèque, d'adhérents à un syndicat, d'abonnés à un service télématique, de contribuables entre telle ou telle tranche de revenus, etc. Comment choisir parmi toutes ces statistiques, les bonnes mesures prédictives? En 1962, l'American Academy of Arts and Sciences entreprit une étude des répercussions sociales, économiques et technologiques du programme spatial de la NASA. À cette occasion, elle mit au point une série d'indicateurs reflétant un plus grand nombre d'aspects de la société que les indicateurs purement économiques. Jacques Delors, dans le cadre du Commissariat au Plan, a introduit en 1968 en France un choix raisonné de mesures que l'on a appelées les indicateurs sociaux. Depuis 1973, ce sont les données sociales de l'INSEE. Les indicateurs sociaux constituent une « liste de conditions sociales qu'on s'accorde généralement à considérer comme contribuant directement à la satisfaction ou au service des individus et par conséquent, au bien-être social » (Land, 1975).

Ce qui est significatif dans les indicateurs sociaux, ce sont leurs variations, leurs évolutions dans le temps; elles vont permettre d'établir des normes. Par exemple, si on constate que le nombre de logements équipés de salles de bains augmente régulièrement d'année en année, on dira qu'il y a un besoin de salles de bains ou que la norme est d'équiper les logements de salles de bains. On pourra éventuellement légiférer pour rendre cette norme obligatoire. Si on constate que la natalité baisse, c'est que les gens n'ont plus besoin d'enfants, alors que la société en a besoin. On voit donc que cette mesure concerne bien les besoins individuels. On va alors distinguer les indicateurs de performance des indicateurs de structure. Ces derniers permettent d'évaluer l'accomplissement de certaines fonctions par la société. Le nombre d'enfants permet la reproduction du système, la survie de l'espèce, l'alimentation des caisses de retraite. Dans ce cas la normalisation est incompatible avec la démocratie. Il s'agit de choix politiques : il n'y a pas d'objectivité dans ce domaine (voir tableau ci-après).

### *Les mesures subjectives du bien-être*

Delors (1971) dans son analyse des indicateurs sociaux regrette que tout ce qui relève de la psychologie ou de la sociologie soit si difficile à quantifier. Il convient donc de mieux définir la satisfaction et le bien-être pour mettre au point des techniques de mesure fiables et discriminantes.

Pour Campbell (1981), il n'y a de mesure du bien-être et de la satisfaction des besoins que subjective car cette mesure est relative aux attitudes, attentes et aspirations des individus. Il propose plusieurs postulats :

I. Les gens réagissent au monde comme ils le perçoivent et non comme il est objectivement. Les valeurs, les attentes, les traits de personnalité influencent cette perception. Le bien-être est le résultat d'une perception et non d'un état.

*Tableau 5.1. — Liste des indicateurs sociaux de l'OCDE* (1982).

| Problèmes sociaux | Indicateurs |
|---|---|
| SANTÉ | |
| Durée de la vie | — espérance de vie |
| | — taux de mortalité périnatale |
| État de santé | — maladies courtes |
| | — maladies longues |
| ÉDUCATION ET FORMATION | |
| Services éducatifs | — continuité éducative |
| | — formation permanente |
| | — taux d'alphabétisation |
| EMPLOI ET CONDITIONS DE TRAVAIL | |
| Emplois disponibles | — taux de chômage |
| | — emplois partiels non choisis |
| | — découragement |
| Conditions de travail | — durée hebdomadaire |
| | — temps de déplacement |
| | — congés payés annuels |
| | — horaires atypiques |
| | — distribution des salaires |
| | — accidents de travail mortels |
| | — nuisances au travail |
| LOISIRS | |
| Utilisation du temps | — temps libre |
| | — activités de temps libre |
| PRODUITS ET SERVICES | |
| Revenus | — distribution des revenus |
| | — bas revenus |
| | — absences de ressources |
| | — distribution du patrimoine |
| ENVIRONNEMENT PHYSIQUE | |
| Conditions de logement | — surface intérieure logement |
| | — accès à un espace extérieur |
| | — confort de base |
| Accès aux services publics | — proximité des services |
| Nuisances environnementales | — pollution de l'air |
| | — nuisances liées au bruit |
| ENVIRONNEMENT SOCIAL | |
| Attachement social | — taux de suicide |
| SÉCURITÉ PERSONNELLE | |
| Exposition au risque | — accidents mortels |
| | — accidents graves |

II. Le bien-être ressenti provient des perceptions des personnes dans leur situation actuelle. Il est influencé par les caractéristiques de cette situation. Par exemple, les caractéristiques du logement vont avoir de l'influence sur la satisfaction résidentielle.

III. Le bien-être social est la somme des expériences individuelles de bien-être.

IV. La tendance est de percevoir les circonstances le plus positivement possible donc à maximiser le bien-être subjectif. On note entre 70 % et 80 % de personnes satisfaites de leur logement, quelle que soit la qualité objective de celui-ci.

V. Il faut distinguer deux composantes du bien-être, la satisfaction et l'affect.

VI. Le sentiment de satisfaction ou d'insatisfaction est fonction de l'écart que l'individu perçoit entre sa situation présente et celle à laquelle il aspire. Le changement de satisfaction peut résulter du changement de situation ou du changement d'aspiration.

VII. L'affect reflète les sentiments spontanés de plaisir ou de déplaisir associés aux événements de l'expérience immédiate du sujet.

VIII. La satisfaction et l'affect peuvent concerner des aspects très divers de la vie quotidienne. Ils sont aussi vécus comme un tout (bien-être global).

Le bien-être a une dimension cognitive (évaluation) et affective (vécu), momentanée (satisfaction) ou plus stable (bonheur) dans des domaines spécifiques : vie conjugale, vie familiale, relations amicales, niveau de vie, conditions de travail, voisinage, environnement résidentiel, nation, logement, éducation, santé et bien-être personnel.

Pour mesurer ces différentes facettes du bien-être, on aura recours à des questionnaires structurés dans lesquels les sujets sont les rapporteurs de leurs conduites et de leurs sentiments (mesures subjectives). La structure des questionnaires et de l'échantillon permet de quantifier les résultats en toute objectivité (Andrews et Withey, 1976; Campbell, Converse et Rodgers, 1976; Campbell, 1981; Juster et Stafford, 1985; Groenland, 1989). Nous prendrons l'exemple de la satisfaction du besoin en restauration des étudiants d'un nouvel établissement universitaire. On peut recueillir des renseignements sur :

— des comportements précis : où avez-vous mangé ce midi?

— des comportements habituels : où mangez-vous en général quand vous êtes à l'université?

— des connaissances : savez-vous où se trouve le restaurant universitaire le plus proche?

— des estimations : à votre avis quel pourcentage d'étudiants s'y rend chaque jour?

— des attitudes : comment trouvez-vous la qualité des repas?

— des intentions de comportement : s'il y avait un restaurant sur place, combien de fois par semaine y mangeriez-vous?

— des motivations à toutes ces réponses : pourquoi?

On voit sur cet exemple que la fiabilité des réponses va en décroissant; le sujet sera un meilleur témoin de ses propres conduites si elles sont précises que du pourquoi de ses actes qui parfois est inconscient.

En France, le CREDOC, Centre de recherche, d'étude et de documentation sur la consommation publie régulièrement les données fournies par le « système d'enquête relatif aux conditions de vie et aspirations des Français ».

Les besoins et les aspirations sont des nœuds d'interactions entre :

— des espaces sociogéographiques, des milieux sociaux qu'il conviendra de comparer;

— des pratiques connues par des indicateurs sociaux;

— des représentations connues par des enquêtes;

— des structures et des rapports sociaux analysés par les sociologues.

## 5.4. LE BESOIN : UNE EXPLICATION TAUTOLOGIQUE

Manger est une conduite humaine expliquée par un besoin, la faim. La cause du comportement est inférée à partir du comportement lui-même. Autrement dit, on invente souvent un besoin pour expliquer *a posteriori* une conduite économique.

À chaque besoin correspond une conduite, l'approche de certains objets dont la fonction est de satisfaire le besoin. Si les besoins existent, ils sont universels, caractéristiques de l'espèce humaine. Les réponses, les fonctions seront donc également universelles. Elles dépendront uniquement de facteurs environnementaux. Alimentation, habillement, fonctionnalisme architectural. Or, il semble bien que les besoins dits « fondamentaux » n'existent pas. Les anthropologues comme Marcel Mauss (1947) soulignent que « l'élasticité des besoins humains est absolue... Il n'y a pas d'autre échelle des valeurs des besoins humains en matière de protection et de confort que l'arbitraire social ». Ainsi sous les mêmes climats certains hommes recouvrent leurs corps de plusieurs épaisseurs de vêtements, d'autres vont quasiment nus. Avec les mêmes matériaux, on construit des types de logements très variés en fonction de l'organisation sociale. Les contraintes matérielles sont perçues et interprétées diversement par les individus de sociétés différentes.

Il apparaît qu'on ne peut « concevoir les besoins comme une série d'entités autonomes qu'on peut numéroter et compter » (Nuttin, 1980*a*). La diversification des besoins conduit à l'impossibilité de trouver des critères universels et durables. Chombart de Lauwe (1963) fournit un excellent exemple de la multiplication des besoins pour expliquer les conduites relatives au logement : « Un besoin d'espace, un besoin d'aménagement et d'appropriation de l'espace, un besoin d'indépendance entre les groupes de personnes à l'intérieur du logement, un besoin de repos et de détente, un besoin de séparation des fonctions, un besoin de bien-être et de libération des contraintes matérielles, un besoin d'intimité du groupe familial, un besoin d'être bien considéré, un besoin de relations sociales extérieures, ... » De fait, on peut faire correspondre un besoin à chaque demande spécifique. À chaque fonction de l'habitat, il suffit de trouver, de nommer le besoin correspondant et à chaque besoin une fonction, ce qui conduit à une impasse tautologique, une explication circulaire. L'homme est trop complexe pour faire la liste de ses besoins.

Les économistes qui ont fait du besoin le moteur explicatif des conduites, n'ont pu en faire la définition, ni la théorisation. Ils ont donc confié ce problème aux psychosociologues qui n'ont pas fait mieux. Pour sortir de la tautologie, ils ont proposé d'autres concepts, la motivation qui est inférée à partir d'une séquence de conduites dirigées vers un même but et, pour suppléer au concept de satisfaction, celui de récompense qui amène l'individu à rechercher certaines situations ou à répéter les mêmes actions.

# 6

# Motivations

D'après le dictionnaire *Le Robert*, « motivation » est un mot du XXe siècle. La première de ses définitions est d'origine philosophique : « Relation d'un acte aux motifs qui l'expliquent ou le justifient. » Puis, on retrouve celle d'un économiste, « ensemble des facteurs déterminant le comportement de l'agent économique, plus particulièrement du consommateur » (Romeuf). Toutefois on ne trouve pas de définition des motivations dans les lexiques d'économie. La définition psychologique vient en dernier dans le dictionnaire *Le Robert* : « Action des forces (conscientes ou inconscientes) qui déterminent le comportement. » Parmi ces forces il y a les besoins. Prenons l'exemple d'une personne qui dîne chez des amis. On peut penser que sa conduite a pour motivation la faim (besoin alimentaire), mais en fait il se peut qu'elle ait déjà dîné et qu'elle ne mange que pour être polie et faire plaisir à ses hôtes.

Dans l'ouvrage fondamental de Reuchlin (1984), la motivation est « ce qui déclenche, oriente et arrête l'activité ». La définition la plus récente est celle de Jean Nuttin (1980*a*) : la motivation est « l'aspect dynamique de l'entrée d'un sujet en relation avec le monde », ce qui, nous le verrons plus loin, entraîne un ensemble théorique en psychologie beaucoup plus structuré que ce que nous avons pu rencontrer dans le domaine du besoin.

Dans un chapitre d'un manuel de psychologie économique, Heather McFadyen (1986) énumère les diverses problématiques sous-tendues par le concept de motivation dans de nombreuses présentations théoriques.

I. Les motivations peuvent être innées ou acquises. Elles sont à la fois des produits de la nature et de la culture.

II. Elles peuvent être totalement déterminées, partiellement déterminées ou le résultat d'un libre choix.

III. Elles peuvent trouver leurs racines dans le passé ou être le résultat d'activations cérébrales actuelles et immédiates.

IV. Sont-elles réductibles à des dimensions purement physiologiques?

V. Elles peuvent prendre des formes concrètes ou idéales.

VI. Elles sont tantôt objectives, tantôt subjectives.

VII. Elles combinent de diverses manières l'esprit et le corps.

VIII. Elles peuvent être conscientes ou inconscientes.

IX. Rationnelles ou irrationnelles.

X. Internes ou externes à l'individu.

XI. Elles peuvent pousser les conduites par des états physiologiques ou les tirer par des stimulations extérieures (*cf.* les besoins de Maslow).

XII. Elles peuvent être conservatrices (retour à l'équilibre), novatrices ou de croissance, de développement.

XIII. Elles peuvent être renforcées par des éléments intrinsèques à la conduite (plaisir de l'action elle-même) ou extrinsèques (satisfaction du résultat ou de ses conséquences).

On abordera dans ce chapitre les motivations inconscientes selon la théorie psychanalytique (Freud, 1915), puis une série de modèles conceptuels qui, partis du modèle homéostatique des besoins, ont évolué vers une conception cognitive et volontaire de la motivation : le modèle du stress environnemental, celui de la compétence sociale de McClelland (1958), l'écologie psychologique de Lewin (1951), la psychologie écologique de Barker (1963) et enfin la théorie de Nuttin (1980*a* et *b*).

## 6.1. LES MOTIVATIONS INCONSCIENTES

Freud (1915) a fondé ses conceptions sur la neurologie : « Le système nerveux est un appareil auquel est imparti la fonction d'écarter les excitations à chaque fois qu'elles l'atteignent, de les ramener à un niveau aussi bas que possible, il voudrait même, si seulement cela était faisable, se maintenir rigoureusement dans un état de non-excitation. » On n'est pas très loin d'un modèle homéostatique, toutefois la notion centrale est celle de pulsion, d'origine biologique et inconsciente. La conduite est motivée par deux sources d'énergie primitives contradictoires : la pulsion de vie (Eros) et la pulsion de mort (Thanatos). Ces pulsions sont contrôlées par des instances psychiques morales acquises : Moi, Surmoi, Idéal du Moi. Les psychanalystes parlent d'ailleurs « d'économie psychique ». Par rapport au modèle homéostatique, Freud insiste moins sur l'idée de la conduite pour retrouver l'équilibre que sur celle de décharge nécessaire d'un surplus énergétique. S'il y a une accumulation d'énergie, il faut la décharger par un moyen acceptable par les instances de contrôle. Si ce moyen n'est pas « approuvé » par les instances psychiques, on parlera de « passage à l'acte » en tant que décharge énergétique.

Dichter (1961) a appliqué le modèle freudien au comportement du consommateur. Pour lui, les motivations sont irrationnelles mais néanmoins fonctionnelles ; elles sont aussi dynamiques et inconscientes.

I. Elles sont fonctionnelles parce que tout comportement, même celui qui semble le plus inadapté est fonctionnel pour l'individu. Le tout est de découvrir la bonne fonction.

II. Elles sont dynamiques : il importe moins de savoir à quel groupe social une personne appartient que de comprendre si elle s'y sent à sa place ou éventuellement, à quel autre groupe elle souhaiterait appartenir.

III. Elles sont inconscientes : le rationalisme est un fétichisme. Les objets et les produits sont ambivalents. Ils suscitent à la fois du point de vue affectif, attrait et répulsion, du point de vue comportemental, approche et évitement, du point de vue biologique, pulsion et inhibition, du point de vue psychosocial, motivation et frein.

### *Les études de motivation*

Le modèle de Dichter est un modèle de décryptage des motivations qui par définition sont cachées. Les mécanismes de défense mis au jour par les psychanalystes (projection, déplacement, identification, déni et surtout rationalisation) servent à masquer les motivations, on ne peut donc les découvrir facilement.

Les études de motivation procèdent par entretiens non directifs, de type clinique selon la technique rogerienne, longs de deux à trois heures, avec quelques personnes (30 à 100) très variées. Pour Dichter, il est inutile de procéder à un échantillonnage représentatif de la population concernée par l'étude, car ce qui compte c'est ce que les personnes désirent être et non ce qu'elles sont. Initialement mise au point dans un but thérapeutique, la technique de la relance non directive de Carl Rogers (1958) consiste à ne pas intervenir sur le contenu de ce qui est dit, par exemple en posant des questions. L'enquêteur incite le sujet à développer ses idées en les lui reformulant comme le ferait un miroir qui lui renverrait sa propre image.

Au début ces entretiens ont été conçus pour rechercher de nouveaux produits, mais trop de succès comporte un risque : si on trouve le produit parfait, il n'y a plus de développement économique possible, donc les études de motivation vont davantage servir à « l'art d'orienter les désirs » plutôt qu'à innover. De façon plus pragmatique, on a assisté à un certain échec des études de motivation du fait de l'incommunicabilité entre les chercheurs et les industriels. Plus on va dans l'inconscient, plus on trouve des renseignements originaux, personnalisés, inutilisables dans la fabrication des produits. On ne peut à la limite qu'y trouver un bon argumentaire publicitaire. De nombreux industriels ont tenu les études de motivations pour de l'escroquerie dans la mesure où leurs résultats n'étaient pas utilisables.

## 6.2. LE MODÈLE DU STRESS ENVIRONNEMENTAL ET LE MODÈLE DE CROISSANCE

Ces deux modèles ont un profond ancrage physiologique. Ce sont des modèles de la motivation unique et énergétique. Cependant l'un est un modèle homéostatique de retour à l'équilibre, l'autre est un modèle de recherche de la stimulation. Dans l'un et l'autre cas, la motivation est une variable intermédiaire utilisée pour expliquer la force et la direction qui sous-tendent le comportement.

*Le stress environnemental*

Plusieurs auteurs ont développé le modèle homéostatique sans véritablement l'appliquer aux conduites économiques mais plutôt à des conduites environnementales assez similaires. Le modèle du stress environnemental (Lazarus et Cohen, 1977) reste très près de la biologie, les motivations sont avant tout des états physiologiques d'un sujet en situation. Nous appliquerons le modèle du stress environnemental directement à l'économie.

À l'origine du comportement, il y a la perception de l'environnement économique. Celle-ci dépend de deux ensembles de facteurs, les caractéristiques individuelles du sujet et les caractéristiques objectives de l'environnement. La perception fonctionne comme un thermostat, elle évalue en permanence l'état des stimulations environnementales. Si l'environnement est perçu comme un ensemble de stimuli optimaux à l'intérieur d'une norme, le sujet se trouve dans une situation équilibrée (homéostasie). Si l'environnement est perçu comme trop ou trop peu stimulant ou comme contraignant et donc hors normes, le sujet se trouve dans un état de stress qu'il doit réduire pour faire face à la situation (*coping*). Deux conduites possibles s'offrent à lui : l'adaptation et l'ajustement (voir fig. 6.1).

L'adaptation est un déplacement quantitatif dans la distribution des réponses le long d'un continuum de stimulation en fonction d'une exposition continue à cette stimulation. L'ajustement est un changement quantitatif ou qualitatif de conduite par modification de la stimulation.

Autrement dit, le sujet peut agir sur lui-même ou sur son environnement.

Dans le modèle du stress, il existe deux sortes de conduites, l'ajustement et l'adaptation. L'adaptation est une conduite visant à se modifier soi-même, l'ajustement est une conduite visant à modifier l'environnement. On s'adapte à la pénurie en se passant de certains produits. On change de marque si on ne trouve pas la marque habituelle dans les rayons (ajustement). Les changements d'attitudes, d'opinions, de goûts sont des processus d'adaptation, ils sont internes au sujet, les ajustements sont des actions sur l'environnement. Ils permettent l'un et l'autre de rétablir un équilibre différent de l'équilibre initial car le sujet comme l'environnement ont pu être modifiés par les résultats positifs des mécanismes de transaction (ce qui est différent du modèle

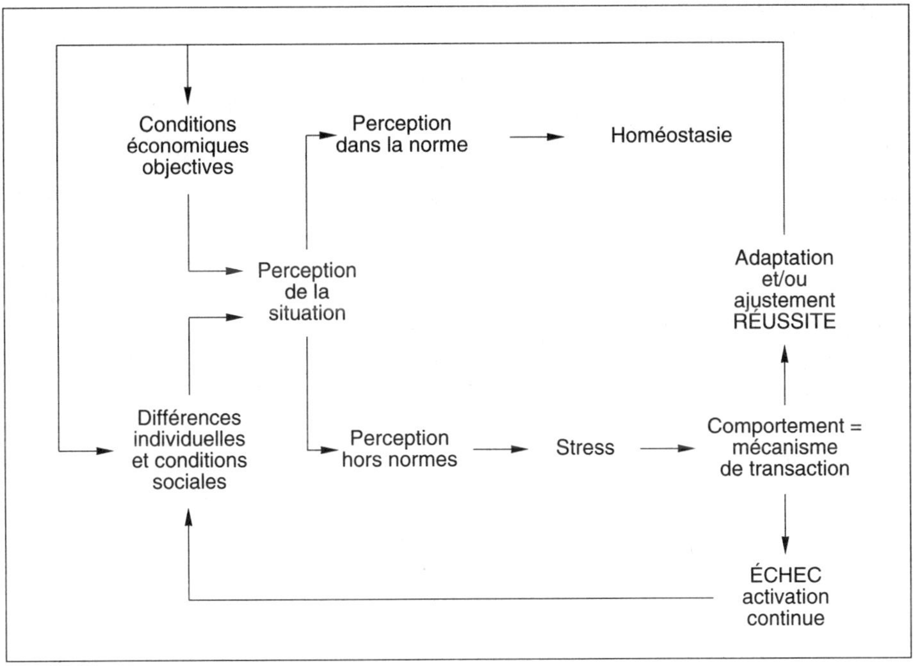


*Fig.* **6**.*1. — Le modèle du stress environnemental.*

homéostatique en biologie). Dans ce modèle il n'y a pas de comportement sans stress, c'est-à-dire perception d'un déséquilibre. Les mécanismes d'adaptation souvent inconscients s'apparentent à la boucle courte du modèle homéostatique, les mécanismes d'ajustement sont extérieurs et s'apparentent à la boucle longue. La conduite économique est un mécanisme de transaction entre le sujet et l'environnement. Si le sujet réussit à s'adapter, il y aura une répercussion positive de son comportement sur ses caractéristiques individuelles. S'il parvient à ajuster l'environnement, celui-ci retrouvera également des caractéristiques positives. Par contre s'il ne parvient ni à s'adapter, ni à ajuster l'environnement, sa situation restera déséquilibrée, entraînant des effets négatifs : sentiment d'impuissance à contrôler la situation, pathologie physique ou mentale, délinquance, vandalisme. La conduite résultant de l'échec est pathologique ; c'est un ensemble de symptômes révélateurs de la persistance du déséquilibre. Là encore sa forme peut être interne au sujet, maladie, dépression, ou externe, comportement asocial, violence, vol.

Dans ce modèle, il n'y a qu'une seule motivation : celle de retrouver une forme d'équilibre : on part du mouvement, de l'action pour aller vers le repos, l'inertie.

### *Le modèle de croissance*

Ici la motivation est définie comme une force physiologique qui détermine un niveau d'activité chez l'individu. C'est à partir de la persistance, de la durée et de la force du comportement qu'on infère la motivation (les instincts ou *drive* de Hull, 1943, les niveaux d'excitation ou *arousal* de Hebb, 1955). La motivation est chargée de maintenir un certain niveau d'excitation ou de stimulation auquel l'organisme est accoutumé. La curiosité ou la recherche de sensations fortes motivent l'action des individus autant que le retour à l'équilibre. Dans ces modèles, on recherche la force qui fait passer de l'inertie au mouvement.

De la même manière, certains auteurs ont rendu compte de la motivation de développement de la personne : l'accomplissement de soi (McClelland, 1958) qui pousse à accomplir des tâches difficiles, à se dépasser soi-même et à dépasser les autres, la motivation à défendre et à maintenir l'estime de soi, la motivation qui pousse à l'expression individuelle ou actualisation de soi (Maslow, 1954).

### *L'accomplissement de soi*

Nous allons développer ici la théorie de l'accomplissement de soi ou *achievement motive* de McClelland *et al.* (1953, 1985). Cette théorie trouve ses racines dans l'analyse par Max Weber (1905) du rôle de l'éthique protestante du travail à la source du développement des nations industrielles. McClelland critique le modèle homéostatique. Pour lui la situation qui serait la moins motivante serait la situation d'équilibre. Dans sa théorie, la notion de satisfaction est prise dans le sens du plaisir de faire. Le plaisir est tiré de l'objet en fonction de son imprévisibilité. Un plaisir très attendu est moins agréable qu'un plaisir inattendu. Tous les besoins sont acquis par apprentissage. Ce qui est inné ce sont les réactions émotionnelles. Le bébé n'a pas de besoins, il subit des états organiques. Il s'ensuit une variation de ses états émotionnels : désagrément de la sensation de faim, plaisir de la nourriture. La construction d'une motivation résulte de l'association entre les changements affectifs (passage du déplaisir au plaisir ou l'inverse) et certains objets, certaines situations, certaines actions (le biberon, la voix maternelle, etc.). C'est donc au cours de l'enfance que va se développer la motivation d'accomplissement de soi. On peut donc l'éduquer.

McClelland propose une approche méthodologique essentiellement qualitative du besoin d'accomplissement, le *Thematic Apperception Test* (TAT), méthode projective d'expression de soi par des histoires inventées à partir de dessins standardisés.

Atkinson (1964) introduit la possibilité de mesurer la motivation à partir des travaux de McClelland : « La force d'une motivation (en tant qu'impulsion à s'engager dans une activité) dépend de l'attente cognitive que cette activité va produire un effet particulier et aussi de l'attrait ou de la valeur de cette conséquence pour l'individu. » Il s'intéresse à la relation entre la prise de risque et la motivation d'accomplissement et son corrélat, la peur de l'échec. L'activité orientée vers la réussite est influencée par le conflit entre la tendance à rechercher la réussite et la tendance à éviter l'échec.

La tendance Ts à entreprendre une activité risquée est la résultante multiplicative de trois facteurs :

$$Ts = Ms \times Ps \times Is$$

Dans cette équation, Ms est la motivation d'accomplissement ou de réussite, Ps la probabilité de succès, l'attente de la réussite d'une activité particulière et Is l'incitateur (*incentive value*), la valeur stimulante du succès de cette activité.

Par exemple, le soin avec lequel un sujet va rédiger une lettre de candidature à un emploi dépend de M, sa motivation générale d'accomplissement, de Ps, le fait qu'il croit ou non à l'importance de la rédaction de la lettre dans l'obtention de l'emploi et Is, l'importance qu'il attribue à cet emploi précis.

Davidson (1989) a étudié 540 patrons de petites entreprises (2 à 19 employés) en Suède. Il a mesuré la motivation d'accomplissement personnel au moyen de quatre échelles en cinq points (de tout à fait d'accord à pas du tout d'accord) :

I. J'ai toujours voulu réussir et accomplir quelque chose dans ma vie (motivation forte).

II. Je trouve difficile de comprendre les gens qui passent leur temps à se donner de nouveaux objectifs bien qu'ils aient déjà réussi tout ce qu'ils ont entrepris (motivation faible).

III. Faire face à de nouveaux défis et essayer de les relever est important pour moi (motivation forte).

IV. Je suis si satisfait de ce que j'ai réussi dans la vie que je pense maintenant pouvoir me satisfaire de ce que j'ai obtenu (motivation faible).

Le niveau de motivation est corrélé positivement avec le nombre d'employés, le taux annuel d'activité, le taux d'activité hors de la province et la création de produits nouveaux.

Cette théorie centrée sur le sujet a connu de très importants développements et raffinements. McClelland a surtout développé ses conséquences économiques. Par exemple, il a supposé que le besoin d'accomplissement de soi faisait partie des caractéristiques psychologiques des individus constituant une nation (personnalité de base) et par conséquent influençait le développement économique national. En particulier, il a montré la corrélation entre la référence à l'esprit d'entreprise dans le contenu des livres scolaires dans 41 pays et leurs taux d'expansion économique dans les années cinquante. Malheureusement des travaux ultérieurs ont montré que si les livres scolaires reflétaient un état d'esprit à un moment donné, ils ne préfiguraient en rien l'avenir puisque les taux de développement postérieurs à cette analyse ne montrent aucune corrélation avec l'accomplissement de soi exprimé dans les livres (Gilleard, 1989). Tout au plus peut-on postuler un même fondement culturel à divers phénomènes psychologiques (besoin d'accomplissement), éducatifs (livres scolaires) et économiques (esprit d'entreprise), mais il faut compter avec d'autres réalités (historiques, géographiques, démographiques) qui modifient considérablement les performances économiques.

## 6.3. L'ÉCOLOGIE PSYCHOLOGIQUE

Lewin est à l'origine des modèles holistiques ou globalistes dont font partie la psychologie écologique de Barker et la théorie de la motivation humaine de Nuttin. Ces modèles sont caractérisés par trois aspects :

— il n'y a pas de séparation entre l'individu et son environnement : ce sont deux éléments d'un tout qui ne peuvent pas être définis séparément;

— cet ensemble est en perpétuelle évolution. La stabilité ou le changement font partie du phénomène d'écoulement du temps;

— l'unité d'étude est l'événement : ce que fait la personne dans son contexte spatio-temporel.

Lewin (1880-1947) est un psychologue d'origine allemande appartenant au courant de la *Gestalttheorie* ou théorie de la Forme, une théorie de la perception dans laquelle la forme perçue se détache d'un fond en fonction de la personnalité et des préoccupations du sujet. Il a émigré aux États-Unis en 1932 et a développé en 1936, une théorie psychosociologique, la théorie du champ qui a donné lieu à de très nombreuses applications empiriques. Le modèle de Lewin est en rupture avec le «tout psychologique». Il faut décrire le cadre où évolue l'individu, l'environnement économique. La conduite dépend d'un champ de forces localisé dans l'espace et dans le temps. Les environnements naturels sont des activateurs des fonctions psychologiques. Fondateur d'une «écologie psychologique», Lewin cherche à décrire l'espace vital en tant que champ de forces unitaire entre la personne et son environnement physique et social. «L'espace vital est une totalité d'événements possibles»; c'est un tout qui comprend les actions des individus et les objets auxquels ces actions s'appliquent. En ce sens le psychologue doit s'intéresser aux objets non psychologiques, c'est-à-dire à l'environnement lui-même.

Ce modèle est très dynamique. «La personnalité ou l'état d'une personne est une totalité de façons possibles ou impossibles de se comporter [...] Le comportement est un changement du champ psychologique dans une unité de temps donné». Lewin part lui aussi de postulats énergétiques. Un besoin libère de l'énergie et accroît une tension. La motivation est une force qui surgit dans le champ psychologique du sujet. Elle confère à un objet-but une valence (un pouvoir d'attraction ou de répulsion) positive ou négative, forte ou faible, modifiant le champ et incitant le sujet à des déplacements (*cf.* adaptation et ajustement) qui doivent rétablir l'équilibre des forces. Cet équilibre n'est pas semblable à l'équilibre antérieur comme dans le modèle du stress. Il n'est pas non plus synonyme d'inertie, c'est un équilibre «quasi stationnaire», une nouvelle potentialité d'actions et d'événements. Par exemple, un enfant qui fait des courses avec sa mère dans un supermarché désire un paquet de bonbons avec une certaine force, mais il existe une contre-force ou frein, la peur de se faire rabrouer s'il réclame. Le choix d'un paquet de chewing-gums sans sucre (valence positive) apportera une force supplémentaire dans le sens d'une demande acceptable. La publicité joue un rôle déstabilisateur en conférant une valence attractive aux produits.

Dans une célèbre recherche, Lewin (1947) cherche à modifier les habitudes alimentaires des Américains : l'économie de guerre les contraignent à manger des abats ou des bas morceaux de viande, pratiques alimentaires loin de leurs habitudes culturelles. Il analyse d'abord comment, par quelles forces, les aliments parviennent à table. Par l'intermédiaire de quels *portiers*? La plupart des aliments sont achetés, puis cuisinés par les maîtresses de maison. Quelle est la psychologie de la maîtresse de maison? Sa structure cognitive tient compte de :

1. la catégorisation entre ce qui est un aliment (bas morceaux de viande) et ce qui n'est pas un aliment (sauterelles) ;
2. des préférences du mari et des enfants ;
3. du schéma normé, traditionnel, du repas ;
4. de la signification du repas familial.

Ses motivations dépendent :

1. des valeurs et idéologies qui sous-tendent l'alimentation (valeurs religieuses, écologiques, etc.), références au groupe social d'appartenance (que font les autres?) ;
2. des besoins alimentaires et de leurs relations avec les autres besoins (problème des fins de mois) ;
3. d'obstacles particuliers : temps disponible, ouverture des magasins, disponibilité de la viande sur le marché.

Acheter un aliment nouveau est une décision conflictuelle. Pour faire changer de comportement, Lewin constitue six groupes de 13 à 17 ménagères, qui sont des gardes-malades volontaires de la Croix-Rouge. Trois groupes assistent à une conférence de 45 minutes à l'issue de laquelle on distribue des recettes. Trois groupes participent à une discussion à l'issue de laquelle on distribue les mêmes recettes. Les résultats sont clairs : 3 % des femmes des groupes « conférences » ont servi des plats de bas morceaux ou d'abats dans la semaine qui a suivi la conférence et 32 % de celles qui ont participé aux discussions l'ont fait. À l'intérieur du champ, l'engagement des autres dans la discussion crée un ensemble de forces positives nettement supérieur à celui créé par la seule information et le conseil d'un spécialiste. Il agit directement sur la motivation.



## 6.4. LA PSYCHOLOGIE ÉCOLOGIQUE

Barker, disciple et ami de Kurt Lewin, a développé une conceptualisation et une méthodologie enrichies par de nombreux travaux empiriques. L'ensemble des travaux de Barker est un exemple remarquable d'allées et venues originales et fructueuses entre les travaux empiriques et la conceptualisation. Il a repris les travaux inachevés de Lewin. De 1947 à 1972, il a fait vivre l'observatoire d'Oskaloosa dans le Kansas, qu'il a présenté dans ses publications sous le nom de Midwest. Il s'agit d'une ville de mille habitants qu'il eut l'occasion de comparer à Leyburn dans le Yorkshire en Angleterre, présentée sous le nom de Yoredale.

La psychologie écologique est une « branche de la psychologie qui s'occupe du comportement et des états psychologiques des personnes en conditions naturelles », c'est-à-dire sans intervention du chercheur. Plus tard Barker évoluera vers une « science écocomportementale » qu'il définit comme l'étude des entités comportements-milieux, nommés « sites comportementaux ». Barker définit un concept de base, le site comportemental ou cadre de conduite à partir duquel on peut observer la texture de l'environnement. Ce sont les relations individus-sites qui régulent les conduites.

### *Les sites comportementaux*

En 1963, Barker relie la psychologie écologique à l'étude des sites comportementaux (*behavior settings*) considérés comme des unités écologiques d'observation des conduites naturelles de l'homme.

Le site comportemental est de nature à la fois physique, sociale, économique et psychologique. Prenons le cas d'une succursale de banque.

I. C'est une entité naturelle ; elle n'est pas le fruit d'un découpage scientifique.

II. Elle occupe une position précise dans l'espace et dans le temps : du lundi au vendredi de 9 à 12 h 30 et de 14 à 18 heures au numéro n de la rue X dans la ville V.

III. Ce site est limité : son activité a un commencement et une fin et se déroule dans un local fermé.

IV. Son lieu et ses limites ne sont pas arbitraires, ils sont générés par ce qu'on doit y faire : il s'agit d'un local conçu pour l'accueil du public, le travail en bureaux et la sécurité de l'argent déposé. Ce n'est pas un garage, ni un restaurant.

V. C'est une entité préperceptuelle au sens lewinien ; c'est-à-dire qu'elle existe indépendamment de notre perception.

VI. Le site a deux sortes de composantes, des êtres humains qui y font des choses et des objets physiques bien particuliers : des clients, des employés, un caissier, un directeur, des ordinateurs, des téléphones, un coffre, un comptoir, une vitre de sécurité ; éventuellement un distributeur à l'extérieur.

VII. L'unité, le site, inclut ces composantes : elles sont à l'intérieur.

VIII. Les conduites humaines et les objets physiques qui constituent l'unité sont organisés pour former une structure qui n'a rien d'aléatoire.

IX. Cette structure interne est facilement discernable de ce qui est extérieur au site.

X. Il y a une relation synomorphique entre la structure des conduites humaines et la structure des composantes physiques. L'espace est aménagé pour accomplir certaines tâches, comptoir pour les transactions habituelles, bureaux isolés pour les transactions plus délicates.

XI. L'unité tient au fait que les événements qui se déroulent à l'intérieur du site ont davantage d'effets réciproques que des événements équivalents qui se déroulent à l'extérieur du site : c'est ce qui distingue la banque des commerces voisins.

XII. Les lois qui régissent le fonctionnement de l'unité ne sont pas celles qui régissent les conduites psychologiques qui s'y déroulent. Il existe une certaine souplesse des règles : un employé peut utiliser l'ordinateur d'un collègue ou entrer dans l'espace réservé au caissier pour lui porter un café.

XIII. Les individus qui composent cette unité sont facilement interchangeables. Les employés absents peuvent être remplacés par d'autres, un client succède à un autre.

XIV. Mais la structure du site peut difficilement être modifiée sans détruire le site : est-ce encore une banque si les passants y entrent pour s'abriter pendant un orage?

XV. Une personne a deux positions dans ce site : c'est une des composantes et c'est aussi un individu contraint par le site même dont il fait partie. Le client fait partie du site et se doit de jouer le jeu.

XVI. Il existe de nombreux sites comportementaux dans une communauté et les plus petites sont imbriquées dans de plus grandes. Il y a d'autres commerces, d'autres sites, dans la rue qui ont à peu près les mêmes jours et les mêmes horaires d'ouverture.

XVII. Il existe plusieurs sites du même type avec les mêmes structures : il s'agit d'une succursale parmi d'autres.

Un site comportemental détermine un certain nombre de conduites, cependant il n'existe que si ces conduites s'y produisent : comportements et environnement forment un tout et ne constituent pas des entités opposables. Les sites ne sont jamais des enveloppes vides.

On constate que certaines conduites ont toujours lieu dans certains sites, mais ce n'est pas le résultat d'un déterminisme environnemental des conduites. Cette congruence site-conduite provient du fait que le site a été conçu pour certaines conduites, en fonction des comportements qu'on y a projetés. Les individus déterminent l'environnement. Un restaurant est un site comportemental. Il fonctionne selon un règlement précis, des lois (protection des mineurs) qui dictent des comportements différents dans des lieux variés (le serveur ne se comporte pas de la même façon en cuisine et en salle) à des heures définies (préparation de la salle ou service). Mais il n'existe que parce qu'il y a des clients à servir et du personnel pour le faire fonctionner. Le restaurant a été conçu pour qu'on y serve à dîner et ce n'est pas parce qu'il est ainsi fait qu'on y mange. Les motivations apparaissent alors comme structurantes de l'environnement et des conduites qui s'y déroulent.

### *La texture de l'environnement*

L'étude des sites comportementaux s'apparente à ce que Lewin en 1951 avait appelé l'écologie psychologique, incitant les chercheurs à décrire l'environnement que Barker (1968) appelle « préperceptuel » dans la mesure où il présente une structure indépendante de la perception que l'on peut en avoir.

L'environnement est structuré, autorégulé et incommensurable. Sa texture consiste en unités structurées et liées entre elles selon une disposition et des séquences précises : chaque unité est comprise dans un ensemble plus vaste et peut comprendre elle-même des sous-unités. Une épicerie libre-service est située dans un centre commercial de quartier ou dans un village ; elle est organisée en rayons. L'environnement physique et social est ordonné et ce n'est pas la perception qui l'ordonne. Dans un site les individus sont équipotents, ce qui compte c'est leur rôle, leurs caractéristiques personnelles ne sont pas pertinentes : la personnalité du boucher, des caissières ou des clients importe peu. Mais l'équipement frigorifique, bien que semblable à d'autres équipements de la ville trouve sa place et sa fonction par rapport à l'ensemble de l'équipement du magasin. C'est l'interdépendance des parties bien plus que leurs ressemblances qui fait d'un site comportemental une unité.

Le modèle de Barker est assurément systémique : les sites comportementaux sont des systèmes. Chaque système fonctionne comme une entité autorégulée avec des circuits qui contrôlent son état d'équilibre et le maintient en deçà de certaines variations, en particulier des variations de population. Toutefois la notion d'équilibre chez Barker comme chez Lewin n'entraîne pas l'inertie mais au contraire une potentialité d'actions et d'événements.

L'environnement est incommensurable. Il regroupe un ensemble de structures et de processus si variés que bien souvent, différents sites ont moins de dimensions communes que de spécificités. Cependant on pourra comparer différents sites à partir de leurs relations positionnelles (ce qui est dedans et ce qui est dehors), de leurs relations fonctionnelles (indépendance ou interdépendance) et de leurs proportions.

### *La régulation des conduites*

Les individus font partie du site. Afin de préciser leur rôle au sein de la structure, Barker fait référence aux analyses de Brunswick (1957). Les sites comportementaux sont des mélanges d'éléments humains et d'éléments physiques. Les uns et les autres sont indispensables au bon déroulement des interactions entre les deux systèmes. Une épicerie est faite d'un espace rempli de rayonnages, garni de marchandises et aussi de personnes qui vendent et de personnes qui achètent. Les objets physiques résistent ; ils sont intrinsèquement déterminés ; ils forment un tout, une texture rigide alors que les organismes sont plus malléables. Les conduites individuelles jouent donc un rôle important dans la régulation du système car, le plus souvent, ce sont elles qui vont s'adapter au cadre matériel et non le cadre qui sera ajusté, d'où l'importance attribuée aux modèles déterministes en psychologie. Pour Barker, le déterminisme des conduites humaines n'est qu'une illusion.

### *L'épisode comportemental*

Des personnes différentes auront les mêmes schèmes de conduite dans la même catégorie de sites, donc les sites régulent les comportements qui s'y déroulent. Toutefois les sites ne déterminent pas toutes les conduites, ils offrent des potentialités de variations et d'innovations. Barker (1963) appelle « épisode comportemental » un ensemble d'actes et/ou de paroles d'un occupant du site qui constituent une unité molaire, impossible à décomposer en unités signifiantes plus petites. Barker souligne que l'épisode comportemental est caractérisé par une direction constante et qu'il peut s'étendre sur plusieurs sites. Il s'agit donc d'un ensemble de conduites relatives à la même motivation. Il existe des épisodes comportementaux relativement courts qui n'ont lieu que dans un seul site (acheter des médicaments à la pharmacie), d'autres peuvent utiliser plusieurs sites (faire les courses familiales), d'autres peuvent combiner toutes sortes de sites sur plusieurs mois ou plusieurs années : « se marier en juin prochain », « partir en vacances », « avoir son bac ».

Quand on observe une série d'épisodes comportementaux, on s'aperçoit qu'il n'y a pas de correspondance terme à terme entre les stimuli environnementaux (*behavior input*) et les épisodes comportementaux (*behavior output*) : certains stimuli n'entraînent aucune réaction. Pour jouer le rôle de stimulus une variable de l'environnement doit être reçue comme telle. À l'opposé, de nombreux épisodes comportementaux ne sont pas nécessairement consécutifs à des stimulations du site ; ces derniers trouveront leur explication dans des motivations et des intentions que la personne porte en elle. Dans le magasin, le client ne répond pas nécessairement aux promotions, il peut aussi rechercher un produit qui n'est pas visible. Bien souvent on dira qu'une personne « n'est pas motivée » quand elle est placée dans un site qui ne répond pas à ses motivations : l'élève en cours de mathématiques, l'apprenti à l'usine, l'employé qui n'apprécie pas son poste de travail.

Les épisodes comportementaux se déroulent dans le temps et l'espace à travers différents sites comportementaux. Les intentions, les projets et les plans qui les sous-tendent restent identiques dans le temps, mais leur mise en œuvre est sujette à des aléas variés et entraîne le passage d'un site à un autre. Une personne qui désire se procurer de l'argent liquide, voyant sa banque fermée, se rendra dans une autre banque dotée d'un guichet automatique. C'est l'intention qui donne son unité à l'action tant que le but recherché n'est pas atteint. La réalisation connaît une flexibilité de moyens qui n'est restreinte que par la rigidité des sites comportementaux.

Il est notable que certaines actions ne peuvent s'accomplir que dans certains lieux. Prenons l'exemple présenté par Barker à diverses reprises (Barker 1968,

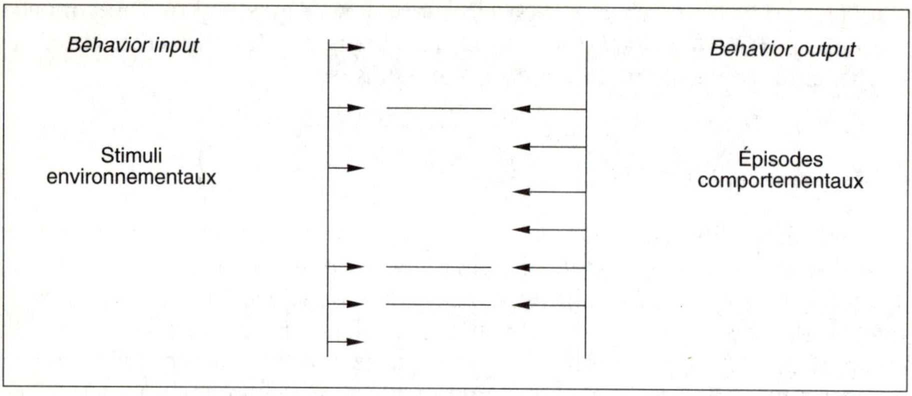


*Fig.* **6**.2. — *Unités d'efficience environnementales* (Barker, 1968).

1978) de l'observation pendant une dizaine de minutes d'une fillette, Maud, accompagnée de son petit frère et de sa mère pour manger une glace dans un drugstore. Pendant ces dix minutes, Maud a manifesté 25 épisodes comportementaux auxquels on peut attribuer un sens ; il y a eu 26 stimulations émanant de sa mère, de son frère et du site (serveuse, autres clients, carte, affiches…).

Il n'y a qu'un tiers des stimulations envers Maud dans le drugstore qui entraîne des épisodes comportementaux congruents : par exemple, elle regarde sur la carte ce que sa mère lui propose, elle est sensible à une offre promotionnelle. Barker appelle les stimulations du site qui poussent à la conformité et qui entraînent un comportement congruent des « forces régulatrices de l'environnement ». L'individu qui pénètre dans un site n'entre pas dans une zone neutre, mais il est intégré dans un programme. Notons que ce programme est structuré dans le temps en heures, jours, semaines, mois, années : heures d'ouverture des magasins, jours chômés, rentrée des classes.

Le site comportemental sera donc un lieu de conduites obligées, un ensemble structuré de stimulations et de conduites que Barker (1965) appelle unités d'efficience environnementales. On peut dire que ces unités constituent la part de déterminisme des conduites dans les sites comportementaux.

Les sites sont aussi des lieux de potentialité de conduites ; ils n'existent et ne peuvent se maintenir que parce qu'ils satisfont un certain nombre de motivations personnelles, en cela l'environnement physique est aussi un environnement psychologique. Par exemple, Maud va se servir du site, de la carte pour jouer avec son petit frère puis de la petite voiture qu'il avait apportée. Les individus sont, par leurs rôles sociaux, les composants du site qui lui permettent de fonctionner et des sujets psychologiques. Les exigences du sites (*behavior setting claims*) sont constituées à la fois par les besoins des individus et par les nécessités du système.

• Une journée de Mary Ennis

Dans l'observation d'une journée d'une fillette de huit ans, Mary Ennis, on constate que celle-ci s'est engagée dans 969 épisodes comportementaux. Les plus courts durent quelques secondes (elle salue une amie de l'autre côté de la rue), d'autres plus d'une demi-heure (elle joue sur la balançoire). Les épisodes s'entremêlent (elle commence à se balancer en finissant son goûter) ou en incluent d'autres (elle interpelle son petit frère en continuant à se balancer). Notons que Mary est une fillette qui achève la plupart (83 %) de ses épisodes comportementaux, alors que d'autres enfants sont interrompus (par des exigences parentales) ou échouent dans leur projet. 45 % des épisodes comportementaux de Mary trouvent leur origine dans un élément perceptible du site dans lequel elle se trouve (l'institutrice, sa mère, ses amies, le livre d'exercices de maths, la sonnerie de l'école), d'autre part 53 % de ces épisodes apparaissent comme spontanés. Ce taux est plus élevé que chez d'autres enfants observés par l'équipe de Barker. Au cours de la journée Mary a utilisé 571 objets différents : ceux-ci permettent de repérer ses activités et ses goûts. Ainsi elle utilise de nombreux objets « scolaires » sur incitation de l'environnement, l'institutrice. Il en est de même pour les objets ménagers qu'elle utilise à la demande de sa mère. Par contre, elle utilise de nombreux objets naturels (fleurs, animaux, buissons, terre) sans sollicitation extérieure apparente. Mary a engagé des transactions psychologiques avec 97 personnes différentes au cours de la journée : ce qui la caractérise par rapport à d'autres enfants, c'est le petit nombre de transactions avec son père.

Les deux exemples de Maud et de Mary ne concernent pas directement les conduites économiques, mais nous avons eu sur cette base l'occasion d'observer des mères de famille faisant leurs courses dans des supermarchés avec leurs enfants ou des adolescents dans des centres commerciaux. On peut aussi concevoir l'observation de personnes comme des patrons de PME au cours de leurs activités quotidiennes afin de mieux comprendre le fonctionnement des entreprises.

### *Le système de régulation des sites comportementaux*

Les sites comportementaux de même catégorie présentent des différences. Barker parle de « génotypes » : par exemple, les crèches n'ont pas toutes la même taille, elles ne sont pas gérées de façon identique. Les sites d'un même génotype comportent tous des programmes identiques et des contrôles homéostatiques similaires pour maintenir leur fonctionnement : une crèche sous-encadrée demandera plus de participation de la part des parents. Certains sites requièrent des enfants pour leur fonctionnement (crèches, écoles), d'autres leur sont largement ouverts (maisons de quartier), d'autres les tolèrent (commerces), d'autres enfin les excluent (débits de boissons).

Barker (1968) distingue différents circuits de régulation.

I. Des mécanismes sensitifs servent à recueillir et à transmettre l'information sur le site. On peut les rapprocher du « thermostat » du modèle du stress.

II. Des mécanismes exécutifs mettent en place, après avoir testé l'information, des circuits opératoires ou de protection selon que l'information reçue est en adéquation ou non avec le site. Ils agissent en accord avec les objectifs du site.

II.1. Il y a des mécanismes de direction : il s'agit de maintenir les objectifs pour lesquels les individus sont dans le site et de répondre aux besoins et aux motivations des usagers (composantes humaines). On remplit les rayons du magasin à mesure qu'ils se vident.

II.2. Les sites sont des programmes d'événements. Il y a donc des mécanismes de programme : ceux-là maintiennent les régulations indispensables au fonctionnement normal du site. C'est le cas des caisses que l'on ouvre quand il y a trop de clients. C'est le cas des compteurs au centre Georges Pompidou qui ferment automatiquement l'accès à de nouveaux visiteurs quand ceux-ci sont trop nombreux.

III. Il y a des mécanismes qui servent à protéger le site en éliminant les comportements qui en menacent le fonctionnement. Les magasins d'alimentation sont interdits aux animaux.

III.1. Les circuits antidéviance protègent le site, son programme et ses objectifs par la canalisation des comportements déviants; une des protections consiste à s'accommoder des déviances par des mécanismes introduisant de la souplesse dans le fonctionnement (création d'aires de jeux dans certains magasins).

III.2. Les circuits de veto protègent le site par la mise à l'écart des comportements déviants. Il existe dans tout site des règles et des moyens d'exclusion quand la déviance devient trop dangereuse pour son maintien.

À tous les niveaux, ces circuits peuvent opérer par des moyens mécaniques ou par des moyens humains. Là encore les moyens humains sont plus facilement mobilisables que les moyens mécaniques pour réguler les sites.

### *Quels sont les sites économiques ?*

Fox (1986) propose d'appliquer le modèle de Barker à la comptabilité des systèmes sociaux, c'est-à-dire aux indicateurs sociaux. Un indicateur social est une approximation (indice) mesurable d'un concept social abstrait (exemple : l'espérance de vie et le taux de mortalité périnatale sont des indicateurs de santé). La notion de « compte social » implique une unité de compte proche de la vie quotidienne des habitants d'un pays donné, d'une région pauvre ou d'une région riche, d'un grand ensemble ou d'une banlieue résidentielle. Cette unité doit intégrer simultanément des données économiques, démographiques et temporelles. En matière de revenus, l'unité de compte est la monnaie, pour la démographie, la personne et pour les budgets-temps, l'heure par personne. Les indicateurs sociaux sont au contraire des entités abstraites psychologiquement et socialement. Il est difficile de se faire une idée de la santé à partir des indicateurs de santé.

Reprenant les travaux de Barker, Fox souligne que le mardi 22 octobre 1963 entre 10 heures et 11 heures du matin, il y avait 126 sites à Midwest et 148 à Yoredale. En général Midwest a 20 % de moins de sites que Yoredale par heure. Mais les proportions sont différentes sur une période plus longue, l'année, Midwest a 884 sites et Yoredale 758. On voit donc l'importance de l'unité temporelle de référence qui de fait rythme la vie des occupants des sites.

Fox propose de dénombrer les sites comportementaux à l'intérieur de tous les systèmes d'organisation puis sur la base des travaux de Barker, il les classe en « génotypes » regroupant les sites ayant les mêmes programmes. Quand les sous-parties ou les processus de différents sites sont interchangeables, ces sites appartiennent au même génotype. Deux épiceries pourraient échanger leurs stocks, leur personnel, leur système comptable en continuant leurs activités.

Barker a dénombré 884 sites comportementaux pendant un an (1964) à Midwest qu'il a regroupés en 198 génotypes. 10,6 % de ces génotypes concernaient des activités liées au Service de Développement agraire du Kansas (KAES). Il analyse le temps passé dans chaque site/génotype (1) en nombre de personnes concernées par le génotype : une sur sept à Midwest est concernée par les sites KAES. (2) En nombre d'heures par personnes impliquées dans le site par jour, par semaine ou par an : 7 018 heures par an pour 118 personnes (59 h 40 par personne) pour les sites KAES. On constate aussi que les entreprises privées représentent 14,9 % des sites mais 39 % des activités de la ville en nombre de personnes par heure.

### *L'emprise sur le site*

Barker définit des types de rôles dans les sites d'après des zones d'emprise exercée sur le site et qu'il cote de un à six. Cela permet de classer les occupants en « opérateurs » plus ou moins essentiels pour le site : ils gèrent les programmes et entretiennent les circuits de régulation. Sont cotés 6, les personnes qui ont un contrôle direct sur l'ensemble du site (le directeur du magasin), 5 ceux qui partagent un contrôle direct sur l'ensemble du site (les surveillants du service de sécurité), 4 ceux qui assurent le contrôle direct d'une partie ou site (les chefs de rayons), 3 ceux qui contrôlent de façon indirecte le site (les clients), 2 ceux qui exercent une influence indirecte sur une partie du site (le livreur, l'enfant qui accompagne sa mère en courses), 1 ceux qui n'exercent aucune influence (les badauds devant la vitrine), 0, ceux qui sont absents du site mais qui pourraient en faire partie (la ménagère qui lit une publicité pour le magasin chez elle). Dans une classe, les élèves sont cotés 3 et le profes seur 6. Lors d'un spectacle, le chef d'orchestre (6), les musiciens (4) et les spectateurs (2); sur un chantier, le chef de chantier (6), les ouvriers (4), les badauds (1).

On peut noter que la diminution du nombre d'individus dans un site tend à renforcer la pression de l'environnement sur les personnes qui y restent, mais en même temps il leur confère davantage de pouvoir : un petit commerce exige des employés plus d'attention et de polyvalence, mais ils y exercent davantage de responsabilités. Barker et Gump (1964) ont comparé le fonctionnement de 11 collèges (*high schools*) du Kansas. Le plus petit a 40 élèves, le plus grand plus de 2 000. Le plus petit a 12 génotypes de sites et le plus grand 29. Quelle que soit la taille du collège, il doit offrir un minimum de sites. Dans les collèges américains, les activités périscolaires sont très nombreuses (réunion des conseils d'élèves, parties de basket, soirées dansantes, ventes au profit de la Croix Rouge, bibliothèque, répétition d'orchestre, heures de réception au bureau du principal, cafétéria, etc.). En trois mois, le plus grand collège a offert 189 activités de ce type aux élèves de « sixième » et le plus petit 48. Mais le rôle d'opérateur dans ces sites a été pris en moyenne 3,5 fois dans les grands collèges et 8,6 fois dans les plus petits.

*Tableau* **6**.*3*. — *L'emprise des enfants de sixième sur les sites périscolaires* (Barker et Gump, 1964).

| | **Le plus grand** | **Le plus petit** |
|---|---|---|
| Nombre d'élèves (sixième) exposés à | 794 | 23 |
| nombre de sites (sur 3 mois) ayant pris une part active | 189 | 48 |
| nombre de fois | 3,5 | 8,6 |

Les gens ne vivent pas dans la pauvreté ou l'abondance, dans la classe moyenne ou supérieure, ils vivent dans des sites comportementaux. Les termes de pauvreté ou de richesse renvoient à certains aspects des sites qu'ils occupent. Un quartier aura l'air moins pauvre qu'un autre par ses propriétés physiques d'abord : l'entretien d'un immeuble, l'éclairage public, la proximité d'une voie à grande vitesse modifient l'appropriation de l'espace et le sentiment de sécurité dans un quartier. Sa pauvreté transparaîtra également par ses composantes humaines : la présence de promeneurs autant que de policiers, le maintien d'activités économiques contribuent aussi au sentiment de sécurité. Et enfin par les programmes de ses sites : les heures d'ouverture des cafés et des commerces, la gratuité de certaines fêtes, la prise en charge de l'aide scolaire par les aînés.

La psychologie écologique de Barker permet de situer la motivation comme la part volontaire de l'individu dans le fonctionnement d'unités sociales et économiques particulières que sont les sites environnementaux.

## **6**.5. LA THÉORIE DE LA MOTIVATION HUMAINE DE NUTTIN

« Concrètement, la motivation concerne la direction active du comportement vers certaines catégories préférentielles de situations ou d'objets » (Nuttin, 1980*a*). La motivation s'inscrit donc dans une fonction de relation de l'individu avec son environnement. Cette vision conceptuelle permet d'articuler le besoin par rapport à la motivation, ce qu'on ne trouve pas chez les autres auteurs qui ont le plus souvent tendance à assimiler l'un à l'autre. Certaines relations avec telle ou telle catégorie d'objets de l'environnement ne sont pas de simples relations de fait, ce sont des relations requises pour le fonctionnement physiologique ou psychologique de l'individu, on les appellera besoins.

### *Le comportement humain*

La théorie de Nuttin est une conception globale, une véritable théorie du comportement humain.

« L'objet de la psychologie n'est donc pas l'étude d'une série de fonctions psychiques mais le comportement dans son fonctionnement intégré ». Il est regrettable que Nuttin ne parle pas de conduite car ce comportement est global, intégré et significatif.

I. **Global :** il y a toute une hiérarchie possible depuis les comportements élémentaires jusqu'aux plus complexes : « Depuis une activité musculaire induite par une activité nerveuse jusqu'à l'écriture d'articles sur le sujet. »

II. **Intégré :** il s'agit de mettre ici en avant le rôle du temps. Tout comportement s'intègre dans une opération plus globale s'étalant dans le temps qu'on appellera projet ou plan d'action. On révise un module de psychologie pour l'examen, et aussi pour devenir psychologue ou professeur d'école.

III. **Significatif :** le comportement a un sens. Courir est un comportement qui prend un sens différent selon que l'on fait du jogging, que l'on fuit devant une agression ou que l'on cherche à rattraper quelqu'un.

« Une motivation humaine ne se conçoit pas en termes de décharge d'énergie ou d'évitement de stimulus, mais en termes de projets et de structures moyens-fins. »

### *Un modèle relationnel de la motivation*

Les conceptions de Nuttin ont des points communs avec les modèles holistiques de Lewin et de Barker. L'unité d'analyse est l'individu-environnement et non un découpage de l'individu en fonctions et de l'environnement en stimuli. L'individu et l'environnement sont les deux pôles complémentaires d'une même relation. Les modèles classiques proviennent de notre perception du monde comme extérieur à nous. En fait nous sommes dedans. Si les besoins sont des relations requises entre l'individu et l'environnement, la complexité des besoins provient de la complexité des relations avec l'environnement.

La motivation est un agent de régulation de l'activité et non seulement un agent de déclenchement comme dans le modèle homéostatique : elle oriente vers certains objets, coordonne des segments d'action et donne une signification à l'action. « La perspective temporelle, surtout future, ajoute une dimension importante à la motivation humaine considérée sous sa forme cognitive de plans et de projets. » (Nuttin, 1980*b*). La motivation est une fonction régulatrice continue.

### *Un modèle cognitiviste de la motivation*

La situation dans laquelle se trouve un sujet est une situation construite. «L'homme se comporte dans un monde de paroles et de symboles plus que d'objets physiques». Nuttin reprend pour l'essentiel des conceptions de McClelland : les motivations sont acquises, construites par l'histoire de l'individu et de ses relations avec l'environnement. Les besoins, eux, sont innés. C'est le langage qui permet de communiquer les projets et les plans. Les objets acquièrent une signification, la signification d'une fonction qu'ils exercent dans le comportement. Le jeune enfant face à un objet nouveau demande son nom et sa fonction «à quoi ça sert?». «L'objet significatif contient virtuellement son propre schème comportemental; l'objet significatif est comme le résidu ou le dépôt des comportements exercés ou perçus antérieurement.» Le monde du comportement est un monde conçu tout autant qu'un mode perçu. Cette sémantisation des objets sera développée dans le chapitre 8 à propos des cognitions et des représentations.

### *La formule de l'action motivée*

À partir des concepts ainsi élaborés, Nuttin propose une formule de l'action motivée :

$$A = (I\text{-}S)\ s \rightarrow Sp \Rightarrow Sc ** > Sp2/Sc > \ldots$$

Dans cette formule, A est l'action motivée.

I est l'individu dans une situation S agissant en tant que sujet (I-S) s.

Sp est la situation actuelle perçue par le sujet.

→ est l'action exercée par ce sujet sur sa situation actuelle.

Sc est la situation conçue que le sujet se propose comme but.

⇒ est le processus intentionnel qui accompagne ou parfois précède l'action.

** > exprime la production de l'effet ou résultat de l'action.

Sp2/Sc est la nouvelle situation créée par l'action, perçue par le sujet et évaluée par rapport à la situation conçue.

> … signifie que cette situation perçue peut devenir le point de départ d'une nouvelle action.

Le concept de motivation contrairement à celui de besoin enrichit considérablement l'analyse des conduites économiques dès lors qu'il sort des modèles d'équilibre pour des modèles de développement et qu'il intègre la conduite de l'individu et son environnement dans un même bloc. Toutefois ce concept est essentiellement énergétique. La motivation initie ou régule l'activité. Il est donc indispensable pour comprendre les conduites mais insuffisant pour expliquer les choix individuels. Face à une alternative, le sujet va-t-il utiliser son énergie dans un sens plutôt que dans un autre? Quels moyens et quelle stratégie va-t-il mettre en œuvre pour atteindre ses objets-buts? À de nombreuses reprises les modèles font référence à des aspects cognitifs et à des aspects affectifs qu'il convient de présenter : attitudes et préférences, perceptions et représentations.

# 7

# Attitudes et préférences

L'usage veut que l'on place l'attitude comme la figure psychosociale d'une filiation issue du besoin biologique et de la motivation psychologique (Thomas et Alaphilippe, 1983).

Dans le *Vocabulaire des sciences sociales*, de Boudon et Lazarsfeld (1965), on trouve un important chapitre sur les attitudes et les dispositions.

Celles-ci sont classées selon trois facteurs :

— selon qu'elles visent un objet spécifique ou un domaine général;

— selon qu'elles ont un caractère intentionnel (c'est le sujet qui a l'initiative) ou réactionnel (le sujet répond à une stimulation);

— selon qu'elles correspondent à un état présent ou à un état à venir.

En croisant ces trois facteurs, on obtient un tableau à huit cases qui permet de distinguer des termes voisins qui ont en commun d'expliquer les conduites humaines.

Les préférences et les opinions concernent des réactions immédiates à des objets précis. Les attitudes, que ces auteurs appellent aussi cadres de référence permettent une organisation logique des opinions et des préférences dans un cadre plus général (exemple : tolérance, progressisme). Les besoins et les désirs expliquent des conduites dirigées vers des objets précis (la faim vers des objets alimentaires). Les traits de caractère servent à expliquer la hiérarchie des besoins propre à chaque individu (agressivité, hédonisme). Les attentes et les prévisions sont des réactions à des objets précis projetées dans l'avenir (on s'attend à une augmentation de salaire). Les tendances et les orientations servent de cadre général aux attentes (optimisme). Les intentions concernent des conduites à venir, intentionnelles vis-à-vis d'objets précis (l'an prochain, je change de voiture). Les motivations permettent d'expliquer la logique des choix à venir (je préfère acheter une voiture neuve plutôt que de prendre mes vacances au Mexique car je suis motivé par l'amélioration de mon confort quotidien).

Le mérite de Boudon et Lazarsfeld est de tenter d'organiser un vocabulaire plutôt touffu, encore faut-il que chacun accepte leur classification. Mais ils ne proposent pas de modèle articulé alors que la classification présentée plus haut supposait une progression du biologique au cognitif. Ils ne précisent pas comment on passe des inclinations générales aux dispositions à l'égard d'objets précis, ni quelles relations existent entre le présent et l'avenir. Par ailleurs, il peut y avoir des conduites à la fois réactionnelles et intentionnelles. Par exemple, le choix du logement dépend simultanément des carences du logement précédent, trop petit, pas assez ensoleillé, et aussi d'intentions comme devenir propriétaire ou changer de quartier.

*Tableau 7.1. — Classification des concepts selon Boudon et Lazarsfeld* (1965).

| | **Présent** | | **Avenir** | |
|---|---|---|---|---|
| OBJET | Spécifique | Général | Spécifique | Général |
| Réactionnel | Préférences opinions | Attitudes | Attentes prévisions | Tendances orientations |
| Intentionnel | Besoins désirs | Traits de caractère | Intentions plans d'action | Motivations |

Avec les concepts d'attitudes et de préférences, on se situe dans le présent et on entre donc dans des concepts plus cognitifs (réactionnels dans ce schéma) que biologiques (intentionnels). Les modèles qui mettent en jeu les attitudes et les préférences cherchent à expliquer la façon dont l'homme réduit la complexité économique pour l'organiser, la catégoriser mentalement et l'évaluer en vue d'une action éventuelle.

Les attitudes sont des constructions hypothétiques induites à partir d'expressions verbales ou de conduites observables. Newcomb, Turner et Converse (1970) parlent de « cognitions dotées de valences ». Ce chapitre et les suivants n'ont pas pour objectif de présenter des modèles cognitifs purs mais de considérer les modèles qui cherchent à articuler les processus mentaux et la conduite économique et sociale puisque « les attitudes positives prédisposent la personne à un certain type d'approche de l'objet ; les attitudes négatives prédisposent à un certain type de fuite de l'objet ».

## 7.1. LA STABILITÉ ET LA COHÉRENCE DES ATTITUDES

On peut définir l'attitude comme une prédisposition ou une tendance générale à réagir positivement ou négativement à un objet ou à une idée. Il peut s'agir d'objets tout à fait concrets (un hamburger) ou d'entités plus abstraites (la marque MacDonald ou le libéralisme). Les attitudes prennent souvent le statut de variables intermédiaires entre des « stimuli » (objets, personnes ou événements) et des « réponses » de toutes sortes (réponses verbales ou conduites). Une attitude est constituée de trois composantes : des affects, des cognitions et des conations, c'est-à-dire des intentions de comportement (Rosenberg *et al.*, 1960).

On remarquera que les réponses verbales peuvent servir à mesurer les trois composantes des attitudes.

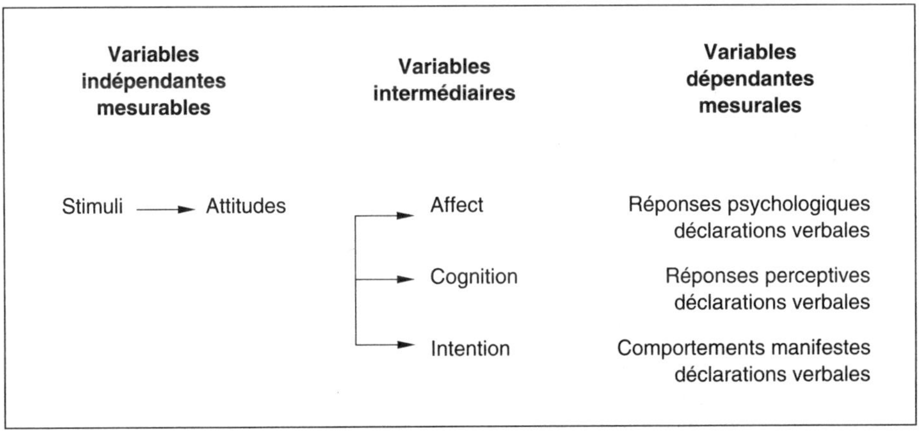


*Fig. 7.1. — Les trois composantes des attitudes* (Rosenberg *et al.*, 1960).

Toutefois une attitude ne peut porter que sur un objet « central » ou « saillant » pour l'individu. La centralité est liée à la fréquence des contacts avec cet objet. On ne peut avoir d'attitude sur un objet qu'on ne connaît pas. Le sujet a donc un minimum de familiarité avec l'objet de l'attitude.

Une des idées les plus importantes en psychologie sociale est celle que les individus organisent leurs croyances et leurs attitudes en structures cohérentes. Pour simplifier, nous évaluons positivement les gens qui formulent les mêmes évaluations que nous et négativement ceux qui formulent des évaluations inverses. De plus, nos attitudes offrent une forte résistance au changement : les tentatives d'influence n'ont que peu de succès. L'ensemble des théories sur les attitudes — on en dénombre au moins neuf — cherchent à expliquer ces deux facteurs : la cohérence et la permanence des attitudes. Nous allons en présenter rapidement quelques-unes.

• La théorie de l'équilibre de Heider (1946)

Le modèle le plus ancien est celui de Heider. Une attitude est une relation positive (satisfaisante) ou négative (insatisfaisante) d'un individu (S) vis-à-vis d'un autre individu (P) ou d'un objet (O). Il y a équilibre si, quand j'éprouve une attitude positive à l'égard d'une personne, cette personne a une attitude de même signe que la mienne à l'égard du même objet. Si j'éprouve une attitude négative à l'égard d'une personne, il y aura équilibre si celle-ci a une attitude de signe inverse à la mienne à l'égard du même objet. La notion d'équilibre, qui une fois de plus renvoie au modèle homéostatique introduit l'idée que les gens organisent leurs évaluations des autres, des objets et des événements en structures simples qui renferment un minimum de possibilités d'instabilité ou de contradiction.

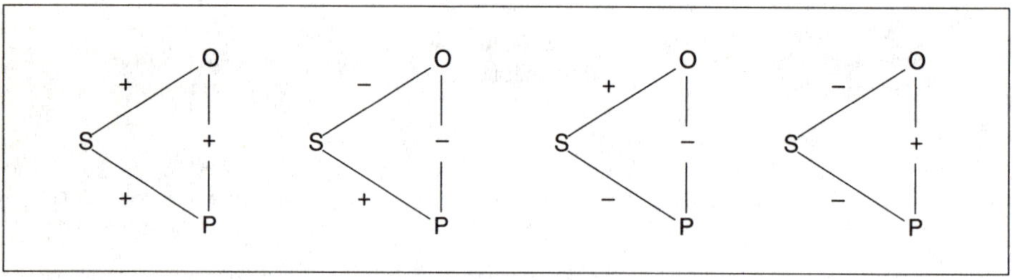


*Fig. 7.2. — L'équilibre de Heider* (1946).

• La théorie de la symétrie de Newcomb (1956)

L'attitude d'une personne à l'égard d'une autre personne ou d'un objet peut non seulement être positive ou négative, mais aussi varier en intensité. Il y a symétrie entre deux personnes quand leurs attitudes réciproques ou à l'égard d'un même objet sont de même signe et de même intensité.

• La théorie de la cohérence affective et cognitive de Rosenberg *et al.* (1960)

Un objet d'attitude présente plusieurs caractéristiques ou plusieurs composantes. Une attitude est la résultante de l'évaluation de ses composantes. Chaque information sur un objet ou une personne, qu'on appelle aussi « élément cognitif », a une valence positive ou négative d'intensité variable ou neutre. Ces divers éléments sont en relation les uns avec les autres. Par exemple l'attitude à l'égard d'un spot publicitaire doit être distinguée de l'attitude à l'égard du produit. Chez les jeunes enfants, il y a contamination : ils aiment les publicités pour les bonbons parce qu'ils aiment les bonbons. Le spectacle publicitaire les incitera à immédiatement réclamer la friandise.

Quelles sont les relations entre les composantes affectives et cognitives d'une attitude? L'hypothèse principale de cette théorie est que la nature et la force d'un sentiment à l'égard d'un objet ou d'une personne est corrélée avec les éléments cognitifs associés à cet objet ou à cette personne. Ce qui permet de classer les éléments cognitifs en bons ou mauvais, ce sont les valeurs du sujet. Ici les auteurs renvoient au concept de valeur en tant qu'orientation sociale préférentielle. Tant que les nouveaux éléments de connaissance d'un objet vont dans le sens de l'affect initial, l'attitude est stable ; mais quand ils lui sont opposés, l'attitude est en danger.

- La dissonance cognitive

Un des plus célèbres et des plus intéressants modèles théoriques venant à l'appui des modèles d'équilibre et de cohérence est la théorie de la dissonance cognitive de Festinger (1957). Dans de nombreuses expériences, Festinger a montré comment des personnes mises en situation d'incohérence entre l'acte qu'elles viennent d'accomplir et leurs attitudes changent d'attitude pour retrouver la cohérence, appelée ici consonance. Autrement dit, la personne préfère changer d'attitude plutôt que de rester dans une situation incohérente.

Festinger appelle « élément cognitif », toute connaissance, opinion ou croyance, concernant l'environnement, le sujet lui-même ou les autres. Cette définition trop large est vraisemblablement à l'origine du grand succès de la théorie. Des éléments cognitifs sont en dissonance quand ils sont incompatibles c'est-à-dire « quand le contraire de l'un devrait être déduit de l'autre ». Par exemple une personne ne peut dépenser que 70 000 FF pour l'achat d'une nouvelle voiture. Cependant, elle sait qu'elle s'est laissé séduire par le vendeur et a acheté une voiture à 78 000 FF : elle est en dissonance. Le contraire de la dissonance est la consonance. L'état de dissonance ou de consonance ne peut s'appliquer qu'à des éléments cognitifs « pertinents », c'est-à-dire concernant le même objet. L'amplitude de la dissonance est variable. On peut la concevoir comme le rapport suivant :

$$\text{Dissonance} = \frac{\text{importance et nombre des éléments dissonants}}{\text{importance et nombre des éléments consonants}}$$

Festinger a dans des expériences démontré un certain nombre d'hypothèses :

I. L'état de dissonance est inconfortable ; toute personne en dissonance tend à la réduire et à retrouver la consonance.

II. Pour diminuer l'intensité de la dissonance on peut réduire le nombre d'éléments dissonants ou augmenter celui des éléments consonants.

III. L'individu cherche à éviter les situations et les informations qui pourraient nuire à la consonance ou qui pourraient accroître l'amplitude de la dissonance.

IV. La force de la pression pour réduire la dissonance est fonction de l'amplitude de celle-ci ; une faible dissonance entraînera moins d'activité de la part du sujet qu'une forte.

Dans une recherche célèbre relatée par Festinger et Aronson (1960), on avait amené des enfants d'école maternelle à manger des légumes qu'ils n'aimaient pas moyennant une petite récompense. Puis on leur avait révélé qu'ils participaient à une expérience et que leur parents seraient avisés qu'ils avaient mangé ces légumes. On ne dit rien de cela aux enfants du groupe contrôle. Quelques heures après on leur demanda s'ils avaient aimé les légumes. Les premiers montrèrent un accroissement significatif de leur appétence pour ce légume, ce qui ne fut pas le cas des enfants du groupe contrôle. Festinger en conclut que le caractère public (vis-à-vis des parents) de la conduite avait accru la dissonance et donc le changement d'attitude. Il existe trois moyens de réduire la dissonance :

— changer un élément cognitif relatif à son propre comportement. La personne peut dans les huit jours annuler le contrat de vente de la voiture comme la loi le lui permet ;

— changer un élément cognitif relatif à l'environnement : elle peut chercher à emprunter la somme qui lui manque et renoncer à un autre achat ;

— aller chercher des éléments nouveaux qui vont conforter sa conduite : « de toutes façons, c'est la voiture qui me convient » ; « elle sera plus facile à revendre ».

Cette théorie permet de prévoir des changements d'attitude à partir du changement de comportement. Si une personne est amenée à faire ou dire quelque chose en contradiction avec ses attitudes, il lui est difficile de revenir sur ses actes, elle va donc modifier son attitude pour retrouver la consonance. Cet effet sera d'autant plus fort que la conduite incohérente aura résulté d'un libre choix, qu'elle n'aura pas été récompensée et qu'elle sera restée privée (en l'absence du regard d'autrui). En effet, plus la pression utilisée est grande pour obtenir de la personne une conduite opposée à son attitude et moins l'attitude changera.

À propos de l'effet des actes sur les attitudes et les croyances, Kiesler (1971) a développé la théorie de l'engagement. Un acte par lequel un sujet s'est librement engagé sera suivi d'un « travail cognitif » susceptible de modifier des attitudes et par voie de conséquence des comportements à venir. C'est l'effet du pied dans la porte : par exemple, une ménagère qui a accepté de mettre à sa fenêtre un autocollant pour une cause qui au départ lui est totalement indifférente sera susceptible de plus facilement accepter de mettre un panneau dans son jardin pour la même cause.

De nombreux auteurs supposent qu'il existe un besoin de cohérence pour comprendre le monde et prévoir les événements. Bien qu'Heider ait prétendu que la cohérence était naturelle, pour des raisons essentiellement esthétiques et logiques, il semble qu'elle soit avant tout une norme apprise par associations, renforcements et imitations. Cette dernière forme d'apprentissage permet d'acquérir des habitudes sans avoir à vivre les situations. Une grande part de la socialisation consiste à intégrer, s'approprier les attentes des autres de telle manière que nos réactions et nos sentiments puissent être prévisibles ou tout au moins raisonnablement déduits par nos interlocuteurs et que nous devons être tenus pour responsables de ce que nous faisons, disons ou ressentons. Il en résulte que la cohérence est un produit social indispensable à la communication et aux relations quotidiennes. C'est le même processus qui tend à faire croire que les attitudes précèdent les comportements alors que Festinger a montré que la relation pouvait tout à fait s'inverser. Par ailleurs, il semble bien que les modèles théoriques que nous venons d'exposer induisent l'existence des attitudes à partir d'un ensemble de conduites cohérentes, qu'elles soient verbales ou non. Peut-on pour autant en conclure à un «besoin» de cohérence? On se trouve encore face à un système de causalité circulaire.

## 7.2. LA PRIMAUTÉ DE L'AFFECTIF OU DU COGNITIF

S'ils s'accordent sur l'aspect terminal de l'intention de comportement, les auteurs ont des avis divergents quant à la primauté de l'affectif ou du cognitif dans les attitudes.

- Le modèle classique

Dans la plupart des modèles théoriques, l'affect résulte d'une élaboration cognitive. Le sujet reçoit des informations de la part de l'objet, il les code et les traite. Il découpe l'objet de l'attitude en différentes composantes ou attributs et se forge un avis sur chacune d'entre elles. L'attitude ou réaction affective finale sera la résultante des diverses forces d'attrait et de répulsion de l'objet qui influencera directement la conduite. Si on veut acheter un tapis, on sélectionne un certain nombre d'attributs : la taille, la couleur, le décor, le matériau, le prix. Chaque tapis examiné sera jugé au vu de l'ensemble de ces attributs pondérés en fonction de leur importance dans la structure cognitive que le sujet a de l'objet. Le prix et la taille du tapis peuvent avoir plus de poids que les autres caractéristiques. La décision finale d'achat est la résultante des forces parcellaires. Kotler et Dubois (1986) détaillent diverses procédures de pondération des attributs : modèle de dominance, modèle conjonctif, modèle disjonctif, modèle lexicographique.

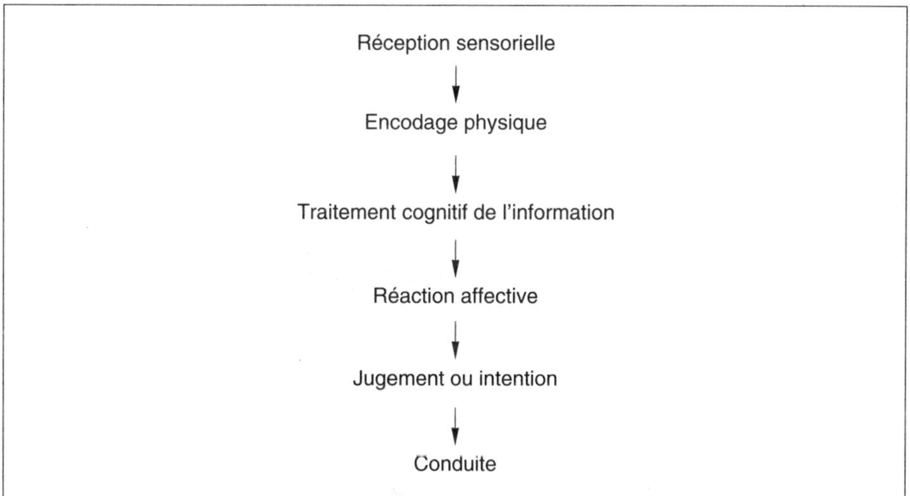


*Fig. 7.3. — Modèle cognitif et affectif.*

• Le modèle de Zajonc

Zajonc (1980) a introduit l'idée que « [...] les affects et les cognitions sont contrôlés par des systèmes séparés et partiellement indépendants qui peuvent s'influencer mutuellement de différentes manières et qui constituent deux sources indépendantes d'effets dans le traitement de l'information ».

Il développe plusieurs arguments pour justifier le fait que, selon lui, les réactions affectives sont primaires.

L'affect est fondamental, c'est une question de survie : « le lapin ne s'arrête pas pour contempler la taille du serpent et la géométrie des dessins sur sa peau. » Ces réactions affectives sont difficilement contestables car elles apparaissent comme une donnée « valide », il est difficile de revenir sur sa première impression.

Les affects impliquent le Moi. On ne peut que très difficilement y échapper : il faut un sérieux entraînement et des techniques spéciales pour faire des jugements « objectifs ».

Les réactions affectives sont difficiles à verbaliser. Il est souvent difficile d'expliquer pourquoi on aime ou on n'aime pas tel objet. De plus, les réactions affectives n'ont pas besoin de cognition : « des goûts et des couleurs, on ne discute pas. »

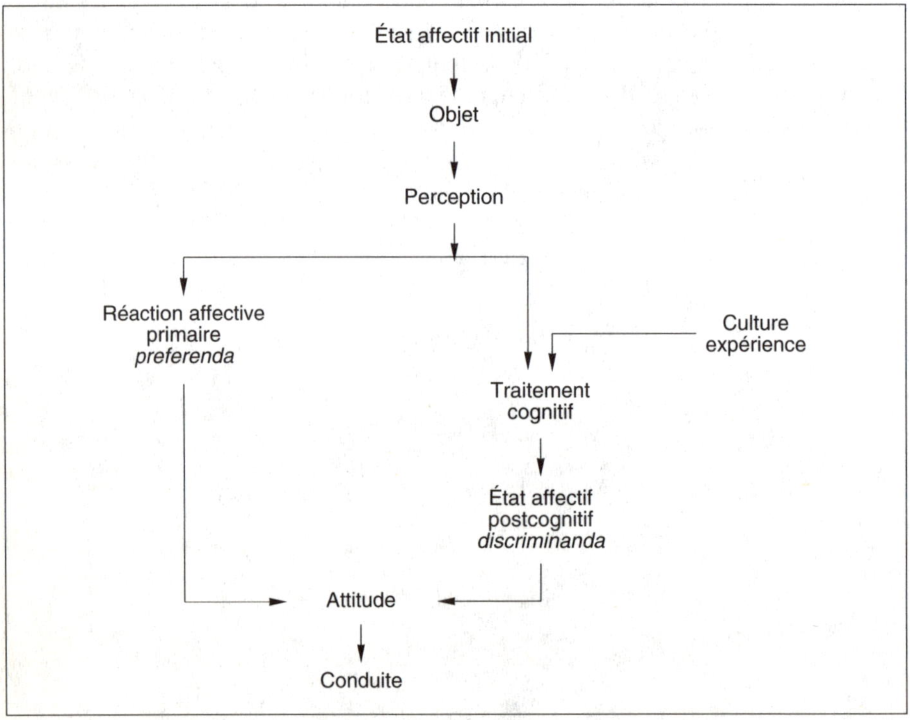


*Fig. 7.4. — Le modèle affectif et cognitif parallèle* (Zajonc, 1980).

Zajonc distingue les *preferenda* réactions affectives précognitives et les *discriminanda*, réactions affectives postcognitives. Dans sa modélisation apparaissent les éléments qui évoluent en parallèle. On peut remarquer que le sujet a un état affectif initial ; il n'est pas neutre, il est énervé, attentif, heureux, etc. L'objet est perçu et suscite en parallèle une réaction affective primaire (approche/évitement) et un traitement cognitif de l'information qui est influencé par l'expérience et la culture du sujet (traitement de l'information). La combinaison de la réaction affective primaire et de l'état affectif postcognitif sera à l'origine de l'attitude, en tant que tendance à réagir positivement ou négativement, et donc de la conduite.

- Cognition et émotion au cours de l'action

Lantermann (1985) estime que les processus cognitifs et affectifs sont en interaction (et non plus parallèles comme Zajonc) et qu'ils organisent conjointement le comportement humain. Les émotions désignent un état spécifique de la relation des individus avec leur environnement. Les processus émotionnels ne sont que partiellement contrôlés par la volonté.

Il propose un modèle systémique de contrôle de l'action.

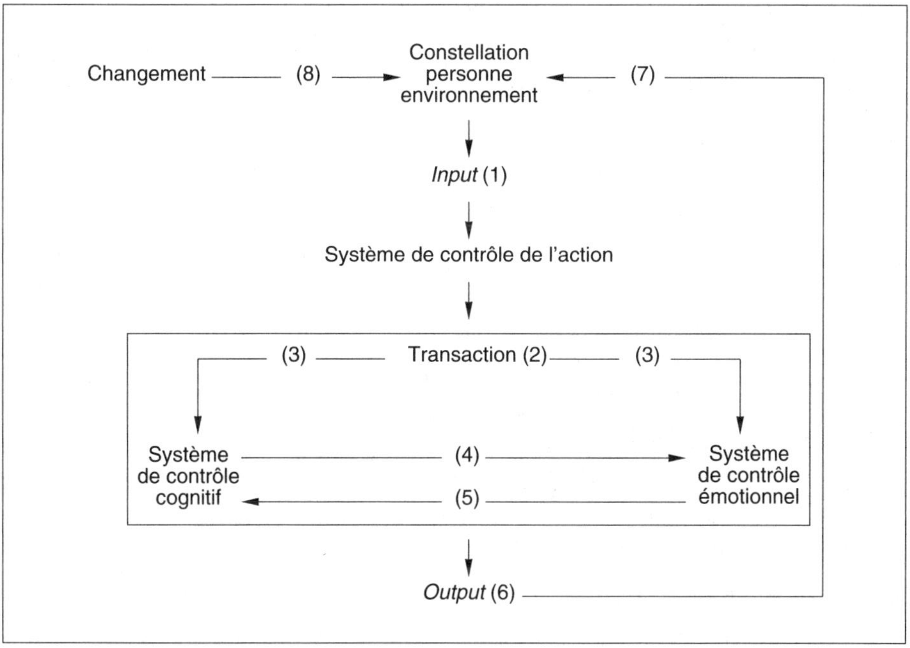


*Fig. 7.5. — Cognition et émotion au cours de l'action* (Lantermann, 1985).

(1) La perception est celle de la constellation individu-environnement qui forme un tout, comme dans le modèle de Lewin. Les données introduites dans le système de contrôle (*input*) sont donc celles de la « constellation perçue » par le sujet. Supposons un voyageur fatigué qui arrive dans une petite ville qu'il ne connaît pas. Il désire trouver une chambre d'hôtel.

(2) À l'intérieur du système, la constellation perçue est comparée avec un schéma de transaction acquis, c'est-à-dire une représentation normée de la relation individu-environnement. Il existe une hiérarchie des schémas, dont les plus larges englobent les plus restreints. Le voyageur repère l'enseigne d'un hôtel.

(3) Les composantes du schéma activé deviennent des données introduites dans des systèmes séparés de contrôle cognitif et de contrôle émotionnel. Le bar qui sert d'accueil n'a pas l'air bien fréquenté, ni très propre, mais la fatigue se fait ressentir et le voyageur ne connaît pas d'autre hôtel dans la ville.

(4) et (5) Ces deux systèmes sont activés et échangent les informations qu'ils ont traitées de façon réciproque et simultanée. On ne peut pas les séparer. En quelques instants, le voyageur pèse le pour et le contre.

(6) À la sortie, on trouve une séquence organisée d'actions en termes d'ajustement de l'environnement ou d'adaptation du sujet (*output*). Le voyageur est rapidement accueilli par une aimable hôtesse qui lui propose une chambre.

(7) Les modifications consécutives à la transaction émotion-cognition vont changer la constellation individu-environnement de départ. Le voyageur prend la chambre et sent alors les bonnes odeurs du dîner que l'on sert aux clients.

(8) Tout changement extérieur à la personne, tout nouvel objet de l'environnement peut réactiver le système. Notre voyageur entend des bruits étranges dans la chambre voisine…

## 7.3. LA MESURE DES ATTITUDES

L'attitude comportant une facette affective importante, il convient de la préciser et de la mesurer. L'avantage de l'utilisation de scores numériques pour mesurer les attitudes est la possibilité d'introduire des comparaisons entre les individus ou entre une période et une autre de la vie d'un même individu. Son inconvénient est de réduire considérablement la complexité des significations exprimées par une attitude. Une première approche consiste à mesurer le degré auquel une personne se sent attirée (approuve) ou repoussée (désapprouve) par un objet ou un point de vue. Une seconde technique rapportera les évaluations et les préférences à des facteurs de personnalité.

### *Les échelles d'attitudes*

« Les échelles d'attitudes sont des instruments de mesure qui s'expriment par le truchement de réponses à des questions ou par celui de jugements portés sur des énoncés ou des objets. » (Lemaine, 1971.)

La méthode des intervalles d'apparence équivalents de Thurstone (1928) suppose la construction d'une liste d'affirmations (ou items) sur un objet ou un problème. Cette liste est organisée de l'affirmation la plus extrêmement contre à la plus extrêmement pour. Chaque item est doté d'un indice situé entre les deux extrêmes. Pour attribuer ces indices, on dispose d'un grand nombre d'items qui sont proposés à des juges indépendants qui évaluent à quel point chaque item est pour ou contre l'objet de l'attitude sur une échelle en 11 points. La note moyenne donnée par les juges constituera son indice. Les items ambigus sur lesquels l'accord des juges est faible seront éliminés de l'échelle. Le sujet devra dire s'il est d'accord ou pas avec chaque item. Son attitude sera mesurée par la moyenne des scores obtenus avec les items pour lesquels il est d'accord.

La méthode des scores cumulés de Likert (1932) est une procédure plus simple. Au lieu de rechercher des items sur l'ensemble du continuum, on en choisit de nettement « contre » et de nettement « pour ». Les sujets donnent leur niveau d'agrément sur une échelle en 5 points de pas du tout d'accord (coté 1) à tout à fait d'accord (coté 5). L'échelle est inversée pour les items « contre ». L'attitude du sujet est mesurée par la somme des points obtenus pour la totalité des items.

Selon Guttman (1950), il existe un ensemble d'énoncés relatifs à l'attitude d'une personne ou d'un groupe social vis-à-vis d'un objet. Ces énoncés doivent pouvoir être formulés pour provoquer des choix dichotomiques « oui » ou « non », « d'accord » ou « pas d'accord ». Puis on essaie de voir s'il existe une hiérarchie entre ces énoncés des plus favorables aux plus défavorables à l'objet de l'attitude. L'échelle est ici unidimensionnelle, l'adhésion à un niveau entraîne l'accord avec tous les énoncés de niveaux inférieurs.

Une importante difficulté que l'on rencontre avec les échelles d'attitudes est l'interprétation du point de neutralité, ni positif, ni négatif. Il peut s'agir d'une ignorance, de l'absence de centralité de l'objet. Il peut s'agir aussi d'indifférence ou encore d'ambivalence, l'objet ayant autant d'attributs positifs que d'attributs négatifs.

### *Les traits de personnalité*

Dès lors qu'on insiste sur des conduites ou des discours particulièrement stables dans diverses situations et au cours de la vie, on rapprochera les attitudes des traits de personnalité. D'une façon plus générale, on dira que les traits de personnalité influencent une vaste gamme de conduites.

Il est hors de propos dans le contexte qui nous intéresse de détailler l'ensemble des tests de personnalité qui peuvent être utilisés dans le cadre des conduites économiques. Nous citerons seulement quelques dimensions classiques comme :

— optimisme/pessimisme ;
— *locus of control* (interne/externe) ;
— introversion/extraversion ;

— contrôle de soi (fort/faible) ;
— estime de soi (fort/faible) ;
— horizon temporel (large/étroit) ;
— acceptation/évitement du risque.

Le lieu de contrôle (*locus of control*) a été mis au point par Rotter (1966) pour distinguer les personnes qui estiment que les renforcements (récompenses ou punitions) viennent de leurs propres comportements de celles qui pensent qu'ils sont d'origine externe. Les premières ont un locus interne, les autres un locus externe. Il en résulte que les premières sont plus audacieuses dans leurs décisions, prennent plus de risques, achètent davantage de produits nouveaux, etc., que les secondes.

Quelques auteurs ont essayé de mettre au point des instruments de mesure de facteurs de personnalité spécifiques au domaine de l'environnement ou de l'économie. Les résultats montrent une grande variabilité interindividuelle que l'on explique habituellement par des attitudes différentes. Il existe deux principales techniques de mesure, l'une sur le modèle de la psychophysique, l'autre purement psychologique.

• Le modèle psychophysique

On confronte le jugement d'experts à celui du public. Des experts, pas nécessairement représentatifs de la population étudiée classent des propositions, des jugements qui vont ensemble sur divers objets ou conduites. On élimine les items pour lesquels la dispersion des réponses des juges est trop grande. Et on attribue le rang moyen obtenu comme note donnée aux sujets quand ils déclarent être d'accord avec les propositions retenues. Le trait est mesuré par la somme des notes aux items approuvés comme dans les échelles de type « Likert ».

• Le modèle psychologique

Il utilise une double procédure d'évaluation par les usagers. Un panel de juges, représentatif de la population concernée, évalue divers items (opinions ou conduites) sur des échelles affectives ou sémantiques. À partir de ces évaluations on dégage les items fortement corrélés en facteurs psychologiques indépendants les uns des autres dès lors qu'ils ont un sens. On élimine les items fluctuants. C'est de loin la procédure la plus souvent utilisée.

C'est ainsi que McKechnie (1977) a créé l'*Environmental response inventory* (ERI), test pour l'élaboration duquel les juges ont été confrontés à 330 jugements attitudinaux en répondant sur une échelle qui allait de 5 (tout à fait d'accord) à 1 (pas du tout d'accord). Une analyse factorielle a permis de dégager 9 facteurs ou dimensions psychologiques stables :

— le pastoralisme ou réaction à l'égard des ressources naturelles ;
— l'urbanisme ou appréciation de la vie en ville ;

— la tendance à adapter le sujet à l'environnement ou au contraire à l'ajustement environnemental ;
— la recherche de stimulation ;
— la confiance et le sentiment de sécurité ;
— le goût pour l'ancien, l'historique, la tradition ;
— le besoin d'intimité ;
— l'orientation technologique ;
— le conformisme.

On voit que l'auteur retrouve des traits de personnalité « classiques » (sentiment de sécurité, conformisme) au milieu de traits spécifiques de la relation à l'environnement. La difficulté de ces techniques réside dans le fait que si statistiquement on trouve parfois des corrélations solides, il n'est pas toujours facile de leur donner du sens, une signification psychologique en l'absence de modèle théorique sous-jacent.

Toutes ces mesures postulent que les dispositions à l'égard de l'environnement économique sont stables parce qu'elles ont été essentiellement acquises au cours de la vie et que les premières sources d'information (effet de primauté) jouent un rôle prépondérant. Cependant, pour être considérées comme des facteurs de personnalité, elles devraient également entraîner des régularités dans les schèmes de comportements d'une personne dans ses relations quotidiennes avec l'environnement économique. L'appartenance psychographique doit se présenter sous la forme d'un ensemble cohérent d'actes, de paroles en accord avec d'autres caractéristiques de la personnalité de l'individu. Aussi doit-on s'attendre à ce que, dans des conditions matérielles et sociales identiques, des individus présentant les mêmes caractéristiques de personnalité se comportent de la même manière. Les résultats empiriques ne vont pas dans ce sens. Ces segmentations psychographiques ne sont pas stables. Les expériences les plus récentes des sujets les modifient (effet de récence). Les facteurs mis en avant dans ces évaluations de la personnalité ne semblent pouvoir prédire dans le meilleur des cas que les conduites verbales (préférences, intentions, attitudes), mais pas les actes.

La faiblesse principale de ces outils réside dans le fait qu'ils reposent avant tout sur des modèles mathématiques qui, à aucun moment ne stipulent comment on passe d'une tendance générale (personnalité) à une conduite précise. La personnalité sert d'explication à la cohérence constatée des réponses face à certains stimuli, mais ce sont les mêmes stimuli qui servent à expliquer les réactions à long terme ou la formation des traits de personnalité. On se trouve à nouveau confronté à des explications tautologiques.

## 7.4. DE L'ATTITUDE AU COMPORTEMENT

Nous avons vu avec Festinger que dans certaines conditions les conduites peuvent amorcer des changements d'attitude, toutefois peut-on prévoir ce que les gens vont faire à partir de données verbales? Les attitudes sont-elles de bons indicateurs des comportements? En général le pronostic est médiocre. Seules quelques études ont trouvé une relation étroite entre les attitudes exprimées verbalement et le comportement manifeste. Aussi de nombreux auteurs ont-ils essayé de relier les attitudes à d'autres données psychologiques afin d'en améliorer la performance.

### *La théorie de l'action raisonnée*

Ajzen et Fishbein (1973) proposent un modèle plus cognitif qu'affectif qui tend à déduire des intentions d'action à partir des attitudes : la théorie de l'action raisonnée. Pour eux, on ne peut prédire que des comportements spécifiques. Or, les attitudes sont trop générales pour être seules à influencer un comportement spécifique. Les normes sociales, les habitudes, les caractéristiques de la personnalité doivent être aussi prises en considération.

Dans ce modèle, le comportement a lieu sous une condition de contrôle volontaire, c'est-à-dire qu'il est précédé d'une intention de comportement. Ajzen et Fishbein tentent de fixer les conditions de validité de cette intention : quand a-t-elle le plus de chances d'être suivie du comportement annoncé? Leur théorie combine deux éléments essentiels : un facteur attitudinal personnel et un facteur normatif social. L'attitude doit se référer à un objet précis, un comportement particulier et non à une catégorie d'objets. Même dans ce cas la relation entre l'attitude et le comportement n'est pas directe. L'attitude à l'égard d'un acte dépend des attributs ou des conséquences perçues de cet acte et de leur importance ou valeur pour la personne. La perception des conséquences fait référence à la croyance de l'individu en ce qui concerne les chances, la probabilité que la conduite aura un résultat particulier. Comme un acte peut avoir plusieurs conséquences, l'attitude à l'égard d'un acte précis sera la somme de ces croyances personnelles pondérées par la valeur que le sujet accorde à chacun de ces résultats.

$$\text{Attitude (Acte)} = \text{Somme (probabilité} \times \text{valeur) résultats}$$

La suite du raisonnement prend en compte l'influence du contexte social du sujet. La corrélation entre le comportement et l'intention de comportement sera élevée si cette attitude à l'égard de la conduite est accompagnée d'une croyance du sujet en la norme du groupe. La « croyance normative » du sujet concerne la probabilité que les membres de son groupe de référence s'attendent à ce qu'il accomplisse l'acte en question. Se sent-il encouragé et approuvé par des personnes dont il valorise l'opinion? Cette croyance normative sera pondérée par l'importance qu'il accorde aux attentes du groupe de référence, c'est-à-dire sur sa motivation à se conformer aux attentes du groupe telles qu'ils les perçoit. Comme celui-ci a souvent plus d'un groupe de référence, la norme sera la somme des croyances normatives concernant ces divers groupes. C'est dans ce cadre par exemple que la famille, les amis ou la publicité peuvent influencer les intentions d'achat.

$$\text{Norme} = \text{Somme (croyance normative} \times \text{motivation) groupes}$$

Le pronostic de la conduite à partir de l'intention sera meilleur si le délai est court, sinon toute nouvelle information est susceptible, soit de changer l'attitude, soit de changer la norme. Dans la figure suivante, les traits représentent les corrélations positives auxquelles on peut s'attendre en appliquant le modèle.

À diverses reprises, le modèle d'Ajzen et Fishbein a montré sa capacité à prévoir les intentions de conduites et à partir de celles-ci les conduites :

— Zuckerman et Reis (1978) pour le don du sang ;

— Bentler et Speckart (1979) pour la consommation d'alcool et de marijuana, mais pas pour les drogues dures ;

— Oliver et Berger (1979) pour la vaccination contre la grippe ;

— Ryan et Bonfield (1980) pour une demande de crédit ;

— Bentler et Speckart (1981) pour une prise de rendez-vous, mais pas pour faire de l'exercice physique ;

— Bagozzi (1981 et 1982) pour le don du sang ;

— Manstead *et al.* (1983) pour l'allaitement au sein ;

— Shimp et Kavas (1984) pour l'usage de coupons de réduction.

Toutes ces recherches sont citées par Ajzen (1988).

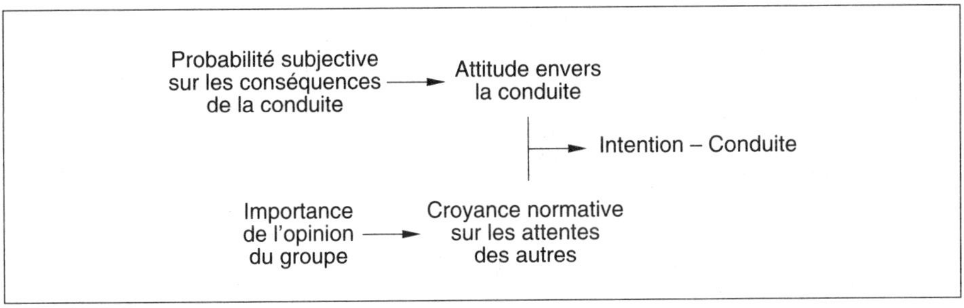


*Fig. 7.6. — La théorie de l'action raisonnée* (Ajzen et Fishbein, 1973).

Dans le domaine des études de marché, Grünert (1989) cite 8 études de 1972 à 1985 qui concluent à un lien direct entre l'attitude et la conduite d'achat vérifiée par la détention d'étiquettes. Elles concernent du café, des boissons sucrées et des *snacks* dans des populations étudiantes, des détergents et d'autres produits ménagers chez des ménagères. Pendant la même période, les études qui concluent à des intentions d'achat ont été plus nombreuses (une douzaine). Elles portent en général sur des produits alimentaires et plus particulièrement diététiques ou de luxe, sur la fréquentation de restaurants ou sur l'achat d'objets plus importants, téléviseurs ou automobiles.

*L'évaluation des conséquences du comportement*

Verhallen et Van Raaij (1985) ont introduit l'idée d'un *feed-back* de la conduite sur les attitudes et les conduites à venir par l'évaluation même des conséquences de l'acte.

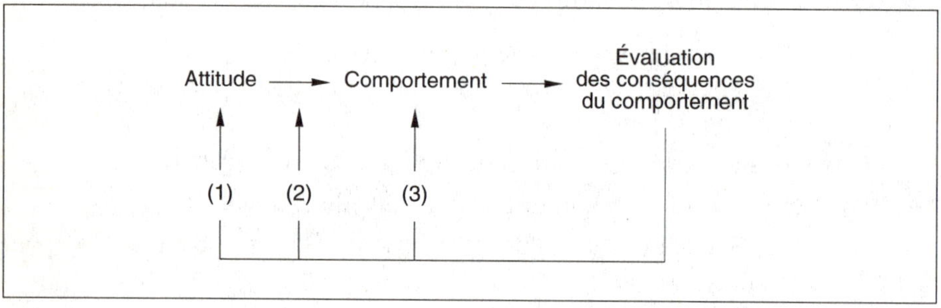


*Fig. 7.7. — Les trois mécanismes de* feed-back (Verhallen et Van Raaij, 1985).

Ces mécanismes de *feed-back* sont de trois ordres :

(1) Un mécanisme inconscient d'intériorisation qui globalement correspond aux effets de la dissonance cognitive de Festinger. L'individu met ces attitudes en consonance avec ses conduites.

(2) Un mécanisme d'apprentissage qui agit sur la liaison entre l'attitude et la conduite. À partir des conséquences de leurs actes, les personnes apprennent à repérer les liens entre leurs attitudes et leurs conduites.

(3) Un mécanisme de formation des habitudes. Il s'agit d'un second apprentissage. En fonction de leurs conséquences (récompenses ou punitions), les actes sont répétés ou évités.

Cet ajout permet d'opérer une synthèse des divers points de vue sur les attitudes. En 1987, Ajzen a proposé un modèle de l'action planifiée qui prolonge celui que nous venons d'exposer en ajoutant d'autres éléments d'aspect cognitif. Toutefois, comme il se présente davantage comme une théorie de la décision plutôt qu'un modèle de fonctionnement des attitudes, il sera présenté dans le chapitre sur la décision.

À quoi servent les attitudes? Daniel Katz (1960) a recensé quatre principales fonctions des attitudes.

Une fonction instrumentale qui est la conséquence des apprentissages : on développe des attitudes positives à l'égard des objets qui récompensent les conduites et des attitudes négatives à l'égard des objets frustrants.

Une fonction inconsciente de défense du moi : les attitudes servent à protéger l'individu des vérités désagréables sur lui-même et sur son environnement. C'est le cas des préjugés raciaux.

Une fonction d'expression des valeurs : les attitudes servent à exprimer des valeurs fondamentales que l'on n'a pas l'occasion d'exprimer ou de vivre directement.

Une fonction de connaissance : les attitudes, par le processus de catégorisation, permettent une économie de pensée.

Pour Katz, les changements d'attitude sont des processus d'adaptation. Soit que l'attitude et les conduites qui en découlent n'apportent plus de satisfaction, soit que le niveau d'aspiration de l'individu a changé. Une personne peut avoir une attitude favorable aux voitures de faible cylindrée et malgré cela la vendre pour acheter une voiture plus puissante, plus confortable et plus sûre parce que ses revenus ont augmenté.

# 8

# Cognition, perception et représentations

Les attitudes impliquent une évaluation de quelque chose ou de quelqu'un. Quand les personnes expriment leurs attitudes, elles utilisent des formules compatibles avec leur façon de parler ou de penser. Elles ont un souci de cohérence. On peut remarquer aussi que notre vision des problèmes personnels et sociaux est sélective et que certains aspects de la réalité nous paraissent importants, marquants (*salient*) alors que d'autres n'ont guère d'importance à nos yeux. Ces centres d'intérêt sont souvent collectifs, partagés, et les différents groupes élaborent une perception et des attitudes communes. Quand celles-ci leur permettent de se démarquer les unes des autres, on les appelle des représentations sociales. Quand une personne tente d'expliquer ou de prédire les conduites d'autrui ou les événements, on parlera de processus d'attribution causale. De manière générale, on verra comment les être humains attribuent du sens et comment les objets qu'ils construisent et fabriquent sont eux-mêmes porteurs de significations.

## 8.1. LA PERCEPTION DES ACTIVITÉS ÉCONOMIQUES

La perception est entrée dans le domaine cognitif le jour où, sous l'impulsion de Brunswick (1957), elle n'a plus été considérée comme la réponse du sujet à un objet-stimulus, mais comme le traitement de l'information par l'organisme. Brunswick définit la cognition comme « l'acquisition de connaissances » et la perception comme « la forme la plus intuitive de la cognition ».

L'environnement économique n'est pas un objet de perception très simple. Ses propriétés sont nombreuses et complexes : il est multimodal, multidimensionnel, et ne produit pas qu'un seul type d'information. Les objets économiques ont aussi des caractéristiques physiques (image, toucher, odeur, goût) et des caractéristiques sociales (prestige) et sémiologiques (références culturelles). Les objets économiques contiennent plus d'informations que les individus ne peuvent en traiter. Il est impossible de percevoir la totalité des produits en vente dans un rayon d'hypermarché. L'information économique est à la fois centrale et périphérique : elle est extérieure au sujet, abstraite, mais elle fait partie du vécu et concerne directement son mode de vie. L'inflation est à la fois un phénomène macro-économique éloigné du sujet et d'autre part elle le concerne dans son pouvoir d'achat. L'environnement économique implique une action de la part de celui qui s'y trouve ; il est conçu par et pour l'homme. Il force l'observateur à devenir participant, à l'explorer. Il est impliquant. L'information n'est pas seulement reçue, elle est recherchée pour sa « validité fonctionnelle ». Ainsi l'information boursière influence-t-elle directement le cours des marchés. Il est générateur d'une ambiance, d'un climat économique, parfois difficile à décrire, mais omniprésent (la morosité) qui marque affectivement l'activité sociale et économique.

Il en résulte que l'activité de perception d'un tel ensemble d'informations est caractérisée par quatre processus en interaction :

— une réponse émotionnelle affective ;
— un processus cognitif de catégorisation ;
— une analyse des systèmes et des causes ;
— une activité exploratoire du sujet.

On retrouve ici les composantes des attitudes. Certains auteurs ont proposé le terme de transaction pour définir cette activité perceptive afin de marquer que tous les éléments de la situation y jouent un rôle actif et que ces éléments n'existent que par cette participation active et non en tant qu'entités distinctes les unes des autres.

Tyszka (1994) s'intéresse à la variabilité des représentations cognitives de 30 activités économiques en Pologne. Pour cela, il fait évaluer ces activités sur douze échelles bipolaires en 7 points (profitable - non profitable, prestigieuse - non prestigieuse, légale - illégale, utile - inutile à la société, difficile - facile, nécessitant - ne nécessitant pas de connaissances, nécessitant - ne nécessitant pas de capital, rentable à court terme - à long terme, nouvelle - ancienne, risquée - non risquée, rationnelle - irrationnelle, agréable - désagréable). Les résultats aux 12 échelles sont traités par une analyse factorielle. On constate que les activités sont perçues selon un facteur rassemblant le caractère légal de l'activité et son bénéfice pour la société (49,5 % de la variance). Selon cet axe, on trouve la fraude fiscale, et la mendicité opposées à la charité, l'éducation des enfants. Le second facteur (16,5 % de la variance) fait appel à la nouveauté de l'activité et à son caractère capitaliste (rappelons que l'étude est polonaise) : investir par opposition à « être fonctionnaire ». Le troisième facteur (13 % de la variance) est celui de la difficulté de l'activité et des connaissances requises : « être directeur » s'oppose à « être employé ». Enfin le quatrième facteur (7 % de la variance) concerne le caractère immédiat ou différé du profit : d'un côté l'éducation et la recherche scientifique, de l'autre le travail à l'étranger et les jeux d'argent.

Reprenant la même méthode en Hongrie, en Grande-Bretagne et aux Pays-Bas, Tyszka *et al.* (1994) font apparaître deux facteurs essentiels, l'un qui évalue les activités économiques du point de vue des valeurs sociales et morales, l'autre qui les évalue selon les coûts et les bénéfices relatifs qui s'en suivent. Dans cet univers, les échantillons des différentes nations se positionnent ainsi : les pays qui sortent de systèmes économiques dirigistes (Hongrie et Pologne) placent plus d'activités sur l'axe moral et social, les pays de tradition libérale (Grande-Bretagne et Pays-Bas) les situent davantage sur l'axe des bénéfices et des coûts. On voit donc que la perception peut être appréciée sous une forme descriptive assez fine ou sous une forme comparative avec les mêmes outils techniques (échelles d'attitudes). Dès lors que la perception apparaît structurée et que les groupes sociaux (ici, nationaux) en ont des formes nettement différenciées, on peut parler de représentations.

## 8.2. LES REPRÉSENTATIONS SOCIALES

Les représentations sociales sont des « blocs organisés d'idées, de croyances et d'attitudes qui fonctionnent comme des dogmes du quotidien et qui semblent servir de principe de différenciation et de démarcation des groupes » (Morin, 1984). La notion de représentation sociale rend compte de la part active des individus et de la collectivité dans la cognition, ce qui sous-entend que la cognition est parfois un processus social.

Pour Serge Moscovici (1969), qui est à l'origine de ce concept et le situe dans la tradition du sociologue Émile Durkheim, la représentation sociale « est une élaboration théorique censée refléter les rapports sociaux tout en contribuant à les édifier ». Elle se présente sous la forme d'une production verbale cohérente sur les propriétés d'un objet social. Elle a une forme stylisée et imagée. Elle est signifiante, c'est-à-dire qu'elle ne désigne pas seulement cet objet mais aussi toute l'idéologie dans laquelle il s'inscrit. Par idéologie, on entend une représentation du monde qui souscrit aux mêmes règles.

La formation d'une représentation sociale repose sur deux processus : l'objectivation et l'ancrage. L'objectivation est une sélection et une stylisation de traits qui aboutissent à un « noyau figuratif », une schématisation imagée, parfois enrichie d'éléments originaux qui peuvent lui donner de la cohérence. Les processus de simplification sont identiques à ceux des stéréotypes ou des rumeurs : réduction du nombre de détails, accentuation des détails les plus caractéristiques, assimilations logiques des caractères secondaires aux caractères principaux, inférences de caractères supplémentaires dans la même logique. Par exemple, le fromage est à base de lait, il est donc naturel, et comme le lait il contient du calcium.

L'ancrage est un processus d'attribution de sens et l'instrumentalisation du savoir objectivé. Le premier processus est indispensable à la formation d'une représentation, le second lui permet d'être fonctionnelle et « sociale ». Tout n'est pas objet de représentation sociale, il faut un enjeu social. La place particulière d'une personne dans la société, son statut par rapport à l'objet même de la représentation permettra d'expliquer les ressemblances et les différences d'un groupe d'individus à un autre. La représentation sociale contribue à exprimer, c'est-à-dire, à expliquer et à constituer les rapports sociaux.

*Les fonctions des représentations sociales*

Moscovici n'a pas précisé à partir de quel niveau de consensus on peut déclarer qu'il existe une représentation sociale au sein d'un groupe. Son modèle est essentiellement fonctionnel. On peut attribuer 4 principales fonctions aux représentations sociales : elles constituent pour l'individu, un cadre qui facilite l'intégration d'expériences nouvelles en les rendant familières. Elles contribuent à la formation de l'identité de groupe dans la mesure où des personnes qui partagent les mêmes conceptions du monde ont le sentiment d'appartenir au même groupe. Elles renforcent la cohésion du groupe en facilitant la communication en son sein. Enfin elles servent à la rhétorique que le groupe utilise pour maintenir sa cohésion et pour se positionner vis-à-vis d'autres groupes.

*Les champs d'investigation des représentations sociales*

Les représentations, qu'elles soient sociales ou non, sont des formes de connaissance à part entière qui constituent une organisation cognitive. Cette organisation induit de décomposer l'objectivation en trois processus :

I. Un processus de sélection des éléments organisateurs de la représentation que l'on peut rapprocher de la prototypicalité (Rosch, 1975) et qui permet de former un noyau figuratif ou organisateur (Abric, 1994). Le sujet sélectionne les connaissances pertinentes pour figurer l'objet de la représentation. Il simplifie en éliminant les « détails » sans importance jusqu'à une silhouette apurée qui reste parfaitement reconnaissable.

II. Un processus connotatif par lequel le sujet qualifie et évalue les éléments qu'il a sélectionnés. Il leur confère des attributs positifs ou négatifs comme pour les attitudes. Il leur associe des pratiques qui sont elles-mêmes objets d'évaluation.

III. Un processus de schématisation qui situe la représentation au sein d'un réseau de relations de similitude, d'opposition, de causalité, de dépendance. La représentation sociale se construit ainsi une vraisemblance et une cohérence. Elle prend à la fois un caractère logique et réaliste.

L'ancrage des représentations est socialement déterminé dans le cadre de deux autres processus :

I. L'expérience réelle de l'individu donc sa place sociale et son rapport au réel. On constatera bien sûr une influence réciproque de la pratique et de la représentation. L'individu perçoit la société de son point de vue, il intègre de nouvelles images dans ses représentations antérieures par deux mécanismes, l'analogie et la compensation. L'analogie est un principe de médiation entre deux univers dont il assure la perméabilité. La compensation permet d'intégrer de nouvelles informations sous réserve qu'elles ne soient pas contradictoires avec la représentation (cohérence).

II. La société effectue un travail sur les significations par l'histoire, la culture, la mémoire collective des groupes sociaux. La représentation sociale est déterminée par la structure de la société dans laquelle elle se développe. Elle n'exprime pas seulement la société telle qu'elle est, mais aussi telle qu'elle est en train de se faire. La société n'est pas une totalité homogène qui évolue de la même manière sur tous les plans. Il en résulte que les représentations sociales peuvent passer d'une cohérence logique à un tissu de contradictions. C'est la position stratégique et le pouvoir des groupes qui leur donnent la capacité de diffuser leurs représentations dans les médias. Au cours de la guerre du Koweit en 1990, ce sont les chaînes de télévision des États-Unis d'Amérique qui ont diffusé au monde la représentation du conflit que la puissance militaire de ce pays voulait en donner. Pour mettre ces aspects en évidence, il faudra procéder à une analyse des médias et du discours éducatif.

C'est pourquoi les représentations sociales devront être étudiées à la fois à partir du questionnement des sujets individuels et par l'analyse des productions collectives. La mise en évidence des représentations sociales supposerait aussi, bien que ce soit des conditions plus difficiles à réunir, de les rechercher systématiquement dans les groupes échantillonnés et de les étudier de façon régulière échelonnée dans le temps.

### *Une problématique pour l'étude des représentations économiques*

L'étude des représentations sociales en économie devra tenir compte de quatre types de variables :

I. La place socio-économique des acteurs, par exemple en évaluant la distance aux décisions économiques qui les concernent. Le travailleur indépendant en est très proche alors que le fonctionnaire en est très éloigné.

II. La pratique des acteurs, leur vécu. Les employés de banque et travailleurs sociaux parlent d'argent, manient de l'argent, ils accordent des financements, toutefois leur vécu de l'argent n'est pas du tout identique, ce qui apparaîtra, entre autres, dans un vocabulaire socioprofessionnel différent.

III. Les « matrices culturelles d'interprétation » constituent un ensemble de faits, d'idées, de conceptions largement partagées. Elles ne font pas l'objet d'un débat social actuel, elles font partie de la mémoire collective. L'inflation a donné la possibilité d'accéder à la propriété pour plusieurs générations d'après-guerre. Elle sera donc perçue positivement par les personnes dont la famille a pu accéder à la propriété par le passé mais qui actuellement ne peut y prétendre.

IV. Il faut enfin considérer l'autonomie relative du fonctionnement des instances idéologiques présentes : discours actuel des mass media sur l'économie.

### *Techniques d'étude des représentations sociales*

La méthodologie pour étudier les représentations sociales a beaucoup évolué. Autrefois, il s'agissait surtout d'entretiens non directifs et d'analyse des médias : en 1969, pour Serge Moscovici, « la psychanalyse »; en 1971, pour Michèle Huguet, « les femmes dans les grands ensembles »; en 1969, pour Claudine Herzlich, « la santé ». À présent les techniques utilisées sont plus expérimentales et fortement influencées par la psychologie cognitive (Doise *et al.*, 1992). Néanmoins, elles partent toutes du postulat que les représentations sociales sont exprimées (au moins partiellement) par du discours.

Albertini (1985) et Vergès (1987) ont étudié la représentation sociale de l'économie chez les adolescents de quatre pays de la Communauté européenne : Allemagne, Belgique, France et Grande-Bretagne. Ils leur ont proposé des questionnaires très structurés avec un certain nombre d'épreuves.

Pour étudier le processus de sélection des traits, ils utilisent des questions d'évocation à réponse ouverte comme « à quoi vous fait penser le mot inflation? Voulez-vous m'indiquer les quatre à dix mots qui vous viennent à l'esprit? ». Ou bien le sujet devra faire un choix de termes associés au sein d'une liste construite. Par exemple : « Choisis dans la liste ci-dessous les cinq mots qui te paraissent aller le mieux avec le terme “achat”. » Les mots de la liste sont : luxe, choix, argent, publicité, liberté, cadeau, la mode, nourriture, plaisir, façon de vivre, dépenses, tentation, loisirs, prix, utile, épargne, vital, TVA. Les mots les plus fréquemment associés à « achat » sont, nourriture, argent, prix et dépenses quel que soit le pays où l'on enquête, cependant on constate aussi des différences. L'achat est « vital » en Grande-Bretagne, « utile » en Belgique et en France et associé au mot « choix » en Allemagne.

On peut analyser le processus connotatif par une technique de choix d'adjectifs associés à des entités économiques (exemple : le supermarché, le commerce de proximité, l'épicerie fine) ou un système d'évaluations sur des échelles d'attitudes.

Afin de cerner le processus de schématisation, on demande au sujet de tracer des relations entre une douzaine de termes ou de faire des groupements de mots et les justifier selon la méthode de Kelly (comparaisons par triades de termes en explicitant les ressemblances et des différences). Par exemple, pour comprendre comment la consommation se situe dans le champ de l'économie,

Albertini (1985) demande à ses jeunes sujets : « Ici on te demande de faire des groupes avec des mots de la liste ci-dessous. Barre les mots que tu ne comprends pas. Fais des groupes avec les mots qui vont ensemble. Fais au moins deux groupes. Mets deux à six mots par groupe. Un même mot peut être utilisé plusieurs fois. Donne un titre à chacun des groupes. » La liste est composée de : prix, travail, consommation, salaire, capital, besoins, crédit, dépenses, publicité, gaspillage, bénéfice, qualité de la vie, marché, demande, épargne, loisirs, production, vente, investissement, achat. Il obtient des graphes figurant la proximité des différents termes.

Le caractère fonctionnel de la représentation est étudié à travers l'analyse du discours, de son argumentation, de sa logique sur la base d'une question paradoxale qui introduit une étrangeté, un problème. On étudie la logique naturelle de la réponse dans sa forme rhétorique qui fait apparaître des juxtapositions, des relations de dépendance ou de causalité. Dans ce type d'épreuve, on demande en quelque sorte au sujet de convaincre l'auditoire (l'enquêteur) de la validité de la représentation sociale qui apparaît alors sous sa forme d'enjeu social. On peut aussi lui proposer de compléter des phrases comme : « Les nouvelles techniques ont beaucoup changé le travail... » Un premier sujet se situe en expert : « Les nouvelles techniques ont beaucoup changé le travail en le rendant plus facile. Les nouvelles techniques abaissent le niveau de compétences des travailleurs. » Le second parlera de son expérience personnelle : « Les nouvelles techniques ont changé le travail. J'étais une dactylo et je suis maintenant une secrétaire. » Le troisième renverra aux matrices culturelles d'interprétation : « Les nouvelles techniques ont changé le travail en créant du chômage. »

### *À la recherche du noyau central*

Nous avons vu que la représentation sociale est structurée par un « noyau figuratif central ». Les auteurs ne sont pas tous d'accord sur la définition précise de ce noyau. Certains le fondent sur le consensus : seront mis dans le noyau central, les éléments cités par plus de la moitié des sujets. On peut aussi rechercher le noyau en mettant à l'épreuve sa fonction structurante. Moliner (1995) construit une forme de questionnaire à partir d'un scénario ambigu (méthode ISA). Il cherche à cerner la représentation sociale de l'entreprise chez des chômeurs de longue durée. Dans un premier temps, il dégage 27 items caractéristiques d'une entreprise à partir d'entretiens non directifs. Puis il construit un scénario ambigu : « COFIDEL est une structure regroupant un certain nombre de personnes aux qualifications et aux intérêts divers. Ces personnes effectuent des activités variées afin d'en assurer son fonctionnement. Depuis qu'elle existe, cette organisation a réalisé, à sa manière, les résultats qu'elle se proposait d'atteindre. » Dans le questionnaire n° 1, le scénario s'achève par : « COFIDEL est considérée comme une entreprise. » Dans le scénario n° 2 : « COFIDEL n'est pas considérée comme une entreprise. » À la suite de chacun des scénarios, on présente les 27 items. Les sujets doivent alors indiquer s'ils caractérisent COFIDEL sur une échelle en six points de « très probablement non » à « très probablement oui ». Vingt sujets répondent au scénario n° 1 et vingt autres au scénario n° 2. La comparaison des réponses des deux groupes permet de repérer quels sont les items retenus comme « centraux » dans la définition d'une entreprise pour des chômeurs de longue durée. Cinq items obtiennent un score significativement plus élevé dans le scénario n° 1, ce sont :

— elle apporte un salaire ;
— elle donne un travail ;
— c'est un lieu où les gens ont peur de perdre leur place ;
— elle a une structure hiérarchique contraignante ;
— elle engage les gens à titre définitif.

On parlera de représentations sociales à cinq conditions :

I. Quand on découvre qu'une catégorie définie de sujets produit un ensemble d'assertions sur un objet.

II. Ces assertions semblent résulter d'une élaboration mentale de leur part.

III. Elles sont reliées par une logique élémentaire.

IV. Elles ont des points communs pour une classe bien définie de gens.

V. On observe des variations régulières d'un groupe social à un autre selon la même logique.

## 8.3. LA CONSOMMATION COMME DISCOURS

On peut relier cette thématique à l'aspect sémantique des représentations sociales. La conduite est un discours. L'alimentation, les soins corporels, l'habillement, les objets dont on s'entoure ont chacun leur signification et pris ensemble sont articulés pour constituer un discours personnel. Il s'agit aussi d'un discours collectif, c'est-à-dire compréhensible par les membres du groupe dans lequel on vit (exemple : les modes vestimentaire ou musicale au sein des petits groupes d'adolescents). Comme pour la représentation sociale, il y a un travail du groupe et de la culture sur les significations.

### *Le système des objets*

Jean Baudrillard (1968) a analysé le statut de l'objet en tant que « signe » dans la société de consommation : « Aujourd'hui, la consommation — si ce terme a un autre sens que celui que lui donne l'économie vulgaire — définit précisément ce stade où la marchandise est immédiatement produite comme signe, comme valeur/signe, et les signes (la culture) comme marchandise. »

Cette valeur signe devient plus importante que l'utilité. Ce qui explique qu'il n'y ait pas de limite à la consommation. Celle-ci ne correspond pas à une satisfaction des besoins de l'individu par des objets mais à une pratique totale, un mode de vie, qui touche « tous les registres de l'histoire, de la communication et de la culture ». Chapin (1935) apparaît comme un précurseur des méthodes dites de « milieu de vie » utilisées depuis peu en France (Démoscopie). Il proposait de définir le statut social d'un individu ou d'une famille en examinant « ses biens culturels, ses revenus effectifs, ses biens matériels et sa participation sociale ». Dans ses travaux, il apparaît qu'un examen scrupuleux du living-room de la famille suffit à prédire les autres variables. De fait, il a proposé de répertorier une trentaine d'items présents ou absents du living-room et trois notes d'appréciation globale (propreté, ordre, entretien) pour juger du niveau socio-économique. Il est vrai que cette technique est particulièrement efficace dans une économie de pénurie relative, plus délicat dans une société où la multiplicité des modèles d'un même objet délimite avec plus de précision les frontières entre les milieux sociaux que la quantité d'objets possédés.

Comme l'affirme Roland Barthes (1964) : « Cette sémantisation (des objets) est fatale : dès qu'il y a société, tout usage est converti en signe de cet usage. » Umberto Eco (1972) a parfaitement illustré la rhétorique des objets dans un autre domaine, celui de l'architecture : « Les objets d'architecture n'ont pas été conçus pour communiquer mais pour fonctionner [...] Toutefois nous jouissons de l'architecture comme d'un fait de communication. »

Il existe différents niveaux de communication des objets : le signal, la dénotation ou les connotations.

— **Signal :** il s'agit du concept clé des sémioticiens. Un briquet est un moyen portable et pratique pour faire du feu. Il n'y a pas ici d'arbitraire du signe au sens linguistique (Mounin, 1986).

— **Dénotation :** association arbitraire d'un signifiant et d'un signifié (signe) dans une société donnée. La dénotation communique la fonction de l'objet sur la base d'un système d'attentes et d'habitudes acquises, donc sur la base d'un code. Le référent est l'ensemble des utilisateurs. Il existe des briquets pour fumeurs de pipe, des briquets jetables, des briquets de luxe.

— **Connotation :** l'objet communique des symboles qui ne sont pas moins utiles que ces dénotations fonctionnelles. Il s'agit de fonctions acquises au cours de l'histoire. Par leurs connotations culturelles (Roland Barthes), les briquets Bic, Dupont ou Zippo, renvoient à des analyses sociologiques et historiques. Par leurs connotations affectives (Péninou, 1971), des briquets dont la couleur ou le décor renvoient à des significations personnelles (souvenirs).

L'actuelle esthétique « postmoderne » répond au modernisme (expression de la fonction par la forme) par un double codage d'expression technique avec un ajout sous une forme ironique, un paradoxe, de l'hyperréalisme, un clin d'œil du présent au passé (reprise d'emballages métalliques d'avant-guerre, automobiles en séries limitées, répétition à l'infini des productions Walt Disney). La publicité postmoderne génère des émotions incommensurables avec les objectifs publicitaires (Benetton représente un nouveau-né ou un agonisant malade du SIDA) : le message ne signifie plus rien de la fonction (Van Raaij, 1993).

Baudrillard décrit divers codes :

— le code des couleurs (le chaud et le froid), des matériaux : le meuble ciré des classes aisées suppose des domestiques et le vernis fragile des catégories moins riches meuble les salles à manger d'apparat dans lesquelles on ne mange que les jours de fête ;

— la syntaxe (rapprochements, contradictions) : le style et l'originalité. L'emballage du cassoulet « naturel », cher est beige avec une écriture à la main alors que celui du cassoulet ordinaire est illustré par une appétissante photo. L'homogénéité des styles anciens, Louis XV ou rustique ou Louis XV rustique, s'oppose aux contrastes des milieux artistiques où l'on installera un tableau contemporain dans du mobilier ancien ou l'inverse ;

— la rhétorique : la redondance du pot et du cache-pot, du rideau et du double rideau, de la collection éphémère (celle des enfants), peu coûteuse (capsules de bouteilles, cartes de téléphone), d'investissement (les tableaux que l'on conserve dans un coffre en banque), jusqu'à la folie du collectionneur qui se ruine pour l'éternelle pièce manquante à sa collection.

• La mode

L'effet de mode n'existe que dans les sociétés où il y a de la mobilité sociale ; des sociétés dans lesquelles une catégorie d'objets n'est pas assignée à une classe sociale contrairement au système des castes en Inde. Je montre ma position ou mes aspirations sociales dans le groupe ou hors du groupe, au-dessus, ailleurs, au moyen de la mode. Le colonisé utilise les signes du colonisateur (le toit de tôle ondulée). Les adolescents copient la mode des vedettes du sport. Les adultes se passionnent pour le dernier gadget. Il y a des modes à cycle court (les jeux dans la cour de récréation) et des modes à cycle long (l'architecture, le mobilier). Roland Barthes (1967), dans son ouvrage sur le système de la mode a exposé avec de nombreux détails le langage de la mode. Actuellement la mode culturelle, celle des collections des grands couturiers, a moins d'impact que la mode des marques, celle des baskets.

• La complexité

La notion de complexité renvoie à une propriété d'un univers qui comprend autant de facettes que l'individu découvre de nouveaux points de vue. Les objets sont dotés d'une complexité fonctionnelle et d'une complexité structurelle. La complexité fonctionnelle est liée à la multiplicité des usages qu'un individu peut faire d'un objet. La complexité structurelle résulte du nombre et de la variété des éléments constitutifs de l'objet. Il existe donc des objets simples structurellement et complexes fonctionnellement (un jeu de cartes, un violon), d'autres sont simples fonctionnellement et structurellement complexes (une montre, un téléviseur), d'autres sont complexes dans les deux dimensions (un ordinateur). La complexité fonctionnelle transparaît dans l'organisation du logement, la complexité structurelle dans celle de l'usine de fabrication de l'objet. L'organisation des objets dans un supermarché correspond à l'interface du monde de la fabrication et de celui de la consommation : il s'agit de la complexité de l'assortiment pour le vendeur et de celle du besoin pour le consommateur (Moles, 1969).

*La mesure des significations connotées*

Nous allons rapidement examiner deux techniques de mesure des connotations : le différenciateur sémantique d'Osgood et la grille de Kelly.

Le différenciateur sémantique d'Osgood *et al.* (1957) est un outil qui a beaucoup été utilisé — il est à présent passé de mode — pour évaluer les connotations affectives de nombreux objets économiques ou environnementaux. À partir d'environ un millier d'études, Osgood a déterminé que l'espace sémantique est défini par trois dimensions de significations affectives communes à diverses cultures : l'évaluation (bon - mauvais), la puissance (puissant - faible) et l'activité (actif - passif). Ces trois dimensions ont été repérées à partir de très nombreuses échelles bipolaires à l'extrémité desquelles se trouvent deux adjectifs opposés. Afin de connaître les connotations d'un objet pour un individu ou un ensemble de personnes, on demandera aux sujets de le placer sur les 3 échelles en 7 points qui vont de – 3 à + 3.

D'autres auteurs comme Russell *et al.* (1981), proposent une liste de 105 adjectifs affectifs à 323 personnes qui ont codé l'environnement dans lequel ils se trouvaient (soit 323 sites différents) selon que cet adjectif était très approprié (code 8) à très inapproprié (code 1). Ils obtiennent deux dimensions bipolaires et indépendantes de signification : le plaisir et l'éveil. On voit que ces deux échelles peuvent rejoindre les deux premières dimensions d'Osgood *et al.* : évaluation et activité. En présentant plusieurs échelles, on peut mesurer le score de tout objet sur chacune d'entre elles. Ces différenciateurs sémantiques servent aussi à comparer les connotations de terminologies, de slogans ou d'images publicitaires.

Dans sa théorie des « construits personnels », Kelly (1955) présente une méthode très efficace pour explorer les systèmes individuels d'attitudes et de représentations. Il estime que chaque individu a une façon bien particulière d'organiser ses connaissances à partir de son expérience passée et de ses anticipations concernant le futur. Sa théorie suppose que le sujet définit sa conception de l'univers, des événements, de la réalité à partir de concepts bipolaires qu'il appelle des « construits ». Ces concepts sont organisés au sein d'une structure hiérarchique qui place au centre les construits les plus fondamentaux, ceux qui s'appliquent à la plus large palette de situations et d'événements. Ceux-ci sont moins susceptibles de changement que des construits plus périphériques (*cf.* noyau figuratif).

Après un stage, on veut vérifier si l'image d'un « bon dirigeant d'entreprise » a évolué chez les stagiaires. Pour cela on constitue un répertoire d'éléments qui sont chacun représentés par une carte. Les éléments peuvent prendre des formes variées, mais l'essentiel est qu'ils soient formellement comparables.

Dans notre exemple, les éléments sont tirés des consignes données aux stagiaires pendant leur formation. Ces éléments forment les colonnes de la grille. Les cartes sont présentées au sujet par trois. On lui demande d'en choisir deux parmi elles qui se ressemblent le plus par rapport à la troisième pour caractériser « le bon dirigeant d'entreprise ». La dimension bipolaire explicitée pour opposer deux éléments au troisième est un construit, par exemple dynamique/statique, beaucoup de contacts humains/peu de contacts humains, centré sur l'organisation/sur la technique, etc. La qualité citée (pôle émergent) est située à droite des colonnes et son opposé sur la même ligne à gauche. Puis tous les autres éléments sont présentés par triade jusqu'à ce qu'il n'y ait plus de nouveau construit énoncé. Le sujet a ainsi explicité sa grille de lecture du monde. Le plus souvent la méthode s'arrête à ce stade qualitatif. Dans certains cas les construits peuvent être transformés en échelles de type Likert sur lesquelles les éléments seront évalués de façon à obtenir des données quantitatives permettant d'analyser la structure hiérarchique des construits (par une analyse factorielle). Notons que la méthode peut aussi être appliquée à un groupe qui devra trouver un consensus pour fabriquer la grille.

## 8.4. L'ATTRIBUTION CAUSALE

Dans le processus d'attribution le sujet dépasse la perception de l'environnement, des phénomènes qui l'entourent, des conduites d'autrui, pour les expliquer et les comprendre. Les théories de l'attribution traitent de la perception des causes et des effets de cette perception sur la conduite du sujet.

### *L'évolution des modèles*

Les travaux sur l'attribution causale oscillent entre la psychologie sociale, la psychologie différentielle et la psychologie cognitive. Sous l'influence de Heider (1958), les chercheurs étudient les causes que les personnes attribuent aux conduites et aux événements comme un aspect de leurs représentations. La notion de lieu de contrôle (*locus of control*) a transformé en trait de personnalité, une tendance à percevoir certaines causes plutôt que d'autres. Enfin Kelley (1967) a analysé l'attribution causale comme un processus cognitif de traitement d'information.

C'est encore à Heider (1958) que l'on doit les prémisses de ces théories. Il fut un des premiers à supposer que les individus considèrent leur environnement physique et social comme prédictif et donc que les conduites sont contrôlables. Les personnes appliquent la même logique aux événements physiques et aux événements sociaux, donc elles recherchent les conditions nécessaires et suffisantes pour que tel ou tel événement ait lieu. En fait, elles croient au déterminisme. Les conditions qui déterminent les conduites peuvent être considérées comme extérieures aux individus ou au contraire internes. Il s'agira alors de capacités ou de traits de personnalité. Dans la théorie de Heider, les personnes auront tendance à expliquer les conduites des autres par des caractéristiques internes dès lors qu'ils ne trouvent pas de causes extérieures clairement repérables. Comme dans les situations complexes, ces causes externes sont justement difficiles à appréhender, les sujets vont inférer, à travers diverses conduites, des caractéristiques psychologiques stables, des traits de personnalité. Nous avons donc affaire à l'élaboration d'une psychologie naïve.

Dans une étude sur la pauvreté en Grande-Bretagne, Adrian Furnham (1982) propose 15 explications à 200 sujets d'opinions politiques différentes (conservateurs, travaillistes et libéraux). Les sujets doivent donner leur accord sur une échelle en 7 points. Les auteurs constatent que les avis divergent sur 11 affirmations. Les conservateurs mettent en avant des explications internes : « les pauvres ne savent pas gérer leur argent », « ils sont paresseux », « ils n'essaient pas d'améliorer leur situation », « ils sont alcooliques et sans moralité ». Les travaillistes accordent davantage d'importance aux causes externes : « les salaires sont bas », « la société n'a pas su donner de bonnes écoles », « il n'existe pas assez d'emplois non qualifiés », « les avantages vont aux riches », « les syndicats sont incapables ». Les libéraux se distinguent par deux assertions : « il existe des préjugés et des discriminations à l'égard des pauvres gens », « les impôts sont trop lourds ». On remarque qu'il n'existe aucune différence entre les trois groupes en ce qui concerne quatre autres explications fatalistes : « les pauvres n'ont que peu de compétences », « ils ont plus souvent des maladies ou des handicaps physiques », « ils n'ont pas de chance », « ils manquent d'intelligence ». Une analyse factorielle des réponses permet de retrouver la classification des explications en plutôt internes ou plutôt externes sauf en ce qui concerne : les bas salaires, la maladie et les handicaps physiques et l'immoralité et l'alcoolisme qui ne sont pas classables. Autrement dit, le modèle de Heider fonctionne comme si les sujets opéraient une sorte d'analyse factorielle intuitive et que l'appartenance à un groupe (ici une idéologie politique) discrimine fortement les attributions de causalité.

### *Le lieu de contrôle*

Cette expression qui est une traduction imparfaite du terme *locus of control* désigne un trait de personnalité mis en évidence par l'échelle de Rotter (1966). À une extrémité elle fait apparaître les individus qui attribuent les renforcements, c'est-à-dire le succès ou l'échec, à leurs propres comportements (locus interne) et à l'autre extrémité ceux qui considèrent ces mêmes renforcements comme dus à des forces externes qui échappent à leur contrôle (locus externe). Les apprentissages ne seraient possibles que chez les sujets à locus interne, qui attribuent leurs succès ou leurs échecs à leur propre action et non à l'action des autres ou au hasard. Les sujets à locus interne auront plus de difficulté à acquérir des connaissances sur leur environnement et à le contrôler. Par exemple ils essaieront d'obtenir une promotion en mettant en avant leurs efforts et qualités personnelles, en participant aux actions qualité, etc., quand les sujets à locus externe, s'en remettront aux négociations syndicales ou au « piston ».

En combinant les conceptions de Rotter et celles d'Heider, on obtient quatre grands types de causes attribuées au succès ou à l'échec :

(1) L'effort, un facteur interne et instable.

(2) Les compétences, l'intelligence, des facteurs internes stables.

(3) La chance, un facteur externe et instable.

(4) La simplicité ou la difficulté de la tâche, un facteur externe stable.

Par exemple, la réussite d'un chef d'entreprise peut être attribuée à son travail acharné (1), à son sens des affaires (2), au fait que son produit est arrivé au bon moment sur le marché (3), ou au fait qu'il n'avait pas de concurrent (4).

Kelley (1967) considère la recherche des causes des phénomènes comme une motivation importante de la cognition sociale. Pour comprendre le monde le sujet naïf se crée son propre système de statistiques en repérant les covariations à travers le temps. La convergence de plusieurs «témoignages» sur le même phénomène à partir de différents points de vue peut tenir lieu d'objectivité. Kelley expose quatre critères utilisés par les sujets dans les processus d'attribution :

(1) La «distinctivité» : un effet est attribué à une «cause» quand il n'apparaît que quand cette «cause» est présente et qu'il n'apparaît pas quand elle est absente. Le sujet fait le constat d'une co-occurrence.

(2) La constance dans le temps : chaque fois que la «cause» est présente, l'effet se produit.

(3) La constance selon les modalités : on peut observer l'effet sous diverses formes.

(4) Le consensus : beaucoup d'observateurs perçoivent le même effet.

Bien évidemment, comme tous les processus cognitifs, l'attribution de la causalité est entachée de biais :

— biais d'autoconfirmation (*Self-serving bias*) : la personne préfère s'attribuer l'origine de ses actions louables et attribuer l'origine de ses actions négatives à des facteurs externes ou situationnels. Par exemple, un négociant considérera qu'il a réussi une affaire grâce à ses compétences et que s'il l'a manquée, il n'a pas eu de chance ou que son informateur n'était pas bon;

— le faux consensus : il s'agit de la tendance à penser que ses propres attitudes ou conceptions sont partagées par les autres. Une personne qui est pour le développement d'installations nucléaires estimera que la plupart des gens sont de son avis;

— la divergence entre l'acteur et l'observateur : les acteurs ont tendance à attribuer leurs actions à des facteurs extérieurs alors que l'observateur y voit plutôt l'effet de dispositions ou de traits de personnalité de l'acteur. On note que les personnes qui ont pris une décision autoritaire ont le sentiment d'avoir subi de nombreuses contraintes extérieures alors que les observateurs attribueront leur action à leur volonté de puissance;

— les observateurs tendent à sous-estimer l'impact des facteurs situationnels et à surestimer l'importance des dispositions internes. Cette tendance est souvent désignée dans la littérature comme « l'erreur fondamentale de l'attribution ». Il s'agit en fait d'un biais semblable aux autres.

### *L'attribution et les variables de personnalité*

Il est intéressant de mettre en relation les phénomènes d'attribution avec certains traits de personnalité comme le besoin d'accomplissement de McClelland ou avec des états affectifs qui leur sont consécutifs comme la résignation acquise (Seligman, 1975).

- Le besoin d'accomplissement personnel

Les personnes qui ont un niveau élevé de motivation d'accomplissement personnel et un fort désir de réussite auront tendance comme les autres personnes à attribuer leur succès à leurs capacités et à leurs efforts, toutefois contrairement au comportement général, elles persisteront dans la tendance à rechercher des causes internes même en situation d'échec. Elles auront tendance à expliquer leurs échecs par leur incompétence ou par des efforts insuffisants plutôt que par la difficulté de la tâche.

- La résignation acquise

L'échec conduit parfois aussi au sentiment d'impuissance ou résignation acquise (*learned helplessness*). L'incapacité de pouvoir répondre efficacement à une situation peut correspondre à une attente acquise que toutes les réponses sont inefficaces, autrement dit rien ne sert à rien, il n'y a rien à attendre d'une quelconque action de sa part. La causalité interne disparaît des processus d'attribution pour faire place à des causes externes ou aléatoires. Le sentiment d'impuissance et la résignation sont des symptômes de la dépression.

Nous avons mentionné que les hypothèses de Moscovici impliquaient que les groupes sociaux généraient des représentations sociales et que celles-ci servaient aux objectifs de ces mêmes groupes. Plusieurs questions se posent à ce sujet : Comment peut-on expliquer que les représentations sociales soient communes aux membres d'un même groupe social? Peut-on prédire la structure interne de la représentation sociale à partir des caractéristiques du groupe?

Les processus à l'origine de la construction de représentations communes sont les suivants :

— les individus appartenant au même groupe ont de grandes similitudes dans leur mode de vie. On peut penser que leurs représentations se font sur les mêmes objets;

— comme, par leur appartenance au même groupe, ils occupent des positions similaires dans la structure sociale, leurs élaborations mentales se font de manière parallèle;

— on peut aussi penser à une harmonisation due aux relations à l'intérieur du groupe (communication verbale, organisation, hiérarchie). La communication joue un rôle fondamental dans la constitution des représentations sociales : la communication d'influence interpersonnelle est instrument générateur de normes sociales. Composante nécessaire à l'organisation sociale, la communication sert aussi à cimenter le groupe et à créer des institutions. Enfin la communication sert aussi à l'individu pour s'exprimer et exprimer ses valeurs.

D'après Glynis Breakwell (1993), les formes que vont prendre les représentations sociales au sein d'un groupe dépendent de l'identité sociale du groupe, « cette part du concept de soi qui dérive de l'appartenance au groupe et de la valeur que l'on attribue à cette appartenance ».

Les études sur les représentations sociales ont montré que l'âge quand il reflète la durée de l'appartenance au groupe renforce le consensus. Les différences individuelles dans la représentation sociale s'estompent avec l'âge. Nous avons pu montrer (Lassarre, 1991) que la représentation sociale de la santé apparaît dans divers groupes nationaux vers 14 ans, et qu'elle se maintient au-delà.

Les groupes peuvent supporter d'importantes divergences dans les représentations. L'appartenance affecte l'utilisation de la représentation par l'individu. Par exemple, on constate que des jeunes politiquement engagés vont davantage utiliser leurs représentations politiques pour analyser la société que de simples sympathisants exprimant leurs opinions par leur vote.

# 9

# Décisions et choix

À la lecture de certaines définitions de la psychologie économique, les choix et les décisions sont au cœur de son objet. Citons Wärneryd (d'après Albou, 1984) : la psychologie économique est « l'étude scientifique des choix humains lorsque ceux-ci entraînent des conséquences économiques, c'est-à-dire lorsqu'ils impliquent l'utilisation de ressources rares pour satisfaire des besoins ».

Les discussions sur la prise de décision révèlent souvent des oppositions : rationalité contre irrationalité, fonctionnalité contre inadaptation. C'est qu'il existe des modèles normatifs très forts de la prise de décision. Si l'on ne s'y conforme pas, on est dans l'erreur. Toutefois l'analyse des processus décisionnels est rapidement passée de modèles purement mathématiques à des conceptions plus cognitives dans lesquelles les aspects affectifs ne sont pas absents. Rappelons que c'est à l'économiste Herbert Simon (1945) que l'on doit une rupture avec le modèle économique classique pour une approche nuancée impliquant de substituer satisfaction et rationalité limitée à la place d'optimisation et de rationalité. Il s'agit en fait d'une alternative à la rationalité « pure » qui exige une analyse complète des bénéfices et des coûts pour chaque option possible au cours de la décision. C'est la psychologie cognitive qui a permis de découvrir l'heuristique, l'ensemble de ces raccourcis mentaux qui permettent aux sujets de simplifier l'analyse. D'une manière générale, on admet à présent que les individus s'efforcent plus ou moins d'être rationnels mais que bien souvent ils n'y parviennent pas.

## 9.1. LA DÉCISION RATIONNELLE

On peut rappeler brièvement que le modèle de l'*homo oeconomicus* prend des décisions dans des situations à risques; certaines de ces décisions peuvent lui être avantageuses, mais d'autres ne le sont pas ou peuvent même lui être nuisibles. Par ailleurs, il est en situation d'incertitude, c'est-à-dire qu'il ne sait pas quel est le bon choix. Dans cette situation courante, ses décisions procèdent de trois principes (Sfez, 1984) :

— la linéarité : entre le projet, le désir et sa satisfaction, il n'y a qu'un chemin possible rectiligne qui passe d'abord par la délibération puis par la décision. Le modèle est très simple sans rétroaction;

projet ⟶ délibération ⟶ décision ⟶ satisfaction

— la rationalité : la décision obéit aux règles de la causalité formelle. La cause nécessairement antérieure à la conséquence. Il ne peut pas y avoir de cause finale comme dans le modèle homéostatique;

— la liberté : le pouvoir de décider n'appartient qu'à l'individu. Cette conception de la liberté est caractéristique des religions judéo-chrétiennes.

Le sujet libre va donc peser le «pour» (les bénéfices) et le «contre» (les coûts) de chacune des éventualités et choisir celle qui maximise l'utilité (meilleur rapport bénéfices/coûts). C'est le modèle de la décision optimale en situation d'incertitude ou de risque.

Prenons un exemple simple : un individu peut acheter un billet de loterie qui offre une chance sur 1 000 de gagner 500 FF. Le prix normal d'un tel billet devrait être calculé à partir de la probabilité de gagner. Dans ce cas, elle est de 50 centimes (1/1 000 × 500 FF). Toutefois beaucoup de gens accepteront de payer le billet de loterie plus cher (10 FF par exemple) car ils ne raisonnent pas en fonction de la probabilité statistique mais plutôt en fonction d'une probabilité subjective de gagner. La probabilité subjective est la façon dont le sujet se représente la probabilité d'apparition d'un phénomène. Cette probabilité dépend de l'information disponible tout comme des expériences passées et des intuitions. De fait le terme d'utilité renvoie à la valeur subjective d'une option dotée d'une probabilité subjective : elle inclut la valeur monétaire et aussi des valeurs intangibles comme le plaisir, la peine ou le bien-être subjectif.

### *Le modèle de l'utilité subjective attendue*

C'est à Ramsey (1926) que l'on doit la première tentative d'élaboration d'un modèle décisionnel rationnel. Le sujet doit d'abord faire la liste de toutes les options possibles. Pour chaque option, il énumère les conséquences positives (bénéfices) et les conséquences négatives (coûts) et il évalue leur degré d'attraction (utilité) ou de répulsion (désutilité). Puis il établit la probabilité d'occurrence de chaque conséquence. Si, pour chaque conséquence, on multiplie l'utilité ou la désutilité (u) par la probabilité d'occurrence (Ps), on obtient l'utilité «expectée», attendue de chaque conséquence. L'utilité subjective attendue (Usa) globale de chaque option sera la somme des utilités attendues de ses différentes conséquences. Le sujet pourra donc choisir la meilleure des options.

$$\text{Usa} = \text{Somme de Ps (i)} \times \text{u (i)}$$

On appelle généralement ce modèle la théorie normative ou prescriptive pour indiquer que c'est ainsi que les décisions devraient être prises. Toutefois cette simulation se heurte à de nombreuses difficultés dans la réalité. La plupart des décisions intègrent trop d'options et d'informations sur les conséquences des options pour pouvoir être traitées mentalement. Par ailleurs, la pondération des conséquences (utilité) est très délicate, beaucoup de personnes se trouvant dans l'incapacité de le faire. De même, de nombreuses personnes ont de grandes difficultés à raisonner en termes de probabilités même «subjectives». Face à ces difficultés de nombreux auteurs ont abandonné le modèle normatif pour étudier la façon dont les décisions sont réellement prises.

### *Les études descriptives*

Kahneman et Tversky (1979) ont proposé deux hypothèses pour une nouvelle théorie prospective de la décision en situation risquée :

— les décisions ne sont pas prises en fonction de la désirabilité des conséquences en tant que telles, mais en fonction d'un certain nombre de points de référence, comme la situation présente. En d'autres termes, il ne s'agit pas de gains et de pertes absolus, mais de gains et de pertes relatifs à la situation actuelle du sujet;

— les gains et les pertes attendus influencent la décision non pas en fonction de leur probabilité subjective, mais selon une pondération reflétant l'importance relative attribuée à cette probabilité.

Donc la valeur (V) de chaque option est la somme des produits de son utilité relative (v) par le poids (ap) attaché à sa probabilité.

$$\text{V} = \text{Somme de ap (i)} \times \text{v (i)}$$

Le poids (ap) de la probabilité subjective d'une conséquence d'un choix n'a pas de définition théorique. Kahneman et Tversky ont tenté de le repérer empiriquement. De leurs études, il ressort que les faibles probabilités sont surestimées et que les fortes probabilités sont sous-estimées. Toutefois, il apparaît que les personnes tendent à ignorer les probabilités extrêmement basses et à considérer les probabilités extrêmement hautes comme certaines.

Les gains possibles et les pertes possibles ne sont pas pondérés de la même façon. Chaque unité ajoutée à un gain escompté perd de sa valeur. Autrement dit, plus on gagne et moins cela a d'importance. Cette attitude dispose à l'évitement du risque. Enfin chaque unité ajoutée à une perte potentielle a moins d'impact que la précédente. Plus on perd et moins cela a d'importance.

Mais les pertes décroissent beaucoup plus vite que les gains ne montent : l'idée de perdre 200 FF est beaucoup plus négative que celle de gagner 200 FF est positive.

Les auteurs obtiennent une courbe en S non symétrique qu'ils appellent « fonction de valeur ». Elle est concave dans le domaine des gains et convexe dans le domaine des pertes et sa pente est beaucoup plus raide pour les pertes que pour les gains.

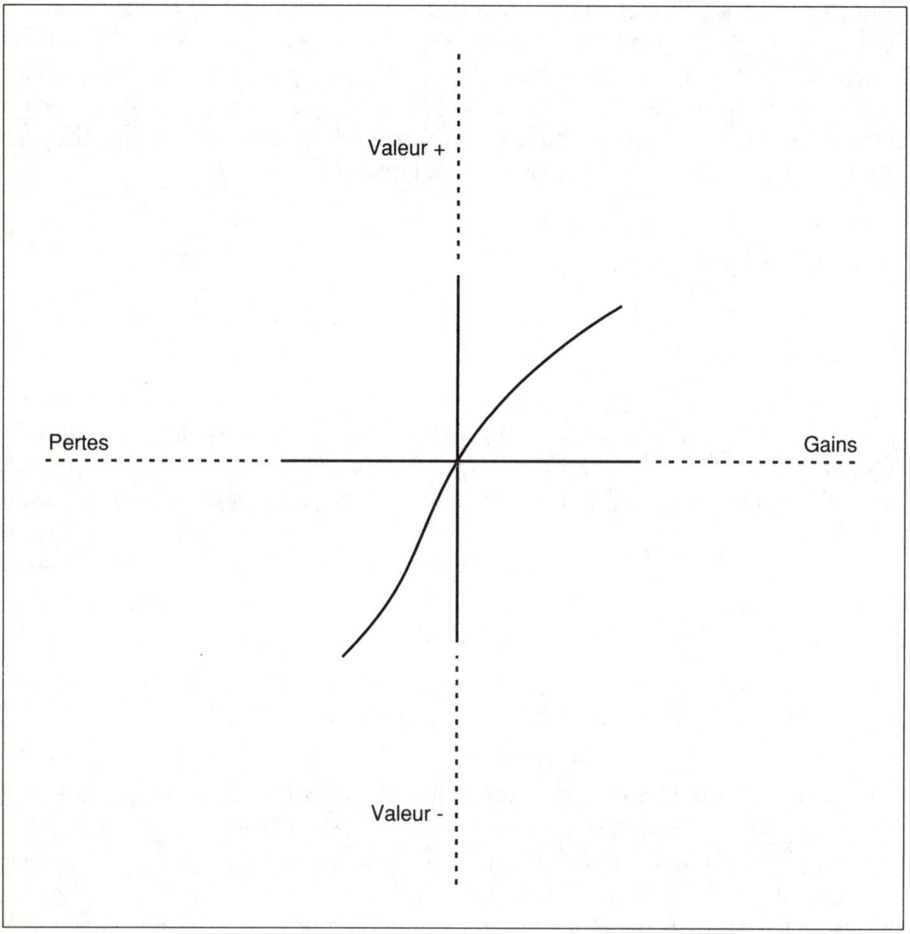


*Fig.* **9**.*1*. — *La fonction de valeur* (Kahneman et Tversky, 1984).

On trouve des résultats paradoxaux selon que l'on présente un problème en termes de gains ou en termes de pertes. Par exemple, on propose une action médicale sur une population de 600 personnes menacées par une épidémie. La première présentation est la suivante : « si on adopte le programme A, 200 personnes seront sauvées. Si on choisit le programme B il y a une probabilité d'un tiers que 600 personnes soient sauvées et de deux tiers de ne sauver personne ». 72 % des sujets choisissent le programme A. La seconde présentation est la suivante : « si le programme C est adopté, 400 personnes vont mourir. Si le programme D est adopté, il y a une probabilité d'un tiers que personne ne meure et de deux tiers que les 600 personnes meurent ». Avec cette information 78 % des sujets choisissent le programme D.

Les travaux de Kahneman et Tversky portent aussi sur la façon dont les individus sélectionnent les options. Ils le font de manière à simplifier les choix. Ils codent ces options en fonction d'un point de référence, ils les regroupent ou ils les subdivisent, ils annulent des conséquences communes à toutes les options, ils en simplifient les conséquences (par exemple en arrondissant les résultats quantitatifs) et ils recherchent des dominantes (par exemple en écartant certaines options sans analyse des conséquences).

### *Les « heuristiques » et les biais*

L'étude des biais et des raccourcis de raisonnement est précieuse pour révéler les processus cognitifs. Elle peut aussi permettre d'améliorer la qualité des décisions. Comment les individus évaluent-ils les probabilités?

Nous avons vu que l'incertitude dans laquelle se trouvent les sujets est le plus souvent exprimée en termes de probabilités.

La réponse à l'incertitude est définie comme une « expectation », l'utilité attendue d'un certain nombre de résultats. On la trouve chez Ajzen et Fishbein (1973) ou, comme nous le verrons plus loin, dans la théorie de l'apprentissage social (Rotter, 1954). Ainsi la motivation à entreprendre une action particulière dépendrait des attentes de l'individu et de l'attraction des résultats attendus.

Le système des probabilités « naïves » des sujets est entaché d'erreurs qu'on a pu repérer par des études en laboratoire.

- La disponibilité

Un événement sera jugé plus probable si on peut aisément se l'imaginer. C'est la raison pour laquelle les catastrophes heureusement rares que l'on peut voir à la télévision sont surestimées en termes de probabilités, alors que les effets cumulatifs et invisibles de certaines pollutions seront jugés sans importance. Les crimes sont surestimés par rapport au nombre de décès par le diabète, etc. À l'opposé, les feuilletons suggèrent au public américain qu'une large partie de sa population possède une piscine ou un téléphone dans sa voiture. L'équipement de ces biens est en effet surestimé dans les enquêtes.

• La réprésentativité

La probabilité qu'un objet appartienne à une classe particulière dépend de sa représentativité ou de sa prototypicalité pour le sujet. Bien souvent une séquence tirée au hasard ne correspond pas à l'idée qu'un sujet se fait du hasard : par exemple la succession de piles (P) ou faces (F) FFPFPPFP a l'air «plus probable» que FFFFPPPP. De la même façon, les individus ne tiennent pas compte de la taille des effectifs : un grand hôpital se voit attribuer plus de chances d'avoir un taux de 50 % de naissances de filles (ou de garçons) qu'un petit.

• La conjonction d'événements

Les sujets ont tendance à surestimer la conjonction de deux événements alors que celle-ci est égale au produit des deux probabilités et que ce produit est forcément inférieur à chacune des deux probabilités séparées. Un exemple emprunté à Kahneman et Tversky (1982) : Linda a trente ans. Elle est célibataire, extravertie et très brillante. Elle est diplômée de philosophie. Quand elle était étudiante elle a participé à des manifestations antinucléaires. On demande aux sujets de classer les affirmations suivantes selon leur probabilité :

a) Linda est engagée dans un mouvement féministe;

b) Linda est employée de banque;

c) Linda est employée de banque et engagée dans un mouvement féministe.

Ces trois propositions sont mêlées à cinq autres items neutres destinés à camoufler l'objet de l'étude. Pour les sujets, l'item le plus probable est (a), le moins probable est (b) et l'item (c) est toujours classé entre les deux alors qu'il devrait avoir une probabilité inférieure à (b).

Alors qu'on constate que les personnes utilisent divers biais et simplifications dans le domaine des probabilités, leurs décisions sont en quelque sorte «informelles», cependant il n'est pas sûr qu'elles soient inadaptées. En effet, dans la plupart des situations, l'individu ne dispose pas de suffisamment de temps pour être rationnel. En particulier, il lui est très difficile d'examiner les différentes options une à une. Les informations lui parviennent de façon continue, redondante. De plus il reçoit des *feed-back* très rapidement après ses analyses et bien avant de commencer l'examen d'une nouvelle option. En réalité, il est très difficile de simuler les processus décisionnels tels qu'ils se déroulent sur le terrain.

*L'optimisation et l'amélioration*

Aussi certains chercheurs se sont-ils astreints à observer les décisions telles qu'elles sont prises dans leur cadre naturel. Dans la lignée de Simon (1945), Janis et Mann (1977) opposent les modèles d'optimisation et d'amélioration.

Le premier est essentiellement cognitif, il suppose une liste d'exigences, un grand nombre de possibilités seront examinées systématiquement par comparaison par paires. La décision reposera sur une addition pondérée des avantages et des inconvénients de chaque possibilité. Simon a souligné que les décideurs cherchent certes à maximiser l'utilité mais qu'ils sont contraints par l'information à leur disposition et par leur capacité de traitement de cette information à se contenter d'une utilité satisfaisante par rapport à leur objectif.

Le modèle d'amélioration conduit à un processus plus rapide et moins coûteux. Le sujet énumère quelques exigences fondamentales (exemple : la surface, le nombre de pièces, l'exposition et le prix d'un logement). Les possibilités sont examinées dans l'ordre où elles se présentent ; elles sont conservées ou rejetées en fonction de critères d'exclusion ou d'élimination trait par trait en référence avec les exigences de départ. Ce traitement de l'information va induire un état psychologique plus ou moins propice à la décision. On retrouve la notion de stress. En effet, prendre une décision est un acte difficile qui souvent induit une situation de stress. Janis et Mann distinguent différentes étapes dans le processus décisionnel. La phase d'information correspond à un certain nombre de questions que le sujet se pose successivement.

*Tableau 9.1. — Les questions décisionnelles* (Janis et Mann, 1980).

| Informations sur : | Questions sur : | État psychologique |
|---|---|---|
| Une éventualité<br>Le manque à gagner si je ne la choisis pas | Q. 1. Y a-t-il des risques si je ne la choisis pas?<br>—— non ——►<br>oui | STABILITÉ SANS CONFLIT |
| Ce que je perds en la choisissant | Q. 2. Y a-t-il des risques si je la choisis?<br>—— non ——►<br>oui | CHANGEMENT SANS CONFLIT |
| Les autres possibilités | Q. 3. Est-il réaliste d'espérer une meilleure solution?<br>—— non ——►<br>oui | ÉVITEMENT DÉFENSIF |
| Les échéances | Q. 4. Ai-je assez de temps pour continuer à chercher?<br>non ►<br>oui<br>——————► | HYPERVIGILANCE<br><br>VIGILANCE |

On notera que les auteurs placent l'information en amont des questions posées. Des réponses aux questions résulte un état psychologique plus ou moins propice à une bonne prise de décision. Le temps n'intervient que pour distinguer l'état de « vigilance » de conditions moins favorables dont les auteurs ne précisent pas les limites temporelles.

Janis et Mann définissent sept critères de la qualité de la décision :

I. La prospection des alternatives à chaque éventualité qui se présente.

II. La prospection des objectifs.

III. Une évaluation précise des conséquences du choix.

IV. L'organisation de la recherche d'informations.

V. L'assimilation des nouvelles informations.

VI. La réévaluation des conséquences.

VII. Une certaine planification des imprévus.

La stabilité sans conflit est un état dans lequel le sujet ne prospecte pas au-delà de la première éventualité après assimilation des informations la concernant.

Il en va de même dans le changement sans conflit si ce n'est que le sujet a dû évaluer plus ou moins précisément les conséquences de cette éventualité pour la choisir. Dans ces deux premiers cas, le niveau de stress est bas.

L'évitement défensif est négatif à tous les points de vue car le sujet est bloqué dans ces espérances d'amélioration de sa situation ; il évite donc les informations nouvelles par absence de recherche, distorsion des informations reçues, inattention sélective, oubli et construction de « rationalisations ». Il se protège du stress possible.

L'état d'hypervigilance conduit à une recherche effrénée d'informations dans un temps très court et à une décision très rapide ; le sujet sait qu'il y a d'autres possibles, mais il n'a pas le temps de les prospecter ; le stress est maximum. Cet état de stress n'est pas propice à l'examen rationnel des diverses options.

En situation de vigilance, le sujet peut prendre le temps d'examiner de nombreuses éventualités ; ce qui correspond à un état de stress moyen. Quand le stress est modéré, l'esprit est ouvert et sensible à de nouvelles informations, l'acuité d'analyse est grande.

On voit qu'une « bonne décision » du point de vue de la qualité du processus ne peut être prise qu'avec un certain niveau de stress. Prenons le cas du logement.

— **Stabilité sans conflit :** on me propose une éventualité mais mon logement me convient parfaitement.

— **Changement sans conflit :** mon ancien logement ne me satisfait plus et on me propose une affaire. Je la prends sans rechercher d'autres éventualités.

— **L'évitement défensif :** situation pénible dans laquelle mon logement est insatisfaisant mais je n'ai pas les moyens de trouver mieux. J'évite de me laisser tenter.

— **Hypervigilance :** j'ai trouvé un emploi dans une autre région ; je n'ai pas le temps de chercher et je prends le premier logement correct.

— **Vigilance :** je suis dans le cas le plus proche d'*homo oeconomicus* car j'ai le temps de peser les avantages et les coûts de nombreuses éventualités.

La qualité du processus décisionnel aura un effet sur la satisfaction et les regrets ultérieurs, ce que Janis et Mann appellent le conflit postdécisionnel.

## 9.2. LES DÉCISIONS DE GROUPE

Dans leurs tentatives d'approche de la rationalité, les décisions impliquant des groupes devraient être meilleures que les décisions individuelles. Toutefois, elles sont aussi sujettes à des distorsions et c'est ce qu'avaient remarqué March et Simon (1958) en étudiant les organisations. Les travaux sur les petits groupes expérimentaux ou sur les organisations sont nombreux et faciles d'accès dans la littérature. C'est la raison pour laquelle nous présenterons ici quelques travaux plus rares sur les décisions familiales.

Plusieurs personnes pour examiner les diverses options, plusieurs avis pour pondérer les probabilités d'occurrence des résultats escomptés constituent un avantage dans la quête de la rationalité. Mais il existe au sein des groupes une forte pression au consensus qui peut entraîner une mauvaise prise de décision uniquement pour mettre fin aux conflits internes. Janis (1982) appelle ce phénomène la « pensée de groupe « (*groupthink*). Il a étudié de nombreuses décisions politiques, dont l'invasion de la Baie des Cochons et l'affaire du Watergate. La pensée de groupe est accompagnée d'un certain nombre de symptômes : le sentiment d'invulnérabilité du groupe, la croyance en sa moralité inhérente, l'illusion d'unanimité, l'autocensure dès qu'un conflit menace. Il en résulte de nombreux raccourcis dans la prise de décision :

— une recherche incomplète des diverses options possibles ;

— une recherche incomplète d'information sur ces options ;

— l'incapacité de refaire l'évaluation des alternatives rejetées.

D'une manière générale, le groupe est trop sûr de lui et ses décisions ne sont pas toujours bonnes.

Les processus de décision collective sont extrêmement complexes : les membres du groupe ne se comportent ni comme des « statisticiens » qui systématiquement établiraient une norme consensuelle, ni comme des « suiveurs » qui se plieraient aux avis des plus puissants. Ils adoptent parfois des positions risquées, radicales ou novatrices (Doise et Moscovici, 1973).

### *La négociation*

Les décisions qui ont lieu dans les entreprises sont pour la plupart le résultat de négociations. Elles sont largement contraintes par la structure hiérarchique de l'entreprise. Certaines informations indispensables à la décision peuvent être occultées volontairement ou non à différents niveaux de la hiérarchie. Lech Walesa dans son livre sur les chantiers navals de Gdansk ne déclarait-il pas que le nombre de bateaux sortis de l'usine correspondait toujours aux chiffres annoncés dans le plan sans que personne ne sache exactement ce qu'il en était en réalité. L'autoritarisme du décideur peut aussi cacher des dissensions alors que la plupart des décisions ne sont applicables que si elles reflètent un large consensus.

Les principaux travaux sur la négociation économique ont porté sur l'étude du marchandage dans le négoce d'objets « d'occasion ». Ils transposent directement le modèle de la probabilité subjective à l'interaction entre deux sujets en positions symétriques. Ces travaux ont fait apparaître deux courbes. En effet, les deux partenaires de la négociation n'ont pas les mêmes intérêts. L'une est celle de l'acheteur (courbe D). Elle décrit le prix perçu par l'acheteur en termes de probabilité d'acceptation par le vendeur. La courbe du vendeur (courbe S) décrit la probabilité perçue par le vendeur qu'un certain prix soit acceptable pour l'acheteur. Le croisement des courbes indique le point auquel l'affaire a les plus grandes chances d'être conclue. On sait aussi que les négociateurs ne sont pas au même niveau d'information : le professionnel qu'il soit acheteur ou vendeur connaît en général mieux le marché que le « particulier » (logement, automobile d'occasion).

### *Les décisions familiales*

La famille n'est pas un groupe social comme les autres. Elle est caractérisée par un très haut degré d'interdépendance, de réciprocité, d'identité commune, d'expériences intimes communes et de continuité. Les autres groupes ne possèdent pas cette continuité si ce n'est certaines organisations comme les entreprises. Celles-ci ont d'autres points communs avec les familles, mais leurs membres sont interchangeables alors que la famille est fondée sur la spécificité de chacun.

Les décisions familiales, en particulier en matière de consommation, ont été très peu étudiées si ce n'est sous l'angle de l'influence des différents membres de la famille sur le choix final. Dans ce milieu essentiellement affectif, le jeu interrelationnel intervient davantage dans la décision que la rationalité. Pendant longtemps, on a considéré que les décisions familiales dans le domaine de l'alimentation relevaient de la ménagère. En matière de bricolage ou d'automobile, c'est le chef de famille (sous-entendu masculin) qui comptait. À présent, on estime que les enfants influencent 50 % des décisions familiales sans préciser si les parents sont influencés à cause de l'enfant (de sa présence), pour l'enfant ou par l'enfant. L'opinion commune reflète souvent le caractère conflictuel des décisions familiales qui entraînerait de nombreuses disputes, pourtant la réalité est assez différente.

Une étude en Grande-Bretagne (Pahl, 1989) a permis d'enquêter auprès de 102 couples avec un ou plusieurs enfants. Ces couples étaient interrogés ensemble d'abord puis séparément. Six modes de gestion financière ont émergé de cette analyse.

I. Le mode des gestions indépendantes dans lequel chaque partenaire a sa propre source de revenus qu'il gère en pleine autonomie. Aucun des deux n'a accès à la totalité des fonds du ménage (2 % des familles interrogées).

II. Le mode de la charge totale à la femme : le mari verse la totalité de son salaire à sa compagne, à l'exception de son argent de poche. Elle y ajoute ses gains et dès lors elle se trouve responsable de la totalité des affaires financières du ménage (25 %). C'est un mode fréquent dans les catégories sociales les plus modestes.

III. Le mode de la charge totale à l'homme est le symétrique du mode précédent à ceci près que certaines femmes qui restent à la maison peuvent ne disposer d'aucun argent de poche (10 %). C'est un mode fréquent dans les catégories sociales les plus aisées.

IV. Le mode d'allocation aux dépenses du ménage implique une séparation de domaines de dépenses ménagères. En général le mari donne à sa femme une somme fixe pour les dépenses du ménage qu'elle peut ajouter à ses propres revenus. Il dispose du reste de ses gains pour gérer d'autres aspects de la vie familiale comme le loyer, les assurances, l'épargne, les impôts (13 %).

V. Le mode du « pot commun » total entraîne le partage de la quasi-totalité des revenus. Les deux partenaires pouvant accéder l'un comme l'autre au compte commun (20 %).

VI. Cependant la plupart des pots communs sont soit sous l'influence plus importante de l'homme (15 %), soit sous celle de la femme (15 %).

Cette étude montre que les budgets les plus modestes, les plus délicats à gérer, le sont par des femmes. Cette gestion est considérée par la Banque mondiale comme un atout primordial pour les soins accordés aux enfants, aussi préconise-t-elle une meilleure éducation des femmes dans les pays en développement.

Comment les partenaires d'un couple prennent-ils leurs décisions communes? Il existe des décisions pour lesquelles il y a accord des partenaires dès le départ et qui sont prises sans conflit. Mais, comme la plupart des décisions familiales sont prises quand les personnes sont fatiguées de leur journée de travail ou à peine réveillées le matin, qu'elles ne présentent que très rarement des options claires et que bien souvent les couples doivent affronter un nouveau problème quand ils n'ont pas encore totalement résolu le précédent, les sources de conflit sont nombreuses.

Kirchler (1990, 1993) décrit divers modes relationnels au sein des couples équilibrés, c'est-à-dire quand l'un des partenaires n'exerce pas *a priori* de pouvoir sur l'autre :

— le mode amoureux : les partenaires agissent de façon spontanément altruiste sans penser à en tirer un avantage quelconque ;

— le mode de confiance : l'un et l'autre font un effort pour se favoriser mutuellement mais ils attendent en retour un crédit (psychologique) à long terme ;

— le mode de l'équité : les partenaires interagissent ici davantage comme des partenaires en affaire et dans les cas extrêmes comme deux ennemis.

Les conflits peuvent porter sur la valeur des options quand les buts sont fondamentalement différents ou sur l'appréciation des alternatives et de leurs probabilités d'occurrence, ou bien encore sur la répartition des bénéfices et des coûts issus des différentes alternatives. Parfois les trois aspects peuvent se trouver mêlés.

L'histoire des décisions dans le couple a un poids. Si l'un des partenaires a obtenu plus de bénéfices que l'autre d'une décision antérieure, il s'est créé une « dette d'utilité ». Ces dettes sont consignées sur un registre fictif en fonction du mode relationnel et de la structure de pouvoir dans le couple. Il en résulte un certain nombre de tactiques pour emporter la décision.

— **l'émotion :** la séduction, l'humour ou au contraire la menace ou la violence ;

— **la réaction physique :** les pleurs, la maladie ou l'agression ;

— **l'utilisation de ressources :** offrir un service, une récompense ou au contraire les retirer ;

— **la présence :** l'abandon ou l'insistance jusqu'à ce que l'autre cède, épuisé ;

— **l'information :** l'apport d'informations nouvelles, le mensonge, la désinformation ;

— **les personnes :** la coalition avec les enfants ou la voisine en leur présence ou en référence à eux ;

— **le fait accompli :** l'achat autonome sans tenir compte de l'avis de l'autre ;

— **le rôle :** le partage des choix décisionnels en fonction des normes familiales ;

— **le marchandage :** la négociation, le rappel du « registre » des décisions antérieures, la recherche de la solution optimale à la satisfaction de chacun ;

— **la raison :** l'argumentation logique et neutre sur les divers choix possibles.

Plusieurs auteurs ont cherché à observer les stratégies d'influence des enfants sur leurs mères dans les lieux de vente (Wells et Lo Sciuto, 1966 ; Atkin, 1978 ; Brée, 1993). Selon les produits, les tentatives d'influence varient : elles sont plus nombreuses dans les rayons laitages ou céréales où c'est pour ainsi dire « gagné d'avance ». Elles sont moins nombreuses quand les produits ont moins d'attraits (lessives) ou quand les tentatives d'influence à la maison se révèlent plus efficaces (confiseries, jouets). En effet sur ces produits, les parents ne veulent pas avoir l'air de céder « en public », mais ils sont prêts à rapporter une « surprise » (plus ou moins téléguidée) quand ils iront en course sans les enfants. Contrairement à ce que l'on a pu écrire, les conflits ne sont pas très nombreux. Le plus souvent, les mères dialoguent avec leur enfant, sollicitent leur avis, négocient l'échange d'un produit contre un autre en argumentant. Comme nous le verrons plus loin ces conversations ont un rôle très important dans la socialisation et l'éducation du jeune consommateur.

## 9.3. LA CONTEXTUALISATION DES DÉCISIONS

Les modèles mathématiques et économiques classiques se sont heurtés à des constatations empiriques qui n'allaient pas dans le sens des choix rationnels.

En effet, dans les décisions complexes, le sujet est dans l'incapacité d'évaluer la totalité des critères des éventualités qui se présentent et, dans les situations réelles, il ne connaît pas toutes les éventualités. Beaucoup de décisions sont prises dans une ignorance relative (Coombs *et al.*, 1970; Kahneman et Tversky, 1979, 1984). Il existe des modèles mathématiques qui s'appliquent à l'ignorance totale, le hasard. Les modèles de l'ignorance relative renvoient à des facteurs psychologiques comme l'optimisme, le regret ou la satisfaction. La validation empirique de ces modèles fait appel à des montages expérimentaux très abstraits, dans des situations artificielles qui n'éclairent pas beaucoup sur les décisions prises en situations naturelles. La démarche la plus récente procède à l'inverse : à partir d'observations dans des situations réelles, on cherche *a posteriori* les règles mathématiques et psychologiques qui rendent compte des évaluations naïves.

Une des stratégies pour faire face à la complexité des décisions est de décomposer la tâche et d'en isoler les éléments. Kahneman et Tversky (1984) parlent de comptes spécifiques et élémentaires. Les individus créent ainsi des comptabilités thématiques isolées les unes des autres. En voici quelques exemples :

I. Imaginez avoir décidé d'aller au théâtre et que vous avez payé des places à 10 dollars. En arrivant au théâtre, vous vous apercevez que vous avez perdu votre ticket. La place n'était pas réservée et vous n'arrivez pas à récupérer votre ticket. Paierez-vous 10 dollars pour un autre ticket?

Réponses sur 200 sujets : oui 46 %, non 54 %.

II. Imaginez que vous avez décidé d'aller au théâtre et que les places soient à 10 dollars. Quand vous arrivez au théâtre vous vous rendez compte que vous avez perdu un billet de 10 dollars. Dépenserez-vous quand même 10 dollars pour voir la pièce?

Réponses sur 183 sujets : oui 88 %, non 12 %.

Dans les deux cas le sujet a perdu dix dollars. La différence réside dans l'organisation mentale en différents comptes « aller au théâtre est normalement considéré comme une transaction dans laquelle le coût du ticket est échangé contre l'expérience de voir la pièce. Acheter un nouveau ticket accroît le coût du spectacle à un niveau que la plupart des sujets trouvent inacceptable. Par contre, la perte d'une somme en liquide n'est pas placée sur le même compte que la pièce, et elle n'affecte l'achat du billet que par le faible sentiment d'être un peu moins riche ».

C'est donc le contexte de la décision qui a le plus d'importance. « L'attrait d'une transaction peut ainsi varier lorsque son coût ou son bénéfice est replacé dans un bilan plus important ». Kahneman et Tversky prennent l'exemple des achats importants de mobilier qui sont faits à l'occasion de l'acquisition d'un logement; ces dépenses sortant de la rationalité économique, sembleraient extravagantes hors de ce contexte. L'achat d'un canapé de 15 000 FF semble une dépense ordinaire dans la période d'achat d'une maison à 800 000 FF; en temps normal, elle serait jugée beaucoup trop élevée. De même, il est irrationnel de ne pas entamer des économies qui rapportent 5 % sur un livret d'épargne et d'emprunter à 8 % pour acheter un bien de consommation. Toutefois, le sujet dans ce cas préférera garder ses économies comme « matelas » financier par peur de l'avenir.

*Une théorie du comportement planifié*

Le modèle, déjà exposé dans le chapitre sur les attitudes, des relations entre les attitudes et les intentions de comportement (théorie de l'action raisonnée) a été prolongé par Ajzen (1987) en une théorie du comportement planifié.

On peut avoir une attitude à l'égard d'un objet, d'une personne, d'un groupe, d'une institution, et aussi d'une conduite. On doit donc pouvoir déduire les conduites des individus à partir de leurs attitudes à l'égard de cette conduite. L'intention d'accomplir un acte particulier reste une disposition au sens de Boudon et Lazarsfeld (1965), jusqu'au moment précis où se présente l'opportunité de transformer l'intention en action. En validant la théorie de l'action raisonnée, Ajzen et Fishbein (1973) avaient montré que l'attitude à l'égard de la conduite et la norme subjective étaient les principaux déterminants de l'intention. En 1987, Ajzen ajoute un troisième facteur : le degré de contrôle de l'action perçu par le sujet. Il s'agit de la façon dont l'individu perçoit la facilité ou la difficulté à agir.

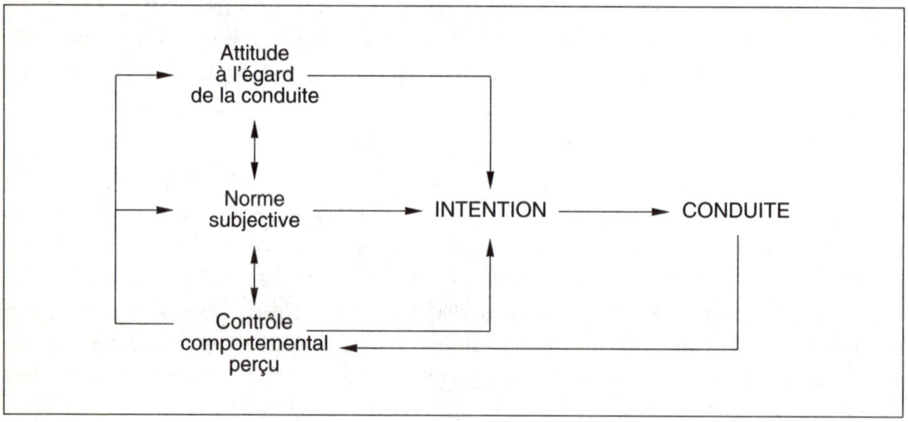


*Fig. 9.2. — Théorie du comportement planifié* (Ajzen, 1987).

Un certain nombre de facteurs objectifs influencent le contrôle perçu : par exemple, le temps, l'argent, les compétences, la coopération des autres, etc. Ces facteurs représentent le « contrôle réel » de l'individu sur son action. Le contrôle perçu les prendra en compte, tous ou en partie.

La théorie repose donc sur trois sortes de croyances plus ou moins fortes : les croyances comportementales, les croyances normatives et les croyances de contrôle.

Le premier type de croyance est la probabilité subjective que l'accomplissement de l'action conduira à un résultat. Pour obtenir l'attitude, la force de cette croyance est multipliée par la valeur attribuée au divers résultat escompté et ces produits sont additionnés pour l'ensemble des résultats escomptés.

Les croyances normatives concernent la probabilité que des individus ou des groupes de référence approuvent ou désapprouvent la conduite. La force de chaque croyance normative est multipliée par la motivation de la personne à se conformer aux individus ou aux groupes en question. La norme subjective est obtenue en additionnant les produits résultants pour tous les référents du sujet.

Les croyances qui concernent le contrôle peuvent provenir des expériences passées du sujet aussi bien que des informations qu'il a pu avoir sur la conduite. Son contrôle perçu augmentera avec la quantité d'informations favorables à l'action et diminuera avec la quantité de difficultés perçues. Il faut toutefois rappeler que le modèle s'applique aux conduites volontaires.

## 9.4. LE RÔLE DU TEMPS

L'exemple de l'emprunt effectué pour conserver une épargne montre l'importance des projets à long terme et des attentes à l'égard du futur et d'une manière plus générale le rôle des perspectives temporelles dans la décision.

Le temps est l'objet de nombreuses métaphores économiques : il s'agit d'une ressource rare que l'on peut gagner, épargner, qu'il ne faut pas gaspiller. C'est aussi un moyen d'échange : on donne son temps, on le partage.

La psychologie sociale a relativement peu étudié le rôle du temps dans les conduites. Nous présenterons ici trois descriptions simultanées du temps : le temps événementiel « objectif », le temps individuel « psychologique » et le temps social « transactionnel ». Dans ces trois dimensions, le temps peut prendre une forme statique ou une forme dynamique.

On peut envisager la perspective temporelle sous une forme statique comme les positions respectives du sujet et d'un objet ou d'un événement économique. Par analogie avec l'espace, la distance entre les deux éléments est plus ou moins grande dans différentes directions. En termes psychologiques, on parlera d'orientation préférentielle et d'extension temporelle (Nuttin, 1980*b*). Les événements (qu'ils affectent l'individu ou non) sont situés dans le passé, le présent ou le futur. Les personnes ont une orientation préférentielle vers une des ces localisations qui rend les événements plus saillants pour eux. La distance entre le sujet et l'événement est l'étendue temporelle dont l'échelle peut varier du siècle à la seconde. Les personnes ont une extension temporelle large ou étroite. Pour certains, dix ans en arrière, c'est du passé lointain, pour d'autres, c'est du passé proche. Elles sont capables d'imaginer des événements plus ou moins loin dans le passé ou plus ou moins loin dans le futur. L'extension temporelle n'est pas nécessairement symétrique vers le passé et vers le futur. Elle affecte la vision ou la portée des événements. Elle rend les décisions plus ou moins importantes ou réalistes pour le sujet.

Dans une étude menée en France en décembre 1988 sur la perception de l'échéance de 1993 pour « ouvrir les frontières au marché unique européen », auprès de 300 étudiants âgés de 18 à 22 ans, il est apparu que cette date faisait partie du futur proche pour la moitié d'entre eux et du futur éloigné pour l'autre moitié. Dans le premier cas, les plus jeunes pouvaient intégrer cette dimension dans leur projet d'études et les plus âgés considéraient la date comme trop proche pour pouvoir modifier ce projet. Dans le second cas, cet événement ne les concernait pas.

*Tableau 9.2. — Les dimensions du temps.*

| | **Événements** | **Individus** | **Conduites** |
|---|---|---|---|
| Dimensions | Objectives | Psychologiques | Transactionnelles |
| Description statique | Direction<br><br>Distance | Orientation préférentielle<br><br>extension | Saillance<br><br>Portée |
| Description dynamique | Équation<br>— forme;<br><br>— densité;<br>— structure. | Représentation<br>— écoulement;<br><br>— vitesse;<br>— rythme. | Transformation<br>— changement/ répétition;<br>— synchronisation;<br>— structuration. |

Le temps est aussi un processus dynamique qui préside soit à la répétition des événements, soit à la transformation des objets et des situations. On le représente parfois comme une équation ou une figure géométrique, une ligne droite (temps linéaire), parfois comme un cercle (temps cyclique), d'autres fois comme une combinaison des deux, une spirale. À l'intérieur de cette figure se présente une densité plus ou moins grande d'événements par unité temporelle. Le nombre de fêtes familiales est plus grand en décembre qu'en août. La structure rend compte de la régularité et de l'organisation des séquences d'événements : la structure d'un repas de fête n'est pas la même que celle d'un dîner devant la télévision ou d'un repas dans un restaurant rapide.

À cette équation objective du temps correspond une représentation subjective. Psychologiquement, le temps apparaît comme un flux qui s'écoule de façon continue ou discontinue. Pour bon nombre de personnes, il y a des vides entre les événements, à une période ne succède pas immédiatement une autre période. Pour certains les décisions sont des plongées dans le futur sans véritable connexion avec le présent. Des personnes qui ont une représentation continue du temps acceptent plus facilement de différer une récompense consécutive à leurs efforts. Ce processus peut expliquer certaines conduites d'épargne ou au contraire d'endettement.

La vitesse et le rythme sont des variables individuelles dont les bases physiologiques ont été étudiées. Nous pouvons y voir des caractéristiques subjectives qui correspondent à la structure et à la densité dans la description objective du temps.

Si l'on considère les processus transactionnels entre les individus et les événements économiques, la dimension holistique correspondant à l'équation et à la représentation du temps est la transformation. On parlera de répétitions ou de changements, d'adaptation ou d'ajustement selon que c'est l'individu ou l'environnement qui s'en trouve modifié. Les individus ajustent les événements à leurs représentations et leurs conduites ou bien ils adaptent leurs attitudes ou leurs conduites aux contraintes événementielles. On peut faire l'hypothèse qu'une conception linéaire du temps est plus propice au changement et qu'une conception cyclique engagera davantage le sujet à la répétition. Le changement est vécu comme continu ou séquentiel selon les individus. La synchronisation est un processus global qui résulte des interactions entre le rythme individuel et la densité des événements. Le sujet peut suivre l'enchaînement des événements, être dépassé ou les prévoir. Faire un emploi du temps, fixer des dates sur un agenda permettent de structurer le temps personnel et le temps social. Les chômeurs perdent rapidement cette capacité de structurer le temps et dès lors, leur temps « libre » devient un temps « vide ».

*Les projets personnels*

Brown et Moore (1970) analysent la décision de déménager comme un processus d'ajustement à une situation stressante. Ce postulat les conduit à distinguer deux temps dans la décision de déménager : la décision de quitter son logement et le choix d'un nouveau logement. La première phase est réactionnelle, c'est la résultante d'une analyse rationnelle des inconvénients de l'ancien logement accompagnée ou non de stress. Mais la seconde est anticipatrice ; elle répond à des attentes de comportements et de style de vie par le changement de lieu (des rêves au-delà du présent). Il en va de même pour de petites décisions. Je vais acheter un stylo avec le projet de le mettre dans mon sac, ou sur mon bureau ou dans la cuisine ; je le garderai longtemps ou je le jetterai après usage.

Le modèle des projets personnels de Little (1983) est un modèle séquentiel linéaire qui permet d'intégrer des processus cognitifs, affectifs et comportementaux largement dispersés dans le temps. Il distingue quatre phases successives :

I. **L'initiation :** prise de conscience d'un projet, de son identification, de sa dénomination, d'une préévaluation par rapport au contexte des activités et des préoccupations du sujet à un moment précis et enfin de l'acceptation de s'engager dans sa réalisation. Ainsi peut naître le projet de déménager en tant que tentative de résolution de problèmes conjugaux et non comme l'analyse rationnelle des conditions d'habitation. La publicité peut jouer un rôle initiateur dans un projet d'achat.

II. **La planification :** le projet devient plus concret. Il s'agit d'en déterminer les objectifs précis, la base indispensable à sa réalisation, les moyens à mettre en œuvre, y compris les moyens humains. Le sujet doit envisager l'organisation temporelle de la réalisation de son projet. Pour acheter un logement, il faut avoir des économies, pouvoir emprunter, engager son conjoint à adopter la même démarche; il faut fixer la date à laquelle on devra prévenir son logeur si l'on est locataire, etc.

III. **L'action :** il faut se décider à agir et continuer l'action entreprise, puis évaluer les démarches. On visitera les agences immobilières, on évaluera chaque proposition. La motivation permet de continuer la recherche au-delà d'un certain découragement. Pour Little, c'est à ce stade que joue la motivation.

IV. **L'achèvement :** il faut savoir reconnaître l'achèvement du projet, soit par le succès, soit par l'échec et en tirer les conclusions pour les projets à venir. Il faut officialiser cet achèvement en remettant le projet à plus tard, en le modifiant, en le remplaçant par un autre projet, en se donnant des règles précises jusqu'à l'acceptation de la clôture définitive. Sans cette importante étape, on se trouve dans le cas des personnes qui ont toujours un vague projet en cours qu'elles ne concrétisent jamais. Dans le cas du déménagement, le changement d'adresse, la signature chez le notaire ou chez le propriétaire mettent fin au projet.

Lassarre (1986) a analysé le processus temporel de choix du logement au moyen de trois variables :

— la durée de la réflexion qui a précédé la recherche active d'un nouveau logement : cette période est très longue, parfois difficile à dater. On la compte en mois. Elle ne raccourcit que sous l'effet de contraintes (expulsion, changement de lieu de travail, divorce);

— la durée de la recherche active : elle est identique, quelles que soient les contraintes et on la compte en semaines, rarement plus de cinq mois sinon le projet est remis;

— la décision finale est très rapide (durée entre la date de première visite du logement choisi et la signature engageant la location ou l'achat) : elle se compte en heures, le plus souvent moins d'une journée.

Cette étude a montré que le processus ne s'arrête pas là et que dans les six mois qui ont suivi leur emménagement les sujets bâtissent des projets à long terme.

Ils étaient au départ tous locataires d'un appartement (T0). On les a interrogés alors qu'ils étaient soit les premiers locataires, soit les premiers propriétaires d'un appartement ou d'une maison mitoyenne (T1).

32 % des locataires d'appartements ont des projets, 8 % des nouveaux propriétaires d'appartement, 24 % des locataires d'une maison et 32 % des propriétaires d'une maison. On voit que la propriété d'une maison individuelle est un idéal vers lequel tendent beaucoup de ménages.

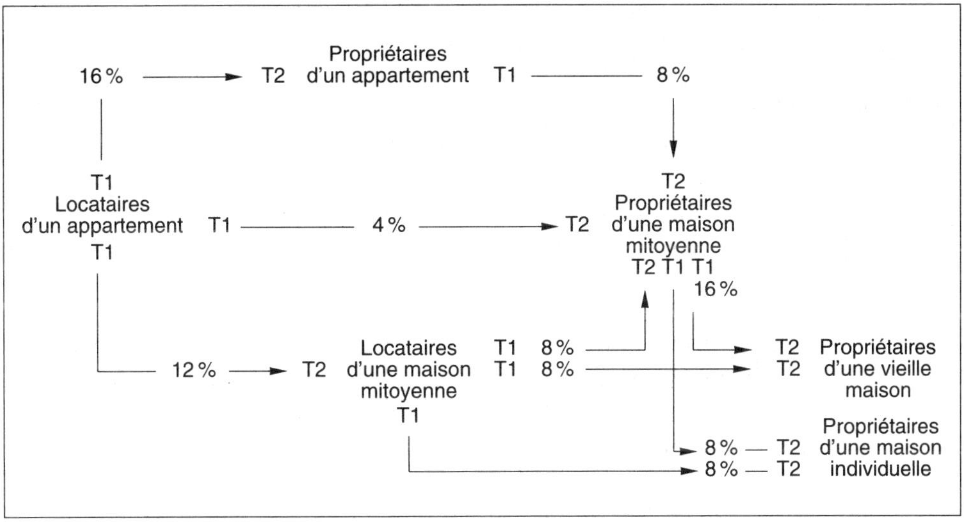


*Fig. 9.3. — Les aspirations des premiers occupants de logements neufs* (Lassarre, 1986).

Le vécu des malfaçons chez les nouveaux propriétaires de maisons mitoyennes était très différent selon l'horizon temporel. Chez les jeunes qui espéraient trouver mieux, les malfaçons apparaissaient comme presque normales : « J'en ai pour mon argent et, plus tard, j'aurais mieux. » Chez les personnes plus âgées, cet achat représentait la concrétisation d'un rêve ultime et les malfaçons étaient véritablement intolérables.

### *L'innovation et la routine*

L'innovation est typiquement une situation de décision risquée.

Elle s'applique à différents domaines : celui du chef d'entreprise face à la modernisation ou celui du consommateur face aux nouveaux produits.

L'évitement du risque est une constante chez les chefs d'entreprise comme ailleurs. De nombreux facteurs psychologiques accompagnent cette peur de la perte financière : perte de prestige, de reconnaissance des pairs, d'indépendance ou de pouvoir. Les décisions sont donc un enjeu personnel important. C'est aussi un enjeu pour les autres, collaborateurs, employés. Ces constatations orientent de plus en plus l'étude des décideurs d'entreprises en termes de traits de personnalité, de compétence sociale. Une étude américaine (Jewkes *et al.*, 1958) sur l'origine des inventions, des innovations et des créations d'entreprises souligne qu'elles ne sont pas le fait de cadres des grandes sociétés dont on pourrait penser qu'ils sont mieux armés pour entreprendre (formation, expérience, confort financier), mais qu'elles sont initiées par des employés de firmes plus modestes ou extérieurs à l'industrie. Elles sont le fait d'individus relativement marginaux (réfugiés, immigrants, minorités) à l'esprit compétitif.

On explique ce constat par le fait que partant d'un niveau plus bas de l'échelle économique, ils ont plus à gagner et moins à perdre. L'ensemble des contraintes qui pèsent sur ces personnes fait apparaître leur démarche entrepreneuriale comme la seule voie possible. Les auteurs notent que ce sont les mêmes qui pour les mêmes raisons peuvent opter pour la criminalité ou la création artistique.

De nombreux chercheurs en marketing se sont penchés sur les caractéristiques des consommateurs novateurs. On estime qu'ils représentent 2,5 % des consommateurs. Le cycle d'un produit, de son lancement à sa disparition, fait se succéder différentes phases en fonction de la quantité d'individus qui l'adoptent à un moment donné. Aux novateurs, succèdent les « adopteurs » précoces (13,5 %), puis la majorité précoce (34 %), puis la majorité tardive (34 %) et enfin l'arrière-garde (16 %). Les produits lancés sur le marché sont actuellement soutenus par une communication médiatique importante (Rogers, 1983).

Les novateurs à ce stade ne perçoivent aucun risque dans l'acquisition d'un produit nouveau ou au contraire recherchent le risque. Ce sont des personnes ouvertes, mobiles, cosmopolites, sociables, qui prennent leurs décisions rapidement. De plus la possession du nouveau produit peut asseoir leur prestige social, bien qu'elles ne soient pas très influençables. En général, il s'agit de consommateurs économiquement aisés, expérimentés dans le domaine en question, ce qui ne signifie pas forcément qu'ils soient âgés. Le plus souvent, il s'agit de leaders d'opinion qui ne cherchent pas à légitimer leurs conduites. Ils servent de modèles aux personnes qui vont ensuite adopter le produit.

La catégorie des adopteurs précoces et celle de la majorité précoce seront influencées dans leur choix par une baisse du prix du produit, quelques améliorations fonctionnelles par rapport aux premiers modèles du produit et une augmentation des points de vente. La possession du produit à ce stade est encore prestigieuse. Les membres de la majorité tardive acquièrent le produit par conformisme, pour ne pas voir leur prestige baisser. Enfin les membres de l'arrière-garde achètent le produit parce qu'il est devenu nécessaire et qu'ils ne peuvent faire autrement.

La routine est définie par tout ce qui est régulier dans la conduite. Elle met en jeu, tant des éléments externes à l'individu (environnement routinier), que des éléments internes (par exemple les apprentissages). Les processus décisionnels sont aussi des processus routiniers.

### *Les attentes ou « expectations »*

Les attentes sont un concept apparu dans les premiers modèles décisionnels sous une forme très mathématisée (utilité subjective attendue). Vais-je gagner au loto? Quel sera le taux d'inflation l'an prochain? Comment va évoluer le marché de l'immobilier? Ces diverses questions conduisent à répondre en termes d'attentes; pourtant, elles recouvrent des réalités très diverses.

Une attente au temps T0 qui porte sur le temps T1 est constituée par la somme de trois éléments aux pondérations variables entre 0 et 1 : des croyances basées sur une extrapolation du passé, des croyances fondées sur les écarts entre les attentes et les résultats au cours d'expériences antérieures. Il s'agit là de l'apprentissage des erreurs ou bien de la croyance que plus grand sera l'effort, meilleur sera le résultat de l'action. Enfin l'attente est pondérée par des croyances fondées sur des informations nouvelles dans l'environnement économique immédiat ou dans celui véhiculé par les médias.

Il s'agit ici d'un modèle d'attentes rationnelles dont on peut constater la proximité avec les modèles béhavioristes. La théorie de l'apprentissage social apporte beaucoup sur le rôle du *feed-back* dans la formation de telles croyances.

Les psychologues situent le concept d'attente au sein des théories cognitives qui ont été particulièrement utilisées dans le domaine de la psychologie du travail. Celles-ci conçoivent les attentes comme des liaisons entre divers éléments cognitifs : situation et résultat, action et résultat, action et résultat dans certaines situations, résultat et conséquence (qu'on appelle aussi liaison résultat-résultat). On estime qu'un objet-moyen A conduira à un objet-but B parce que les stimuli adéquats sont perçus, ou parce qu'on se souvient que dans une situation semblable par le passé A a conduit à B, ou que dans une situation nouvelle, on peut inférer que A conduit à B à partir de l'information disponible.

Les décisions requièrent dans la plupart des cas de combiner des évaluations d'options dont les probabilités d'occurrence sont variables. Elles ne semblent pas correspondre aux modèles théoriques normatifs établis de la prise de décision. Il faut en particulier se rendre compte que bon nombre de simplifications dans les procédures de résolutions de problèmes permettent de prendre des décisions à la mesure de nos capacités intellectuelles. Par ailleurs il faut se rappeler qu'il est rare qu'une prise de décision ne soit pas accompagnée de phénomènes émotionnels importants : il s'agira le plus souvent de faire face à une situation stressante. Notons enfin que le comportement est à la fois motivé et réactif. On prend une décision à la fois pour résoudre un problème et pour satisfaire des aspirations. Par exemple, on achète un manteau pour avoir chaud tout en souhaitant aussi être à la mode, on déménage parce que le logement est devenu trop petit pour la famille et on en profite pour accéder à la propriété.

Svenson (1992) a proposé une théorie de la différenciation et de la consolidation des décisions. Ce modèle propose une préparation cognitive à la décision qui tend à rendre les diverses options les plus différentes possibles les unes des autres (différenciation) et une suite affective à la décision (consolidation) permettant au sujet de se défendre contre les menaces qui pourraient la remettre en cause.

*Troisième partie*

# LA SOCIALISATION ÉCONOMIQUE

Cette dernière partie traite d'un thème particulier, la façon dont l'individu «s'humanise», s'intègre à la société par ses conduites économiques. On appelle ce champ de connaissances la socialisation économique.

La socialisation est un processus interactionnel par lequel le comportement d'une personne est modifié dans le sens d'une conformité aux attentes des membres du groupe auquel elle appartient. Ceci inclut les processus par lesquels les enfants acquièrent les manières des adultes qui les entourent, et aussi les processus par lesquels les adultes adoptent les conduites appropriées aux situations sociales nouvelles dans un groupe, une organisation ou une société au sens large. La socialisation est continue pendant toute la vie des êtres humains.

Assurément, l'*homo oeconomicus* est une «merveille de l'obstétrique» comme le souligne l'économiste Shlomo Maïtal (1982). Les économistes ne se sont jamais réellement occupés de savoir si les enfants jouaient un rôle dans l'économie et si celle-ci avait quelque influence sur eux. Les premiers travaux de psychologie économique ont totalement ignoré les conduites économiques des enfants. Ce sont les spécialistes de la psychologie développementale qui se sont les premiers intéressés aux relations entre les enfants et l'économie mais uniquement sous l'angle de la cognition, de la compréhension des concepts économiques. Actuellement les psychosociologues semblent vouloir rattraper leur retard dans ce domaine et la socialisation économique est un thème qui revient régulièrement dans les congrès et dans les revues de psychologie économique (Leiser *et al.* 1990).

La socialisation économique concerne la façon dont les enfants s'intègrent à la vie économique d'une société donnée de leur propre chef ou sous l'influence d'éducateurs, leurs parents, l'école, les médias ou les institutions économiques. C'est évidemment au cœur de la famille d'abord que l'enfant acquiert des conduites économiques par le jeu des relations interpersonnelles avec ses parents et ses frères et sœurs. Puis, à mesure que le jeune prend de l'autonomie, il entre en relation avec de nouveaux acteurs sociaux, tout d'abord à l'école avec ses pairs, puis directement avec des acteurs économiques du commerce, de la banque, des entreprises. L'école joue un rôle éducatif dans le domaine économique. Les médias véhiculent des informations et des modèles qui contribuent à la socialisation. Enfin, les institutions elles-mêmes, les banques, les sociétés de crédit cherchent à éduquer leurs futurs clients. Nous avons vu que McClelland (1961) tente de relier la socialisation des enfants, leur acquisition du besoin d'accomplissement personnel ou de réussite à l'éthique protestante du travail. Ainsi les contes et les histoires qu'on raconte aux enfants tendraient à développer ce besoin dans la société protestante américaine.



## □ Le monde économique des enfants

Dans un article très incisif, Webley et Lea (1993) soulignent que le monde économique des enfants devrait être étudié en tant que tel et que malheureusement, les chercheurs ne font qu'étudier les pratiques enfantines des conduites économiques des adultes. Ils font remarquer que le jeu de billes, et on pourrait citer d'autres jeux (pogs, collections), dans les cours de récréation constitue un système économique dont le fonctionnement est spécifique à chaque école. La valeur des billes repose sur le rapport entre l'offre et la demande qui n'a rien à voir avec leur valeur marchande. Si un enfant se fait remplacer par un copain sur un coup difficile, le partage des gains par le duo des vainqueurs n'est pas égal mais «équitable» : le propriétaire des billes reçoit toujours plus que le «travailleur». Enfin, il arrive qu'un joueur particulièrement chanceux ou habile ou riche en billes, jette sa fortune en l'air en une sorte de défi, pour voir les autres se précipiter pour les ramasser. Le troc est une activité importante dans les écoles primaires : là encore la notion de bon troc ou de mauvais troc n'a rien à voir avec la valeur marchande des objets troqués. Les objets interdits par les parents ont une valeur supérieure, tout comme ceux qui maintiennent l'amitié ou qui, au contraire, ravivent une compétition systématique entre deux enfants. Quand les enfants sont plus âgés, les jeux de société comme le *Monopoly* fournissent de bons exemples des stratégies personnelles de prise de risque qui sont vécus chez les jeunes aussi fortement que des prises de risque réelles.

### □ L'entrée dans le système socio-économique

Jusqu'à quel âge est-on considéré comme «jeune» dans le système économique et social? La définition de la jeunesse en tant que classe d'âge est tout à fait imprécise. L'ONU utilise dans ses statistiques le mot «jeunesse» pour désigner les 15-24 ans. En Russie, la jeunesse s'achève à 29 ans, en Inde à 34 ans. En ce qui concerne les pays occidentaux, la plupart des recherches sur la jeunesse s'intéressent aux 15-18 ans.

Beaucoup d'études tentent de décrire l'évolution des conduites au cours de l'enfance et de l'adolescence. À cette fin, les auteurs font des découpages aussi variables qu'arbitraires. On a pu relever dans une série d'études sur les achats de vêtements par les jeunes des exemples de tranches d'âges les plus variées : 12/15 ans comparés aux 15/25 ans, 11/18 ans et ailleurs 16/18 ans, ou 14/17 ans et 17/24 ans, les 3/16 ans, le plus exhaustif et enfin 12/24 ans. Quelles sont les règles de ces découpages? Qu'est-ce qui motive ou justifie ces choix? Le recours à des critères de développement physiologique offre de très grandes variations intersexes, les règles institutionnelles qui fixent les âges de la nubilité, de la scolarité obligatoire, de la majorité civile sont soumises à de fortes variations interculturelles.

On constate aussi que le champ de la jeunesse subit des segmentations disciplinaires marquées. L'enfant est le domaine réservé des approches psychologiques, cognitives ou affectives. L'adolescent, «le jeune» est le domaine des sociologues. Il semble que par une mutation brutale, l'enfant devienne le jeune, un sujet social. Puis par une autre mutation, il devient adulte, agent économique.

Pendant longtemps, l'adolescent est resté ignoré dans les recherches de marketing et il était généralement assimilé à l'enfant. Un récent colloque d'ESOMAR (1992) laisse apparaître que les études contemporaines sont plus diversifiées. Le marché des jeunes ne serait plus monolithique. Les nouvelles segmentations tiennent compte de différents modes de vie. Pour comprendre les conduites des jeunes, il faut étudier comment elles se construisent à partir des conduites enfantines. Les changements biologiques ne sont pas si brutaux, la période pubertaire s'étend sur plusieurs mois ou plusieurs années, les apprentissages sont répétitifs et progressifs, les libertés accordées par les parents sont graduelles. Les recherches à venir devront tenir compte du caractère intrinsèquement évolutif des conduites des enfants et des jeunes. Pour cela elles peuvent utiliser les méthodes d'enquêtes répétitives ou de panels. Les premières permettent de suivre l'évolution sociale en posant les mêmes questions à des jeunes du même âge avec une périodicité régulière. Les seconds assurent le suivi des mêmes individus pendant plusieurs années pour mieux cerner les évolutions individuelles.

Pour évoquer la socialisation, trois grandes théories de la psychologie se complètent :

— le développement cognitif permet de savoir comment on comprend l'économie;

— la théorie du rôle souligne la façon dont on s'intègre dans la société et la culture dans laquelle on vit;

— l'apprentissage social traite de la façon dont on acquiert des conduites et des habitudes.

Dans un premier temps, nous aborderons les aspects essentiellement cognitifs de la socialisation au cours de l'enfance. Comment le jeune va comprendre le monde économique qui l'entoure? Évidemment il sera confronté à cette obligation cognitive de rationalité. Puis nous verrons comment on adopte des conduites sous forme de rôles en prenant place au sein de la société et en le situant parmi les autres. L'enfant et l'adolescent intériorisent un certain nombre de normes propres à un système économique qui influencent directement son comportement actuel et son comportement d'adulte. Que signifie grandir dans une société où le chômage est important? Le contexte économique conditionne-t-il la décision d'avoir un enfant? Enfin, dans le dernier chapitre, on considérera que les conduites économiques des enfants, des adolescents et des adultes font l'objet d'apprentissages sociaux. En particulier, les individus acquièrent des attentes de résultats, d'effets de leurs conduites et des actions qu'ils entreprennent. Il résulte de ces apprentissages une sensibilité à certains «renforçateurs», certaines récompenses, plutôt qu'à d'autres, l'évitement de certaines situations et une capacité à accepter de reporter une récompense immédiate pour une récompense plus importante dans l'avenir.

# 10

# Le développement cognitif

Les psychologues ont d'abord abordé la socialisation économique sous l'angle du développement cognitif. Piaget (1932) a peu étudié la compréhension de la société par l'enfant, par contre il a laissé une grille théorique et des techniques de recherche que de nombreux auteurs ont pu transposer à l'étude du développement de la compréhension du monde économique par les enfants (Piaget, 1950). Tour à tour et dans divers pays, on a étudié le développement cognitif de notions comme la propriété, la monnaie, le commerce, la valeur des marchandises, l'argent, les salaires, la banque. Toutefois cette approche centrée sur des acquis individuels reste insatisfaisante pour expliquer les processus psychosociaux par lesquels les enfants accaparent les informations économiques pour les intégrer dans leur pensée et dans leurs actions. L'approche sociodéveloppementale propose le concept de compréhension fonctionnelle pour rendre compte de l'usage que les enfants font de leurs connaissances dans leur vie quotidienne.

## 10.1. DÉVELOPPEMENT ET COGNITION

La plus grande part de nos connaissances sur la socialisation économique provient des travaux sur le développement cognitif de l'enfant (Strauss, 1952; Sutton, 1962; Burris, 1983; Furnham et Cleare, 1988). Elles sont focalisées sur les aspects intra-individuels des processus cognitifs fondamentaux, c'est-à-dire universels, mis en évidence par Piaget. Comment les enfants développent-ils des capacités à comprendre et à utiliser les concepts économiques des adultes et comment cette compréhension s'approfondit-elle et devient-elle mature en fonction des stades du développement cognitif?

### *Les stades piagétiens*

Piaget (1950) a mis en évidence l'existence de quatre stades d'organisation des structures cognitives :

Le stade sensori-moteur (de la naissance à environ deux ans) au cours duquel l'enfant acquiert une autonomie dans ses déplacements. La notion de permanence de l'existence des objets et des personnes, même quand on ne les voit pas, est l'acquisition la plus importante de ce stade. Ce n'est pas une période à laquelle l'enfant développe directement des conduites économiques, mais sa présence a une influence économique importante sur sa famille.

Le stade préopératoire (de deux à six ans). L'enfant développe des capacités lui permettant de s'exprimer et de comprendre les autres, langage, lecture, écriture. Ses raisonnements sont liés à sa perception plus qu'à sa logique. Il interprète le monde de façon égocentrique.

Le stade opératoire concret (de sept à onze ans). L'enfant apprend à conceptualiser, à généraliser, à trouver des liens de cause à effet en tenant compte d'un grand nombre de facteurs mais uniquement si ses raisonnements ont une base concrète.

Le stade des opérations formelles (à partir de douze ans). Le préadolescent a accès à la pensée abstraite. Il n'a plus besoin de support concret pour développer son raisonnement. Il est supposé raisonner comme l'*homo oeconomicus*. Cependant il s'agit davantage d'une capacité que d'une habitude, car dans bien des cas, les adultes utilisent des opérations concrètes dans leurs raisonnements.

La notion de stade n'a d'intérêt que par rapport à celle de structure. La structure opère une pression interne à l'organisation cognitive qui ne dépend pas seulement des apports d'informations extérieures. L'enfant passe par des stades cognitifs indispensables et hiérarchisés. Il passe d'un stade à l'autre par deux processus, l'assimilation et l'accommodation. L'assimilation permet d'intégrer une information nouvelle dans une structure existante. De ce fait cette dernière s'en trouve modifiée, c'est l'accommodation. Le développement cognitif est fortement influencé par le milieu et les expériences auxquelles celui-ci confronte l'enfant. Le rôle des parents est évidemment fondamental. Jacques Lautrey (1980) a montré que les parents trop autoritaires qui empêchent les enfants de vivre de nouvelles expériences (par exemple en leur interdisant de jouer avec des ciseaux) ne favorisent pas leur développement cognitif. Il en va de même pour les parents permissifs (qui laissent les ciseaux aux enfants sans contrôle). Par contre, les parents qui mettent de la flexibilité dans leur style éducatif (en autorisant les ciseaux pour certaines activités avec des règles comme celle de rester assis) favorisent le développement cognitif de leur enfant. Les mêmes procédures sont à l'œuvre s'il s'agit de regarder la télévision. Dans l'usage de l'argent de poche, on retrouve encore les trois types éducatifs : les parents qui ne donnent pas d'argent, ceux qui en donnent sans contrôle et ceux qui en donnent et fixent son usage par des règles.

*Application à l'économie*

Danziger (1958) a montré que la compréhension des relations économiques passe par des stades obligatoires selon le modèle piagétien mais que ces stades ne sont pas exactement ceux qui ont été élaborés à propos des concepts physiques. Il existe un stade initial précatégorique d'indifférenciation alors que l'enfant n'a pas encore conçu de catégorie économique. Ainsi les concepts économiques ne sont pas différents d'autres concepts sociaux comme la justice ou la famille. Au cours d'un second stade dit « catégorique », les concepts économiques semblent représenter la réalité en termes d'actes isolés explicables par des impératifs moraux. Il faut payer les marchandises pour ne pas faire de tort au commerçant. Au cours d'un troisième stade l'enfant devient capable de conceptualiser les relations deux à deux entre des actes qui étaient auparavant isolés. Beaucoup de phénomènes micro-économiques peuvent être compris à ce niveau. Il faut payer les marchandises car le commerçant rend un service qui lui coûte de l'argent. Enfin au quatrième stade, ces relations auparavant isolées sont connectées entre elles au sein d'un réseau ou d'un système de relations. Il n'y a qu'à ce stade qu'un enfant peut comprendre des phénomènes macro-économiques. Pour pouvoir vivre, le commerçant doit faire des bénéfices.

*Application à la compréhension de la publicité*

La première étape consiste à reconnaître ce qui est publicité de ce qui n'est pas publicité. On peut voir de très jeunes enfants (18 mois) réagir aux éléments musicaux qui annoncent les écrans publicitaires à la télévision. Dès qu'ils sont capables de l'exprimer, les enfants expliquent qu'ils reconnaissent la publicité à ces musiques et aux intonations particulières des voix.

La seconde étape réside dans la perception d'une source (la marque, l'annonceur) et dans la compréhension des buts de la publicité. Brée (1993) en cite plusieurs : informer (faire connaître les produits), faire vendre, persuader. C'est entre sept et douze ans que se déroule cette seconde phase, mais à cet âge les formes de la rhétorique publicitaire restent souvent incomprises, ce qui entraîne parfois des réactions de publiphobie trompeuses car la notion de publicité mensongère n'est pas véritablement acquise. Au-delà de douze ans, l'adolescent intègre de nouvelles dimensions comme l'entretien de l'image de marque. On note aussi le rôle très important des informations nouvelles : depuis la privatisation de TF1, les jeunes adolescents ajoutent que la publicité sert à « payer la télévision ».

## 10.2. L'ACQUISITION DES CONCEPTS ÉCONOMIQUES

Les psychologues du développement ont recherché les formes particulières qu'ont pris les processus d'accommodation et d'assimilation pour l'acquisition des concepts de propriété, d'argent et de prix. Les études sur le modèle piagétien sont très nombreuses ; leur proximité théorique et méthodologique permet d'en faire aisément la synthèse. Les enfants progressent par l'acquisition de plusieurs concepts acquis séparément dans l'ordre suivant :

I. L'argent comme commodité pour acheter et vendre.

II. La valeur des choses, le profit, les salaires.

III. L'échange généralisé, la banque.

### *La propriété*

La socialisation de la propriété chez l'enfant commence avec la manipulation des jouets donnés au bébé. Jusqu'à l'âge de cinq ans, l'enfant ne fait pas la distinction entre les objets qu'il désire et les objets qu'il possède. Vers six ans, la conception de la propriété reste liée au contact physique avec l'objet (les passagers sont propriétaires de l'autobus). Puis le propriétaire devient celui qui exerce le plus de pouvoir (le conducteur du bus). Au cours du troisième stade, le propriétaire de l'autobus est celui qui donne des ordres, y compris au conducteur, il est confondu avec l'employeur. À douze ans, le préadolescent distingue la simple possession d'un objet de sa propriété qui passe habituellement par son acquisition par le don ou par l'achat ; ainsi le propriétaire de la société d'autobus peut ne pas avoir de contact avec l'autobus, ni avec le personnel de la société (Berti *et al.*, 1982 ; Cram et Ng, 1989).

### *La monnaie*

De très nombreuses recherches se sont focalisées sur la perception et sur la compréhension de l'argent par les enfants.

D'où vient l'argent? Les réponses des plus jeunes (quatre à six ans) sont d'ordre magique, comme issues des contes de fées : de Dieu, du ciel, des mines d'or, du président de la République. Il ne tient qu'à la volonté de ces diverses sources que tout le monde soit riche. De sept à neuf ans, on est plus pragmatique (stade des opérations concrètes). L'argent est apporté par le facteur. On en trouve à la banque de façon quasi inépuisable. Déjà certains estiment que l'argent provient du travail. D'ailleurs la mise en circulation de beaucoup d'argent pourrait inciter les gens à la paresse.

À partir de dix à douze ans, la plupart estiment que l'argent provient du travail. Leurs réponses se diversifient, il peut être le fruit de l'épargne, du profit, de l'héritage. C'est avant tout un moyen d'échange. Si les gouvernements imprimaient trop de billets, on pourrait prévoir une hausse des prix car il s'agirait d'argent « artificiel » (Leiser, 1983).

### *Le commerce*

Pour comprendre de quoi vit le commerçant, il faut postuler que le prix auquel il vend un produit doit être supérieur au prix auquel il l'a acheté, donc qu'il existe un profit (Furth, 1980). Différents auteurs ont demandé aux enfants pourquoi on paye chez les commerçants. Pour les plus jeunes (4-6 ans), il s'agit d'un rituel magique ; si on ne l'accomplit pas, on est puni. Cet argent est simplement stocké dans la caisse et le commerçant peut aisément le restituer. De 7 à 9 ans, il s'agit encore d'un impératif moral. Il ne faut pas léser le commerçant, 14 % à cet âge estiment que celui-ci a ses propres dépenses (payer les employés) ; mais 97 % estiment que le prix d'achat des marchandises est égal au prix de vente. À partir de 10 ans, les jeunes estiment que le commerçant a ses propres dépenses et qu'il rend un service que l'on doit rémunérer (son propre salaire), pour 72 % d'entre eux le prix d'achat est inférieur au prix de vente. Ce pourcentage passe à 84 % à 13 ans.

Les relations commerciales vues par les enfants de 6 ans sont les suivantes :

(A) L'enfant possède de l'argent.

(B) L'enfant donne de l'argent et reçoit en échange une marchandise et de la monnaie.

(C) Le marchand possède de l'argent.

(D) Il paye son personnel.

(E) Il paye les marchandises au fabricant qui lui vend.

(E) Le fabricant achète ses matières premières à la ferme qui lui vend.

(D) Il paye ses ouvriers.

(F) L'usine fabrique des marchandises.

(F) La ferme fabrique des matières premières.

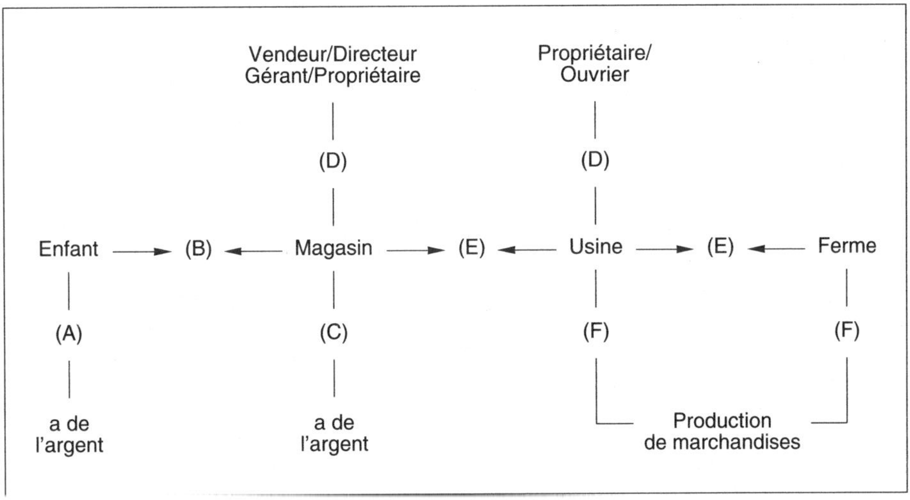


*Fig.* **10**.*1*. — *Le monde du commerce vu par les enfants* (Furth, 1980).

Jahoda (1983) a étudié l'acquisition du concept de profit à l'aide de jeux de rôles « à la marchande ». Il a découvert que les enfants de 9 à 11 ans de Harare au Zimbabwe comprennent en plus grand nombre et plus précocement le concept de profit comparativement aux jeunes du même âge en Écosse, en Angleterre ou aux Pays-Bas. Il attribue cette différence à une expérience plus grande du travail et du petit commerce (achats et ventes). On a retrouvé des résultats similaires pour des enfants égyptiens.

*La valeur des marchandises*

Qu'est-ce qu'une marchandise? À cette question les jeunes enfants répondent par la négative : ce qui est gros, vivant (une vache) ou intransportable (un gros arbre) ne peut être vendu. La norme sociale influence la définition des enfants de 7-9 ans : « N'est pas une marchandise, ce qu'il est interdit de vendre. » À partir de 10 ans, tout est marchandise sauf l'amitié et le bonheur.

Quand les enfants ont compris que l'argent est un moyen commun (admis par tous) d'échange, ils apprennent à faire la différence entre diverses valeurs au moyen de leur montant (en argent) et encore plus tard, ils réalisent qu'il existe une correspondance entre l'argent et les biens de consommation. Aux États-Unis, Burris (1983) s'est demandé comment les enfants attribuaient une valeur à une marchandise : « pour les plus jeunes (4-5 ans), cette valeur est relative à la taille des objets ; vers 7-8 ans, c'est leur utilité ou leur fonction qui fait leur valeur, puis, vers 11 ans les coûts de production (la qualité et la quantité des matières premières, le nombre d'intervenants et leurs compétences). Il n'a trouvé que peu d'éléments faisant référence à l'offre et à la demande ». Cette notion n'apparaît qu'à partir de 13 ans.

Une importante étude réalisée dans de nombreux pays (Algérie, Autriche, Danemark, Finlande, France, Israël, Norvège, Pologne, Allemagne et ex-Yougoslavie) montre qu'à mesure que les enfants grandissent, ils font le lien entre le prix de vente des objets, leur coût à la production et le profit du commerçant (Sevon *et al.*, 1989 ; Kirchler et Praher, 1990 ; Roland-Lévy, 1990 ; Woczinski et Pietras, 1990).

Des résultats similaires ont été trouvés en Italie. Berti et Bombi (1988) en concluent que « pendant longtemps les enfants ne distinguent pas les propriétés physiques et les propriétés économiques des objets et qu'ils se représentent l'achat et la vente comme des actes purement physiques, même si c'est une relation sociale régulée par un type particulier de norme ». Cette similarité des résultats peut provenir du mode de questionnement, calqué sur les recherches de Piaget sur la compréhension du monde physique par les enfants. Il s'agirait alors d'un biais méthodologique.

*Les salaires*

Toujours avec les mêmes procédures de questionnement, on a interrogé les enfants sur leurs critères pour juger quels devraient être les emplois les mieux rémunérés. Les plus jeunes (4-6 ans) attribuent les plus gros salaires aux emplois les plus durs, puis vers 7-9 ans les métiers les mieux rémunérés seront les plus utiles, enfin vers 10-12 ans, ce sont ceux qui nécessitent plus d'habileté ou de plus longues études. Au-delà de 15 ans, le salaire doit s'accroître en fonction de l'effort fourni, des compétences et des résultats (Furnham, 1987). D'une manière générale, les enfants des catégories sociales supérieures donnent davantage de justifications aux différences salariales que ceux des catégories plus modestes.

### *La banque*

Pour comprendre d'où vient l'argent des salaires des employés de banque, le jeune doit postuler que le taux d'intérêt des prêts que consent la banque à ses clients doit être supérieur au taux de rémunération de leur épargne. Jahoda (1979, 1981) a découvert les divers stades de cette acquisition en posant la question suivante : « Suppose que je dépose 100 livres à la banque, si je reprends mon argent au bout d'un an, est-ce que j'aurais plus moins ou pareil? » et : « Suppose que j'emprunte 100 livres à la banque et que je rembourse un an après, est-ce que je donnerai plus, moins ou pareil? » Il interroge des jeunes de 11, 13 et 15 ans.

*Tableau* **10**.*1*. — *Le développement de la compréhension de l'argent.*

| **D'où vient l'argent?** |
|---|
| — de Dieu, du ciel, des mines d'or, du président de la République (4-6 ans);<br>— du facteur, de la banque, du travail (7-9 ans);<br>— du travail, de l'épargne, du profit, de l'héritage (10-12 ans). |
| **Que se passerait-il si on distribuait de l'argent à tout le monde?** |
| — tout le monde serait riche (60 %), hausse des prix gens non motivés pour le travail (21 %) (7-9 ans);<br>— tout le monde serait riche (31 %), hausse des prix gens non motivés pour le travail (31 %) (10-12 ans);<br>— tout le monde serait riche (8 %), hausse des prix gens non motivés pour le travail (89 %), inflation (25 %) (13-15 ans). |
| **Que fait-on quand on a beaucoup d'argent?** |
| — on achète des choses (4 ans);<br>— on fait la fête, on achète davantage, on donne aux pauvres (7 ans);<br>— on le place à la banque (50 % à 10 ans et 75 % à 13 ans). |
| **La banque** |
| — elle garde l'argent en sûreté (7 ans),<br>— elle utilise l'argent (10 ans);<br>— elle fait un profit (13 ans). |

Jahoda classe les réponses des enfants de la façon suivante :

— aucune connaissance de la notion d'intérêt; l'enfant estime que la somme remboursée est égale à la somme prêtée (21 enfants sur 32 à 11 ans et encore 11 sur 32 à 15 ans);

— intérêts sur les dépôts seulement;

— intérêts supérieurs sur les dépôts que sur les emprunts (on voit que dans ces deux stades égocentriques l'enfant s'identifie à l'emprunteur qui dans la formulation est en fait l'expérimentateur);

— intérêts égaux sur les dépôts et sur les emprunts;

— intérêts supérieurs sur les emprunts avec des justifications témoignant d'une compréhension approximative;

— intérêts supérieurs sur les emprunts avec une bonne compréhension (aucun enfant de 11 ans et seulement 5 jeunes sur 32 à 15 ans).

L'auteur ne trouve pas de différences significatives selon les catégories sociales des parents. Le nombre de sujets qui comprend le système bancaire n'augmente plus à partir de treize ans. Ng (1983) a reproduit cette recherche à Hong Kong. Dans cette plaque tournante du milieu bancaire international, les enfants comprennent l'ensemble du système à partir de 10 ans et la notion de profit dès 6 ans. Cette exceptionnelle précocité est attribuée au bain socioculturel dans lequel sont plongés les jeunes Chinois de Hong Kong. Le développement cognitif se trouve accéléré par des phénomènes socioculturels.

En résumé, vers 2 ans, les enfants acquièrent la notion de propriété (le tien et le mien); entre 4 et 6 ans, ils comprennent que l'acquisition d'objets induit un échange et vers 6 ans, ils développent le sens de la valeur relative des objets et du travail. Les échanges qui ne passent pas par des relations sociales directes ne sont compris qu'au-delà de 13 ans.

### *Les aspects différentiels*

D'une manière générale, on ne constate aucune différence dans ce développement selon le sexe des enfants, ni entre catégories sociales d'un même pays. Quand la catégorie socioculturelle de leurs parents est plus élevée, les enfants ont une meilleure connaissance du vocabulaire (exemple : profit, intérêt, inflation) à âge égal, mais on ne constate pas de différence de compréhension. Par contre la connaissance du monde du travail (salaires) est plus précoce dans les catégories sociales modestes.

Des études plus récentes (Nakhaie, 1992) au Canada ont montré que le niveau d'éducation de la mère et l'éducation reçue à la maison (questionnaire aux parents sur la fréquence des informations données à l'enfant dans le domaine de l'économie) jouent un rôle important dans la maturation économique des enfants alors que le niveau éducatif du père et les professions des parents n'ont pas d'influence. Ces résultats confirment les travaux de Lautrey (1980) qui a remarqué que la structuration éducative flexible favorisant les acquisitions cognitives selon Piaget est plus répandue dans les familles où la mère a un haut niveau d'éducation ou niveau d'études.

*Tableau* **10**.2. — *Répartition des styles éducatifs selon le niveau d'éducation de la mère* (Lautrey, 1980).

| | **Niveau d'éducation de la mère** | |
|---|---|---|
| | **élevé** | **bas** |
| Style éducatif : | | |
| Pas de structuration | 17 % | 16 % |
| Structuration flexible | 47 % | 33 % |
| Structuration rigide | 36 % | 51 % |

Les comparaisons interculturelles ont montré que les acquisitions se faisaient dans le même ordre chronologique mais que la pratique et le « bain » culturel pouvaient en accélérer le rythme. Les enfants ont une compréhension plus précoce de la notion de profit dans les pays du tiers-monde (Jahoda, 1979, 1981, 1983 ; Jahoda et Woerdenbagh, 1982). Ils ont une meilleure connaissance du système bancaire à Hong Kong et à Singapour qu'en Australie et en Nouvelle-Zélande (Ng, 1983, 1985).

On remarque également que le « niveau » monte. Aux USA par exemple, les résultats sont bien meilleurs dans les années quatre-vingt que dans les années cinquante (Strauss, 1954 ; Sutton, 1962 ; Leahy, 1981 ; Burris, 1983). On peut y voir un effet positif de l'éducation et des médias. D'ailleurs d'autres études ont montré que plus les enfants regardaient la télévision et lisaient des journaux, plus larges étaient leurs connaissances dans le domaine économique. Dans des études des années quatre-vingt-dix, on a pu toutefois noter que le stade auquel l'argent semble provenir de sources inépuisables (4-9 ans dans les études anciennes) semble s'étendre sur une période plus longue (jusqu'à la préadolescence) en raison des formes modernes d'obtention d'argent liquide (distributeurs automatiques) ou de moyens de paiement (chèques et cartes bancaires).

L'ensemble des travaux de recherche exposés dans ce chapitre rend compte de la compréhension formelle de l'économie dans un contexte culturel normatif : les connaissances des enfants sont comparées aux définitions académiques. Principalement destinés à valider les théories néo-piagétiennes sur un champ d'application nouveau. Leurs auteurs ne se sont que fort peu souciés de connaître les réponses d'adultes aux mêmes questions. Ils n'abordent pas non plus la façon dont le jeune intègre ces notions dans ses pratiques personnelles, autrement dit comment il se construit un monde économique à lui.

Marilyn Kourilsky (1977) a tenté d'introduire des programmes éducatifs relatifs à l'économie dans les écoles primaires américaines. Les enfants pouvaient développer des commerces, faire des chèques et utiliser des services bancaires. Cette éducation avait un effet très marqué chez les plus jeunes (5 ans) leur permettant d'acquérir des concepts bien avant les stades décrits précédemment. Les travaux ont montré qu'ils ne manquaient pas d'initiatives et d'aspirations économiques, et qu'ils se débrouillaient très bien. Il est apparu que le frein principal à cette éducation était les parents, qu'il fallait également former si on ne voulait pas qu'ils étouffent les capacités de leurs enfants.

## 10.3. L'APPROCHE SOCIODÉVELOPPEMENTALE

Le rôle économique fondamental des enfants est celui de consommateurs. Pourtant, comme le souligne Joël Brée (1993), ils ne naissent pas consommateurs, ils le deviennent comme ils deviendront plus tard producteurs. Les conduites de choix de dépenses ou d'épargne, de choix des produits sont acquises peu à peu au cours de l'enfance sans qu'il y ait nécessairement un lien étroit entre ce développement et celui de la cognition dans le domaine économique. Dans un ouvrage récent sur l'épargne des enfants, Sonuga-Barke et Webley (1993) montrent l'évolution de la logique de leurs choix économiques dans la gestion de leur budget restreint et contraignant : une approche socio développementale. Ils regrettent que la plupart des psychologues du développement n'aient pas évalué la signification pratique et culturelle de l'économie dans la vie des enfants.

Sonuga-Barke et Webley considèrent l'épargne, les achats, le commerce, les emprunts, les jeux d'argent comme des expressions formelles des systèmes de valeurs sous-tendus par la culture, et comme des moyens plus ou moins encouragés d'approcher des idéaux spécifiquement économiques d'une société donnée. Il s'agit d'une approche environnementale dans laquelle l'enfant est considéré comme un individu qui se trouve confronté à des problèmes économiques qu'il doit résoudre, toutefois ces problèmes ne sont pas faits de concepts, ils sont bien réels. Il doit atteindre des buts avec de nombreuses contraintes, de faibles ressources (celles de son argent de poche), peu de temps et de nombreuses alternatives : il lui faut décider, choisir. Mais il n'est pas seul, il est entouré de ses copains, de ses parents qui cherchent à l'influencer, qui interprètent et jugent sa conduite. L'enfant va donc développer une compréhension des significations de ses conduites économiques et des exigences sociales. Il va également mettre au point des stratégies pour avoir une conduite adaptée et performante dans la culture particulière qui l'entoure.

Des chercheurs britanniques (Newson *et al.*, 1976) ont montré que les jeunes Anglais de 7 ans des classes moyennes recevaient moins d'argent de poche que les enfants d'ouvriers (18 pence contre 30 par semaine) mais qu'ils épargnaient bien plus (90 % contre 48 %). À la même époque, on a trouvé des résultats inverses aux États-Unis (Ward *et al.*, 1977). On peut donc supposer d'importantes différences culturelles et subculturelles.

Les enfants épargnent en général avec un objectif particulier pendant des durées relativement courtes. Par exemple, ils épargnent sur leur argent de poche hebdomadaire pour s'offrir un disque en fin de mois. Ils épargnent aussi sur des comptes ou des livrets. Épargner pour un enfant, c'est choisir entre une dépense présente et une dépense future et non choisir, comme le suppose la rationalité économique, entre dépense et épargne. Comme l'enfant n'a pas de dépenses obligatoires, l'épargne est un moyen de résoudre le problème d'un achat dont le montant dépasse les ressources régulières. Alors que chez l'adulte, il conviendra d'épargner même pour des achats inférieurs aux revenus en raison même des dépenses courantes. Il existe pour les enfants une épargne personnelle (privée), la tirelire et une épargne institutionnalisée (publique, connue des parents) le livret bancaire ou de caisse d'épargne. La première est à l'initiative du jeune et la seconde des parents. Ce système de double épargne fonctionne jusqu'à la majorité civile des jeunes, parfois même au-delà.

### *Un espace économique simulé*

Dans des jeux de simulation sur table (type *Monopoly*), on constate qu'avant 12 ans, la banque joue un rôle fonctionnel consistant à garder l'argent pour résister à la tentation. Cette conduite est nettement « régressive » par rapport aux connaissances affichées dans les travaux de psychologie développementale. À partir de 12 ans, elle est utilisée pour son rôle économique (versements d'intérêts).

Ces jeux de simulation restent fondamentalement des jeux, c'est-à-dire que les enfants y rencontrent des situations qu'on ne rencontre pas couramment dans la vie (des voleurs), aussi Webley (1993) a-t-il créé des espaces économiques « naturels » dans des écoles où les enfants recevaient une somme quotidienne dans une monnaie fictive (des jetons), pouvaient avoir des activités gratuites (dessin, jeux de société, bibliothèque) ou payantes (jeux d'arcade, juke-box, vidéo de dessins animés), consommer (des boissons, des bonbons ou des jouets), déposer tout ou partie de leur « argent » dans une tirelire personnelle (sans intérêts) ou à la banque qui leur versait des intérêts. La simulation se déroulait pendant cinq séquences de dix minutes représentant cinq jours. Les enfants âgés de 6, 9 et 12 ans, avaient dès le début connaissance de la durée de cette expérience et pouvaient en conséquence dépenser « quotidiennement » ou combiner consommation et épargne pour s'acheter le dernier jour un jouet qu'ils avaient déclaré désirer. Au total, ils recevaient 90 jetons et le prix du jouet le plus attractif était de 70 jetons.

Aucun des enfants de 6 ans (sur 10) n'avait la somme nécessaire à la fin de la « semaine » pour acheter le jouet convoité. Ils déclaraient avoir essayé, mais seulement le dernier jour ou en n'achetant qu'une seule chose par jour. Il est clair qu'ils ne comprennent pas la fonction économique de l'épargne. Le plus souvent ils préfèrent mettre leur « argent » dans une tirelire. L'argent mis à la banque est de l'argent « perdu » car en réalité, à cet âge, ils n'ont pas directement accès à l'argent placé à la banque. Pourtant l'un d'entre eux sait déjà que la banque donne des intérêts sur l'argent placé.

Les enfants de 9 ans (7 sur 10) et 12 ans (9 sur 10) ont pour la plupart réussi l'épreuve avec diverses stratégies :

Certains n'ont fait aucune dépense (deux enfants de 9 ans) ou aucune dépense jusqu'à l'obtention de la somme désirée puis ils ont dépensé le dernier «jour» la somme restante (un enfant de 9 ans).

D'autres ont calculé l'épargne nécessaire dès le début de la simulation (trois enfants de 9 ans et huit de 12 ans) et ils ont fait des dépenses régulières programmées; c'est aussi la stratégie qui a échoué dans le cas de mauvais calculs.

La totalité des enfants de 12 ans déposent leur «argent» à la banque car celle-ci donne des intérêts; d'ailleurs, la plupart demandent le taux d'intérêt dès le début de la simulation.

Pour les enfants de 9 ans, la banque sert à déposer l'argent et à l'oublier donc à ne pas le dépenser ou bien, elle est utilisée pour résister à la tentation pendant le jeu. La somme y est déposée dès qu'elle est reçue. Elle sert à mettre l'argent en sécurité contre soi-même (perte ou tentation) et contre les autres joueurs (vols possibles). Tous les enfants de 12 ans ont utilisé la banque pour obtenir les intérêts.

Nous utilisons tous des cachettes et des «trucs» pour garder de l'argent liquide, résister à la tentation ou dépenser moins : on ne met pas d'argent dans le porte-monnaie, on utilise des pièces et des billets pour des usages différents, on constitue des cagnottes pour des achats précis, etc. On peut dire que ces diverses stratégies sont infantiles. En fait, elles permettent aux enfants de résoudre des problèmes très concrets de gestion de leur modeste budget et elles sont parfois fort utiles aux adultes.

### *La représentation sociale de l'épargne*

Dans leurs études, Sonuga-Barke et Webley (1993) ont constaté le rôle important des parents et de la publicité pour les compagnies bancaires dans la construction de la représentation de l'épargne chez les enfants. Les idéaux économiques imprègnent la culture sous forme de valeurs (il est bien d'épargner) ou d'objectifs (épargner est le seul moyen de devenir propriétaire d'un logement).

Il s'agit de savoir comment l'épargne est présentée aux enfants. Quelles informations contribuent à la représentation que ceux-ci s'en forgent? Pour ces auteurs, il existe deux principaux rôles influents dans ce domaine, les parents et la publicité pour les comptes bancaires en général ou plus directement destinée aux enfants. Comme nous l'avons vu dans le chapitre sur la représentation sociale, l'analyse des «matrices culturelles» qui donnent des significations aux conduites est indispensable pour comprendre les représentations.

Les auteurs ont rassemblé pendant l'année 1985 un corpus d'annonces publicitaires dans les principaux quotidiens britanniques et leurs suppléments du dimanche. Si l'on ne tient pas compte des répétitions, l'ensemble est formé de 61 publicités différentes pour 37 sociétés vendant des produits d'épargne. On constate que ces publicités destinées aux adultes sont entièrement axées sur les taux d'intérêt et l'accès immédiat aux prêts. Il n'y a que peu de références à d'éventuelles raisons d'épargner (pour les mauvais jours, ou la sécurité future). Dans une seconde étude, les auteurs ont ouvert onze comptes bancaires pour leurs propres enfants afin de recevoir l'ensemble du matériel publicitaire qui est destiné aux nouveaux jeunes clients et d'en faire l'analyse. Les résultats montrent qu'il n'y a que très peu d'éléments éducatifs expliquant les aspects fonctionnels de l'épargne. Celle-ci est présentée comme une bonne habitude récompensée par les intérêts ou comme une activité amusante, une sorte de variante des collections. Sans aucun doute, les institutions bancaires encouragent les enfants à épargner.

Afin de mieux comprendre l'influence des parents sur l'épargne de leurs enfants, Webley et Sonuga-Barke ont interrogé les parents des trente enfants de 6, 9 et 12 ans qui ont fait l'objet de l'expérimentation exposée précédemment.

Les parents ont pour principal souci d'assurer à leurs enfants une vie confortable dans l'avenir. Certains épargnent pour leurs enfants à leur insu, estimant leur préparer une agréable surprise quand ils seront plus âgés et le découvriront. On peut se demander ce que les enfants feront de cet argent qui ne les a pas impliqués. D'autres parents vont encourager leur enfant à épargner. Ils estiment qu'ils seront mieux armés dans la vie s'ils ont acquis de bonnes habitudes. Les parents des enfants les plus jeunes pensent que l'argent de poche qu'ils leur donnent est fait pour être dépensé, non qu'ils estiment leur enfant incapable de comprendre le rôle de l'épargne, mais parce que cet argent est donné pour le plaisir, pour acheter des bonbons et d'autres petites choses agréables. En fait ils ne souhaitent pas «ennuyer» les enfants avec des soucis d'argent.

L'encouragement à l'épargne intervient quand l'enfant veut acheter un produit dont le prix est supérieur à son allocation hebdomadaire : les parents l'incitent alors à épargner la moitié du produit convoité. Ils mettront le complément. Cette habitude du complément entraîne chez les enfants plus âgés de véritables stratégies d'épargne car de surcroît elle contraint les parents à certaines dépenses que par ailleurs ils réprouvent (blousons de marque, scooters). Notons qu'il s'agit ici d'une récompense directe de l'épargne bien supérieure aux intérêts versés par les institutions. Ces conduites ne sont pas très cohérentes. Parfois les parents encouragent à épargner l'argent qui n'a pas été dépensé à la fin de la semaine (épargne résiduelle). Enfin certains parents ne donnent pas d'allocation régulière, préférant donner de l'argent au coup par coup donc sans aucune possibilité d'épargne. Peu de parents adoptent explicitement une attitude éducative vis-à-vis de l'épargne de leurs enfants et d'un certain point de vue, les banques (tout au moins dans cette étude britannique) sont de bien meilleurs éducateurs.

En général, l'enfant est perçu par les adultes comme un dépensier compulsif incapable de se contrôler. L'épargne est donc une sorte d'antidote à la folie dépensière des enfants. Mais au-delà de ces considérations, les parents montrent à leurs enfants que l'épargne est un moyen efficace pour résoudre les problèmes inhérents à des revenus contraignants.

### *La compréhension fonctionnelle*

Somme toute, les parents et les banques passent bien peu de temps à expliquer la signification fonctionnelle de l'épargne aux enfants. Les enseignants ne font pas ou très peu d'éducation dans ce domaine. On peut alors se demander d'où vient la compréhension qu'ils en ont.

Quand on s'intéresse au développement économique du point de vue de l'enfant, il faut se décentrer des standards économiques « objectifs » tels qu'ils sont définis par les spécialistes. En d'autres termes, certaines actions « économiques » des enfants n'ont pas d'objectifs véritablement économiques, toutefois ce sont des réponses parfaitement adaptées à leur situation et cohérentes de leur point de vue. Même si parfois elles servent des intérêts autres qu'économiques, elles visent souvent à « maximiser de l'utilité personnelle » : une bonne relation avec un copain, la confiance d'une grand-mère, un statut prestigieux dans la classe. Ces conduites ne sont pas économiquement rationnelles, elles peuvent être socialement adaptées et psychologiquement satisfaisantes.

Le modèle cognitiviste piagétien attribue les performances économiques des enfants à leur niveau de développement intellectuel et à leurs capacités de raisonnement. Le modèle culturaliste que nous présentons dans le chapitre suivant attribue ces mêmes performances à une influence culturelle positive au cours de la socialisation. Les enfants adhèrent à un certain nombre de normes sociales dont le comportement d'épargne pour mieux s'intégrer à la société. Sonuga-Barke et Webley montrent que l'un et l'autre modèles sont défaillants pour expliquer les résultats de leurs études empiriques. Ils proposent de revenir à des modèles d'apprentissage social : les enfants épargnent parce que ce comportement leur sert. Il est récompensé et fonctionnel par rapport à leurs objectifs.

Dans son ouvrage de 1980 sur le monde des adultes vu par les enfants, Furth tente une approche des influences diverses culturelles et sociétales dans l'évolution des jeunes individus. Toutes les recherches sur le développement de la compréhension du monde social et économique par les enfants partent de présupposés qui sous-tendent les relations quotidiennes des adultes des sociétés occidentales modernes :

I. Les institutions sociétales fonctionnent avant tout en réponse à des besoins sociétaux et non individuels.

II. Acquérir un rôle social, comme une profession, implique une constellation de prérequis sociétaux et personnels variés.

III. Tous les usages ne correspondent pas à des règles et la morale personnelle n'est pas identique aux lois sociales.

IV. Les compromis, les tensions et les conflits sont des sous-produits normaux, des limitations inhérentes à toute situation sociale concrète.

V. Les institutions sociétales ont une origine historique et sont sujettes à des changements.

VI. Les institutions sociétales ne sont pas concrètes au point qu'on en puisse faire le tour.

VII. Il n'y a pas de sujet particulier au centre de la société.

VIII. À quelques rares exceptions, l'argent est un moyen neutre d'échange pour tous les biens et tous les services.

IX. L'arithmétique simple requiert que dans une économie monétaire, le vendeur doit acheter des choses à un prix inférieur à celui auquel il les vend, ce qui inclut dans le prix de vente tous ses frais et son profit.

X. Les deux façons principales d'acquérir de l'argent sont le travail rémunéré et le commerce.

XI. Bien que les gouvernements des pays aient le pouvoir d'imprimer ou de frapper la monnaie, les états n'ont pas fondamentalement d'autres moyens d'acquérir de l'argent qu'en imposant leurs citoyens pour leurs biens et leurs services, principalement par des formes indirectes de taxation.

XII. Les fonctions gouvernementales sont exercées à différents niveaux politiques et dans une variété de sphères pour réguler et aider les relations entre les institutions sociétales.

Ces propositions ne sont pas exhaustives, mais elles donnent un aperçu des composantes nécessaires (éléments cognitifs) pour que l'enfant comprenne la société dans laquelle il vit. Ces présupposés ne sont presque jamais explicités, cependant ils servent de base aux conduites. Par exemple, l'adulte est persuadé que le conducteur de l'autobus a un parcours précis à suivre et qu'il ne se promène pas au gré de sa fantaisie. Mais il suffit de se trouver plongé dans une autre culture pour ne plus en être tout à fait persuadé. Pour un enfant aucune des propositions faites n'est une évidence. Quand il a 5 ou 6 ans, il perçoit :

I. Un monde indifférencié. Les rôles sociaux et la personnalité des individus qui les occupent se confondent.

II. Un monde volontariste. Les événements sociaux arrivent en fonction des désirs et des souhaits personnels des individus.

III. Un monde déterminé. Les événements se déroulent selon des règles connues (des adultes). Il n'y a pas de place pour le hasard.

IV. Un monde sans conflit. Comme dans les contes de fées, la perfection rationnelle et le bonheur cohabitent avec une concordance quasi miraculeuse entre les besoins sociaux et les besoins personnels.

V. Un monde a-historique. Les événements sont statiques dans leur forme présente.

VI. Un monde superficiel. Les événements sont identifiés à partir d'aspects superficiels ou d'instances particulières.

VII. Un monde égocentrique. L'expérience personnelle est le critère principal de la pensée enfantine.

VIII. L'argent est personnel et concret. Chacun en fait ce qu'il veut.

IX. L'argent est un rituel. Il n'a pas de fonction sociétale.

X. L'argent est à la disposition de tous. Il est accessible comme d'autres ressources, l'air ou la nourriture.

XI. L'argent est produit comme n'importe quel autre bien.

XII. Le gouvernement et la collectivité n'ont pas de signification.

Pour passer de cette conception enfantine aux principes des adultes, l'approche développementale suppose que la pensée et la conduite de l'enfant sont avant tout des produits de son développement cognitif. Il applique les cadres cognitifs qu'il a à sa disposition pour donner une signification à son expérience. Par ce processus, il va au-delà des cadres cognitifs existants et en construit de nouveaux : c'est ainsi qu'il se développe mentalement. Comprendre le monde social n'est pas fondamentalement différent de comprendre le monde physique tel que l'a découvert Piaget. L'approche socio-développementale suppose au contraire que l'enfant développe les conduites qui lui servent directement, y compris des conduites apprises pour pouvoir être compris et aimé des adultes : le développement cognitif dans le domaine social est essentiellement relationnel.

# 11

# La théorie du rôle

À l'opposé du cadre des acquisitions cognitives individuelles, on peut analyser la socialisation du point de vue global d'une société qui poursuit ses propres objectifs de fonctionnement. L'enfant est alors considéré comme un élément indispensable pour la conservation de l'espèce et de la civilisation. Après avoir vu le développement des concepts économiques du point de vue des acquisitions cognitives individuelles, nous allons étudier comment la société au travers de ses institutions, essentiellement la famille et l'école, modèle les conduites et les représentations économiques. La façon dont chaque génération transmet ses valeurs et ses expériences à la suivante est un sujet d'un grand intérêt et d'une importance pratique considérable. Les grandes théories qui traitent des normes sociales, le marxisme et le systémisme fonctionnel, fournissent évidemment des modèles pour comprendre la façon dont les règles et les habitudes sociales sont acquises et intériorisées par les jeunes individus. À cette occasion, nous présenterons quelques normes qui renforcent le lien social, l'altruisme et le sentiment d'équité. Enfin nous verrons comment divers événements de la vie s'intègrent dans le système social et économique : avoir un enfant, grandir dans une économie où le chômage est important.

## 11.1. LES GRANDES THÉORIES

La sociologie et l'anthropologie ont particulièrement insisté sur l'importance des facteurs sociaux dans l'acquisition des conduites économiques. Des théories déjà évoquées comme le marxisme ou le systémisme de Parsons sont particulièrement pertinentes pour cette analyse.

*Le marxisme*

L'hypothèse principale du marxisme et de ses développements les plus récents est que, dans une économie moderne, aux techniques avancées sur la base d'une économie capitaliste, le bien-être des individus est déterminé par leur situation dans les rapports de production. Selon qu'il est né prolétaire ou bourgeois, l'enfant recevra une éducation le conduisant à des conduites économiques différentes. La bourgeoisie comme le prolétariat sont aliénés dans leurs besoins et dans leurs véritables fonctions économiques. Le passage à un autre système économique permettra à chacun de recevoir selon ses besoins et de donner selon ses capacités. Dans ce contexte l'école est présentée comme un véhicule de l'idéologie capitaliste dominante qui prive le jeune des outils d'analyse du système économique comme la dialectique, la lutte des classes, etc. À l'appui de ces remarques une étude de Cummings et Taebel (1978) aux États-Unis confronte des enfants de 9 à 17 ans à des items traitant de l'importance de l'action de l'état, des syndicats et des entreprises privées dans les relations économiques. Ils constatent qu'à mesure que les jeunes grandissent, leur confiance dans les entreprises croît pendant que celle à l'égard des syndicats ou de l'état décroît. Parallèlement, dans les travaux de recherche sur le développement des connaissances des jeunes en matière d'économie, les chercheurs ont trouvé en Pologne (Woczinski et Pietras, 1990) et en Algérie (Roland-Lévy, 1990) que les enfants manifestent une confiance absolue à l'égard de l'État.

*Le systémisme fonctionnel*

Nous avons vu dans le chapitre sur les besoins les principales caractéristiques du systémisme fonctionnel. Nous les reprendrons ici afin de comprendre comment l'individu, le jeune va s'insérer dans la vie économique.

Pour Parsons (1975), l'analyse fonctionnelle est la plus enrichissante et la plus ouverte des orientations sociologiques contemporaines. Mais elle requiert un préalable, celui de considérer la société comme un organisme formant une unité fonctionnelle qui requiert un état relativement constant ; c'est l'image du « corps social ».

Voici comment Merton (1957) propose de procéder à l'analyse sociale : « Avant tout, il faut établir certaines exigences fonctionnelles des organismes, exigences qui doivent être satisfaites pour que l'organisme survive ou pour qu'il puisse avoir quelque efficacité. Deuxièmement, il faut décrire de façon concrète et détaillée les dispositifs (structures et processus) par lesquels ces exigences sont remplies dans les cas considérés comme typiquement "normaux". Troisièmement, si certains de ces mécanismes typiques sont détruits ou ne fonctionnent pas normalement, l'observateur doit être sensibilisé à la nécessité de découvrir des mécanismes compensatoires (s'ils existent) qui remplissent les fonctions nécessaires. Quatrièmement, et implicitement dans tout ce qui précède, il existe un état particulier de la structure qui convient aux exigences fonctionnelles et un état particulier des dispositifs par lesquels la fonction s'accomplit. » Le modèle fournit donc une grille de lecture de l'observation des comportements de l'homme en société ; il conduit à des techniques minutieuses d'observation. La question posée est celle de l'entrée de l'enfant, du jeune dans le système économique. En tant que consommateur, cette insertion est progressive et ne demande pas de dispositif particulier autre que les réponses aux demandes des jeunes en matière de produits et de services. C'est dans les années soixante qu'est né en France un marché des jeunes en matière de loisirs et d'habillement. Par contre, l'entrée dans le monde du travail ne fonctionne pas normalement dans une période où le chômage est important, d'où la nécessité de nombreux mécanismes compensatoires (stages d'insertion, formation alternée, aide à l'embauche pour les entreprises).

Ouellet (1981) expose l'approche systémique en recherche. Il s'agit d'une recherche globale qui inclut l'action, c'est-à-dire avant et après la recherche cartésienne. Le chercheur devra réunir des ensembles d'informations dans un cadre de référence, préciser le but du système, définir les limites et les écarts à ne pas dépasser, identifier les éléments importants avec les types d'interaction entre ces éléments. L'analyse systémique permet d'évaluer le fonctionnement des organismes. Dans une première étape « perceptive », le chercheur décrit, clarifie la situation à évaluer. C'est une phase non directive où l'on confronte les perceptions des différents acteurs du système pour aboutir à un consensus qui respecte les besoins de chacun (audit). La seconde étape est « rationnelle ». Le chercheur va créer un savoir objectif, scientifique (phase cartésienne classique de l'analyse systémique). Il faut décider ce que l'on a l'intention de connaître, mais il faut des hypothèses « réalisables » pour lesquelles on admet qu'elles sont pertinentes sur le plan des valeurs et des ressources, tant humaines que physiques. La troisième étape est « fonctionnelle ». Enfin, il va fournir les outils et les procédés nécessaires à l'action : aide à des prises de décision à la fois acceptables et réalisables. Il se doit aussi de prévoir les critères et les outils de contrôle des résultats obtenus par ces actions.

Partant du principe que le système économique ne peut fonctionner que si l'ensemble de ses acteurs « jouent le jeu », le chercheur va donc dans un premier temps repérer des normes de conduite et de pensée, indispensables au bon fonctionnement de l'économie. Il va décrire les mécanismes compensatoires qui interviennent quand les processus normaux sont défaillants. Et enfin, il analysera par quelles conduites et selon quelles règles les personnes ont accès aux processus qui ont été mis en évidence. Dans le cas des jeunes, la rationalité économique apparaît comme une norme encouragée par les apprentissages scolaires (par exemple par l'importance donnée aux mathématiques) sans qu'il y ait nécessairement transfert aux conduites quotidiennes. Dans une étude récente (Lassarre, 1995), il est apparu que 42,5 % des adolescents établissent des budgets personnels en déficit tout en admettant la norme de rationalité.

*La socialisation écologique*

Le modèle que Bronfenbrenner (1989) appelle «écologique», traite des processus d'influence du contexte sur le développement de l'enfant. Les positions respectives et les interactions des membres de la famille, et des autres influenceurs modifient la situation objective et la façon dont celle-ci est perçue. La publicité présente un modèle de référence de la famille qui correspond ou non à ce que vit l'enfant, et les parents discutent ou non du contenu des spots publicitaires avec leurs enfants. Les divers influenceurs ne sont pas isolés. L'enfant découvre le monde au sein du système d'interactions le plus proche de lui (microsystème) et celui-ci a des prolongements dans des systèmes plus distants (macrosystèmes). Un microsystème est défini par «un schéma d'activités, de rôles et de relations interpersonnelles vécues par une personne en développement dans des situations de face-à-face dans des sites qui ont des caractéristiques physiques et matérielles particulières contenant d'autres personnes, qui ont elles-mêmes des traits distinctifs de tempérament, de personnalité et de systèmes de croyances» (Bronfenbrenner, 1989). Les mésosystèmes ou systèmes intermédiaires impliquent des relations entre plusieurs sites dans lesquels l'enfant se développe en tant qu'acteur : par exemple, la famille et l'école. L'exosystème est défini par des relations entre des sites qui n'impliquent pas directement la personne en développement mais qui influencent les processus dans lesquels l'enfant est impliqué : par exemple, les relations entre le milieu professionnel des parents et l'enfant. Enfin, le macrosystème reflète des schémas culturels d'interrelations au sein des divers subsystèmes : par exemple, la croyance en la rationalité économique.

Pour guider leurs achats, les enfants se réfèrent à quatre sources principales d'information, les parents et les habitudes familiales, les pairs (les copains), la publicité (en particulier la publicité télévisée) et les objets eux-mêmes (les prix et les marques) (Lassarre et Roland-Lévy, 1989). C'est surtout la famille qui influence les habitudes de consommation. Les parents font des courses avec leurs enfants et les conseillent sur les produits. De plus, les enfants sont consultés sur les achats familiaux, petits ou gros. L'influence des adolescents est particulièrement importante pour les achats d'équipement audiovisuel ou informatique.

## 11.2. LES NORMES, STATUTS ET RÔLES SOCIAUX

Les normes sociales permettent aux jeunes de se repérer dans un monde complexe. Ainsi nous avons vu que pour les jeunes enfants, le fait de donner de l'argent contre des marchandises correspond à un rituel normé sans autre signification que la conformité sociale. Il s'apparente à la politesse. Plus tard, ce même acte est interprété sous l'angle de la norme « morale » : il faut payer car sinon ce serait du vol et le vol, c'est mal. Chez l'enfant, le conformisme correspond à une motivation d'acceptation sociale, celle d'être accepté par les adultes.

On voit donc que la norme a une fonction cognitive. Elle permet à l'individu de se reconnaître comme membre d'un groupe. Elle donne une identité sociale. Et c'est un standard de référence en ce qui concerne les jugements de valeur. La norme a une fonction instrumentale : on suit la norme parce qu'elle trouve sa récompense en elle-même en facilitant les rapports sociaux. Le conformisme procure un statut. L'enfant qui tourne autour de la boulangerie n'est qu'un « sale môme », s'il vient acheter des bonbons avec ses sous, c'est un client.

### *La théorie du rôle*

La théorie du rôle a été développée par des anthropologues qui ont formé le courant culturaliste (Margaret Mead, 1934; Benedict, 1938; Kardiner, 1939; Linton, 1945). Les apports des culturalistes à la socialisation ont été analysés par Stoetzel (1963). Cet ensemble théorique s'inscrit parfaitement dans le cadre du systémisme économique de Parsons.

La culture, au sens large, est définie par le mode de vie d'une population. C'est un ensemble de comportements et non seulement de connaissances. « La culture consiste en des schémas de comportements explicites et implicites, acquis et transmis par des symboles et constituant la réalité distinctive d'un groupe social » (Linton, 1945).

Le statut d'un individu est la place qu'il occupe dans un système donné à un moment donné à partir d'une description extérieure (exemple : les statuts de fils, d'élève, de client). À chaque statut correspond un rôle, façon dont l'individu vit son statut de l'intérieur.

Un individu s'attend à se conduire d'une certaine manière, et de la même façon il attend des autres certaines conduites. Les interactions ne se déroulent pas de façon aléatoire mais en fonction de la place de chacun dans la société. Les normes de rôles sont constituées par un ensemble de conduites fréquentes ou souhaitables pour un individu occupant un certain statut (exemple : le bon fils, le bon élève, le bon client). C'est en apprenant les normes de rôle que l'individu s'intègre dans son milieu social. Le rôle est donc la conduite propre à chacun au cours des activités sociales et, par la suite, la conduite que chacun est en droit d'attendre d'une personne selon ses statuts et ses fonctions : comportements du client (qui doit payer) et du vendeur (qui doit être aimable). Il existe un consensus d'ajustement des rôles et des statuts (avec des positions et des contre-positions : la mère et l'enfant, le maître et l'élève, le patron et l'employé).

Le rôle est fonctionnel, il sert à la régulation des relations sociales : celui qui reste dans son rôle facilite le rôle complémentaire. L'intrication des divers rôles sociaux et de leurs complémentaires forme le système social. Les normes ne varient pas seulement en fonction des situations, elles changent aussi en fonction des personnes. L'anticipation des interactions est un guide important des conduites. L'autre doit avoir un certain comportement. S'il ne l'a pas, il entraînera la surprise ou l'indignation. Un rôle a souvent plus d'un contre-rôle : le commerçant sera face au client, mais aussi face au fournisseur et au percepteur. Par ailleurs un individu possède de nombreux rôles, ce qui crée des difficultés quand des prises de rôles simultanées ont des normes divergentes (la mère de famille qui emmène son enfant sur son lieu de travail). Le contexte interactionnel à un moment donné détermine les catégories de rôles occupées par une personne, les attentes qui s'y rattachent et la marge de comportements admissible dans le cadre des attentes. Si sa nourrice est indisponible, l'enfant pourra facilement accompagner sa mère dans un service fermé au public, ce qui ne sera pas le cas si celle-ci a affaire à la clientèle.

Un statut concerne une catégorie de personnes qui occupent une certaine place dans les relations sociales et il renvoie à une catégorie de rôles. La personne qui occupe la position de mère ou de vendeuse, doit se comporter en mère ou en vendeuse et jouer correctement son rôle. Sinon elle encourt la désapprobation de la part des autres. Les attentes du groupe vis-à-vis d'un certain rôle reposent sur un consensus social. La vendeuse se doit d'aider la cliente et non la critiquer. Les membres d'un groupe partagent certaines notions concernant ce qui est désirable en matière de conduite. Celle-ci doit répondre à des attentes précises (le devoir) en se référant à un idéal commun (les valeurs). Les normes et les valeurs sont renforcées par des sanctions positives (sourire, félicitations) ou par des sanctions négatives externes (le vol à l'étalage conduit en prison) ou interne (sentiment de culpabilité). On voit nettement à la préadolescence (entrée en sixième) le groupe des pairs fixer de nouvelles normes en matière d'alimentation, d'habillement, de loisirs qui sont étrangères à la famille.

Le concept de rôle sert de lien entre le culturel et le personnel. Les jeux de simulation des enfants (à la marchande) ou certains jeux de société à l'adolescence facilitent l'acquisition des normes.

### *Le modèle de Goffman*

Le sociologue Erving Goffman (1959) rapproche davantage le concept de rôle de la notion théâtrale. Pour cela, il définit des lieux précis, sortes de scènes où l'on peut prendre des rôles. Les attentes de rôles induisent à la conformité au sein d'une gamme de conduites acceptables dans le rôle. Pour déterminer le rôle qu'il doit jouer, l'individu doit se situer dans la structure sociale et à l'intérieur de cette structure dans une situation précise. Les exigences de rôle sont plus contraignantes que les attentes. Ce sont elles qui excluent que certaines personnes puissent jouer certains rôles. Les capacités de rôle sont les aptitudes physiques ou psychologiques permettant de bien jouer son rôle. Comme toutes les aptitudes, elles peuvent être améliorées par des formations appropriées. La congruence entre soi et le rôle permet d'établir le degré d'artificialité dans la prise de rôle : est-ce un rôle naturel ou de composition? Le public est une notion spécifique de la théorie de Goffman. On ne prend un rôle que s'il y a des témoins, des spectateurs ; autrement dit, la prise de rôle ne peut être que sociale. Ce caractère théâtral des conduites est particulièrement exacerbé à l'adolescence, période vouée aux nouvelles prises de rôle.

Kotler et Dubois (1986) utilisent la théorie du rôle pour expliciter les positions de chacun dans les processus d'achat. L'initiateur est celui qui a suggéré l'achat pour la première fois. Dans une famille, il s'agit assez souvent des enfants. Les influences sont les personnes qui exercent une influence, petite ou grande, sur la décision finale (membres de la famille, collègues de travail, voisins, vendeur). Le décideur est celui qui décide où, quand, quoi et comment acheter. Dans le cas des achats d'adolescents, le décideur n'est pas toujours le financeur. L'acheteur est celui qui procède à la transaction et l'utilisateur celui qui consomme. On voit donc qu'un achat est loin d'être un acte individuel sauf quand la même personne occupe tous les rôles. La publicité utilise des modèles de rôle qui mettent en scène les produits et les consommateurs. Le consommateur de telle marque de bière dans un café, le conducteur de telle voiture dans les embouteillages, ou la maîtresse de maison qui sert telle marque de pizza entrent en scène avec un rôle, montré par la publicité, qui leur convient ou non.

### *L'apprentissage des rôles sociaux*

Dans le modèle culturaliste, la conformité (la façon de se comporter selon les normes) est conçue comme le résultat d'une adéquation entre les rôles et les modèles. Les travaux de Sherif (1936) ont montré comment les normes collectives devenaient normes personnelles par un phénomène d'intériorisation. Mais on constate que les normes ne sont pas les mêmes pour tout le monde. Il conviendra donc de considérer la norme comme une règle de conduite s'appliquant à tous les individus occupant la même position dans la structure sociale.

Les normes permettent d'obtenir certains comportements de la part d'autrui sans avoir recours à l'influence : en aidant une personne, je fais d'elle mon obligée (norme de réciprocité). Une grande part de l'éducation consiste à introduire des normes : on définit les attitudes ou les comportements souhaités, on précise l'étendue de la conformité souhaitée et les limites au respect de la norme et on applique les sanctions pour la conformité ou la non-conformité. Par exemple, les parents donnent de l'argent de poche à leurs enfants en précisant son usage et les interdits. La désobéissance est le plus souvent sanctionnée par le refus de renouveler l'allocation.

La conformité a de nombreuses conséquences sanctionnées indirectement, par exemple, ne pas avoir à subir de pression directe, pouvoir s'affirmer comme membre d'un groupe. Ainsi beaucoup d'enfants se comportent comme des adultes pour en tirer des avantages. La conformité est opératoire (elle permet d'arriver à ses fins) et récompensée affectivement par la considération d'autrui. La prise de conscience du consensus équivaut à une récompense. Le pouvoir du groupe est d'autant plus puissant qu'il est librement accepté.

L'enfant va donc apprendre à jouer son rôle, notamment économique. Joel Brée (1993) cite plusieurs études qui montrent que les filles apprennent plus tôt les comportements de consommation courante. Elles accompagnent davantage leur mère en courses et connaissent mieux les produits et les prix. Les enfants d'agriculteurs ou d'artisans connaissent mieux les règles qui régissent les systèmes de production que les enfants de cadres ou d'employés. Enfin, on a vu que les enfants de Hong Kong connaissent mieux les fonctions bancaires que les jeunes Européens. Dans leur vie quotidienne, les enfants sont très souvent consommateurs, beaucoup moins producteurs, encore que 53 % des jeunes de 14 ans aient un petit boulot plus ou moins régulier (Lassarre, à paraître), et inconsciemment investisseurs si l'on considère leur principale activité, l'instruction, la formation comme un investissement.

### *Les conflits de rôles*

Plus le statut est clairement défini socialement, plus le rôle est facile à apprendre, plus il est facile de s'y conformer et plus le système fonctionne de façon équilibrée, sans conflit. Les rôles nouveaux, par exemple les médiateurs, ne reposent pas sur des consensus bien établis. Ils ne sont pas faciles pour ceux qui les prennent et font l'objet d'attentes confuses et contradictoires chez les partenaires.

Chaque personne occupant des rôles multiples dans la société, des conflits de rôles peuvent intervenir. La vendeuse qui, un jour de congés scolaires, emmène son enfant à la boutique va se trouver à devoir jouer à la fois le rôle de mère et celui de vendeuse, ce qui n'est pas toujours compatible. Rappelons qu'un des ressorts du théâtre classique est le conflit de rôle : le Cid doit-il être le vengeur de son père ou l'amant fidèle de Chimène? Dans une étude récente Michel Bauer (1993) montre que le patron d'une petite entreprise familiale doit à la fois raisonner en économiste rationnel, mais aussi en politique qui doit garder le pouvoir et en père de famille qui doit laisser un héritage à ses enfants. Trois rôles, donc trois logiques de conduite en compétition et parfois en conflit.

Certains rôles ont des exigences à court terme et d'autres à long terme. On peut céder à un enfant sur l'achat d'un produit pour accélérer le rythme des courses, puis regretter cette conduite dans un souci éducatif à plus long terme.

Le conflit est parfois institutionnel. Quand l'occupation d'un statut n'est plus suffisamment gratifiant pour qu'il y ait des candidats pour s'y intéresser. Cela a été le cas des métiers de l'enseignement dans les années quatre-vingt, c'est le cas des responsabilités syndicales ou celui du rôle de maire dans les petites communes. Le besoin d'accomplissement personnel et d'autres facteurs de personnalité peuvent intervenir à ce niveau.

La hiérarchisation des rôles sociaux est un des moyens d'éviter les conflits et aussi la constitution de rôles de synthèses qui regroupent des attentes contradictoires. Des rites de passage clairs au moment des changements de statut facilitent aussi les prises de rôle. Par contre, le passage de l'enfance à l'âge adulte, si peu marqué dans nos sociétés occidentales, crée un état intermédiaire de plus en plus long et de plus en plus conflictuel : l'adolescence. Enfin, l'équilibre clair des droits et des devoirs de chaque rôle permet également d'éviter les conflits.

### *L'intériorisation des normes*

Le processus de socialisation produit des changements importants chez l'individu. Il crée les standards de conduites et des habitudes. Il crée aussi des attentes en ce qui concerne les conduites, des motivations, des attitudes, des évaluations, des préférences, pour soi et pour les autres. Ces dernières manifestations psychiques apparaissent sous l'influence de contrôles internes, comme si elles émanaient du sujet lui-même. Le processus par lequel des normes extérieures sont adoptées sur un registre personnel est nommé l'intériorisation.

Les travaux des spécialistes de la petite enfance ont montré que le contact social et affectif était indispensable au développement physique et psychique de l'enfant. D'une manière générale la présence d'autrui est associée à des sensations agréables (manger, boire) ou à la cessation de sensations désagréables (être mouillé). La dépendance de l'enfant vis-à-vis de l'affection des autres est la première condition de sa socialisation. C'est quand l'enfant se rend compte qu'il dépend des autres, qu'il prend conscience de sa propre existence d'individu.

Les parents utilisent des méthodes éducatives différentes. Les parents issus des classes moyennes utilisent davantage le retrait d'affection comme technique de punition, alors que la punition physique est plus fréquente dans les catégories sociales défavorisées. Les mères utilisent davantage le retrait d'affection que les pères. Les filles subissent plus ces techniques que les garçons. Cette technique éducative du retrait d'affection, en établissant la dépendance et les contrôles internes, semble avoir de meilleurs effets sur l'intériorisation des normes que les punitions.

### *La norme d'altruisme*

L'altruisme est l'intention d'avantager autrui, de rendre service en tant qu'expression d'une valeur interne sans lien avec une récompense matérielle ou sociale. Dans les théories économiques classiques, l'altruisme est contraire à la logique de l'intérêt personnel et à la rationalité. On explique généralement l'altruisme par l'intériorisation d'une norme : le sujet éprouve un sentiment d'obligation morale si la perception du besoin d'autrui active la structure intériorisée des valeurs et des normes. L'altruisme est la réponse appropriée à une situation donnée. La norme d'altruisme est une norme de sauvegarde de la collectivité (explication biologique du maintien de l'espèce). Toutefois, l'analyse du passage à l'acte altruiste peut aussi être conduite en termes d'optimisation du rapport entre les bénéfices et les coûts.

Darley et Latané (1970) considèrent que c'est le coût de l'aide qui permet de pronostiquer la conduite altruiste. Le coût maximum semble être l'intrusion dans la vie personnelle. Dans les rues de New York, ils demandent aux passants l'heure, un itinéraire, de la monnaie et leur nom. Ils obtiennent respectivement 85 %, 85 %, 73 % et 29 % de réponses favorables. L'aspect physique du demandeur compte aussi : on aidera davantage un invalide que quelqu'un qui sent l'alcool. On aide davantage ceux qui nous ressemblent, les hommes aident des hommes, les femmes des femmes, les Noirs des Noirs. Notons que la présence de témoins ne favorise pas la conduite d'aide, au contraire. La taille de la ville entraîne un repli sur soi, Milgram (1970) a montré que les conduites d'aide ou de civisme sont beaucoup plus fréquentes dans les petites villes que dans les grandes (plus de 20 000 habitants) : une lettre abandonnée dans un magasin sera plus facilement postée, la monnaie oubliée sera rendue, on ouvrira plus facilement sa porte, y compris pour prêter son téléphone.

Comment devient-on altruiste? L'empathie consiste à se mettre à la place des autres et à partager leurs sentiments. La capacité d'empathie est corrélée aux sentiments altruistes. La socialisation implique une certaine empathie, elle implique aussi l'intériorisation de la norme d'altruisme. (Il en va de même pour la norme d'équité.) Il est évident que le système éducatif encourage plus ou moins l'altruisme. On peut se demander si un système scolaire plutôt compétitif ne décourage pas cette conduite. Les enfants imitent les conduites généreuses : ils sont prêts à donner aux mendiants, ils encouragent leurs parents à donner aux œuvres caritatives (Restos du cœur, Téléthon).

### *L'économie du don et de l'équité*

Les anthropologues comme Marcel Mauss (1947) ont montré que de nombreuses cultures utilisent le don de façon rituelle. Dans nos sociétés, on retrouve ce type de don pour les anniversaires, les mariages, les naissances, certaines fêtes (Pâques, Noël). Le cadeau est aussi utilisé en échange d'un service rendu : on rapportera un souvenir de vacances à la voisine qui a arrosé les plantes. Les cadeaux d'entreprise scellent des relations d'influence. Le don suppose une norme de réciprocité, sinon il s'agit d'un instrument de pouvoir, d'influence. On donne aussi par altruisme. On donne de l'argent aux œuvres caritatives ou aux partis politiques. On donne son sang ou sa moelle osseuse.

La norme d'équité (Adams, 1965) permet à chacun d'établir ce qui est juste quand il s'agit de se répartir une ressource rare ou limitée (argent, nourriture). Les expériences montrent que les sujets ne partagent pas également mais équitablement, c'est-à-dire de façon proportionnelle à ce que chacun a mis dans l'activité. D'énormes disparités dans la distribution peuvent apparaître tout à fait justes si certains ont payé des coûts beaucoup plus élevés que d'autres en matière de stress, d'éducation ou d'expérience). Des travaux récents montrent qu'en Russie et dans d'autres pays sortis du communisme, la norme d'équité est beaucoup plus proche de l'égalité que dans les nations d'Europe occidentale (Tougareva, 1991 ; Oppewal et Tougareva, 1992).

## 11.3. LES ÉVÉNEMENTS DE LA VIE

Les événements de la vie (*life events*) sont des événements comme le divorce, la mort, le mariage, la naissance d'un enfant, la retraite, le chômage, le départ d'un enfant du foyer, le déménagement, le changement d'emploi qui sont généralement considérés comme facteurs de stress. Ces événements sont parfois subis par l'individu, parfois choisis et même rationnellement décidés. Les premières études sur la décision ont porté sur le mariage. Certains de ces événements améliorent la situation économique de l'individu et de sa famille, d'autres le plongent dans les difficultés, la misère, l'exclusion. Nous avons vu dans le chapitre 1 les conséquences psychologiques du chômage. Face à ces événements et à leurs conséquences économiques, diverses stratégies psychiques sont mises en œuvre.

Holmes et Rahe (1967) ont classé 43 événements en fonction de la quantité de stress qu'ils créent à partir d'une valeur arbitraire de 100 % accordée à l'événement le plus mal vécu, à savoir le deuil du conjoint. Il est remarquable que ces événements ne sont pas tous indépendants, les plus graves entraînent en général une série de conséquences elles-mêmes stressantes. Ainsi le décès du conjoint va-t-il modifier les conditions de vie. On peut aussi noter que les événements stressants ne sont pas tous des événements négatifs. Il est vraisemblable que cette classification soit datée car les valeurs sociales et personnelles ont évolué depuis 1967. De même on peut penser qu'une classification établie dans la culture américaine ne soit pas reproductible dans son intégralité dans une autre culture (voir tableau 11.1).

Le stress économique peut être défini comme un décalage de longue durée entre les besoins et les ressources que l'on ne parvient pas à combler par le fruit de l'épargne ou par l'emprunt. Ce stress entraîne des réactions physiologiques et psychologiques qui vont de la simple tension à la pathologie. Pour le réduire, les individus disposent de divers soutiens d'origine sociale, émotionnels, instrumentaux, informatifs et évaluatifs.

I. **Les soutiens émotionnels :** la chaleur, l'amitié, l'amour, la sympathie, l'estime, l'admiration, l'encouragement, la confiance, l'intérêt, la compassion.

II. **Les soutiens instrumentaux :** les aides directes diverses à la réalisation d'une tâche, une décharge de travail, un prêt d'outils ou de moyens divers, une aide ménagère ou éducative, le don d'argent, d'aliments, etc.

III. **L'aide informative :** les informations, les connaissances, les avis, les conseils, le *feed-back* ; la réduction de l'incertitude concernant l'avenir, l'explicitation des normes et des rôles.

IV. **Les supports d'évaluation :** l'évaluation positive de la personne, la comparaison sociale, le soutien aux opinions et aux valeurs.

On voit dans ces exemples l'impact des soutiens sociaux et affectifs pour aider les individus à résoudre leurs problèmes économiques.

*Tableau* **11**.*1.* — *Les événements stressants* (Holmes et Rahe, 1967).

| Rang | Événements | Valeur moyenne |
|---|---|---|
| 1 | Décès du conjoint | 100 |
| 2 | Divorce | 73 |
| 3 | Séparation du couple | 65 |
| 4 | Emprisonnement | 63 |
| 5 | Décès d'un parent proche | 63 |
| 6 | Accident ou maladie personnelle | 53 |
| 7 | Mariage | 50 |
| 8 | Licenciement | 47 |
| 9 | Réconciliation maritale | 45 |
| 10 | Mise en retraite | 45 |
| 11 | Problème de santé d'un proche | 44 |
| 12 | Grossesse | 40 |
| 13 | Problèmes sexuels | 39 |
| 14 | Nouveau membre dans la famille | 39 |
| 15 | Changement d'emploi | 39 |
| 16 | Changement financier | 38 |
| 17 | Décès d'un ami proche | 37 |
| 18 | Changements d'ordre professionnel | 36 |
| 19 | Disputes avec le conjoint | 35 |
| 20 | Hypothèque importante | 31 |
| 21 | Engagement d'un emprunt important | 30 |
| 22 | Nouvelles responsabilités au travail | 29 |
| 23 | Enfant quittant la maison | 29 |
| 24 | Disputes avec la belle-famille | 29 |
| 25 | Réussite personnelle | 28 |
| 26 | Début ou fin de l'emploi du conjoint | 26 |
| 27 | Début ou sortie des études | 26 |
| 28 | Changement des conditions de vie | 25 |
| 29 | Changement d'habitudes | 24 |
| 30 | Conflits avec le patron | 23 |
| 31 | Changement des horaires de travail | 20 |
| 32 | Déménagement | 20 |
| 33 | Changement d'école | 20 |
| 34 | Changement dans les loisirs | 19 |
| 35 | Changement dans les activités religieuses | 19 |
| 36 | Changement d'activités sociales | 18 |
| 37 | Petit emprunt | 17 |
| 38 | Changement d'habitudes de sommeil | 16 |
| 39 | Changement du nombre de réunions familiales | 15 |
| 40 | Changement d'habitudes alimentaires | 15 |
| 41 | Vacances | 13 |
| 42 | Noël | 12 |
| 43 | Petite contravention | 11 |

*Avoir un enfant : une décision économique ?*

Le tableau de Holmes et Rahe montre que les événements stressants ne concernent pas directement les relations avec les enfants : grossesse, enfant quittant la maison. On dit souvent qu'un enfant « coûte cher », mais cette phrase n'a pas grand sens car, si les parents payent pour la plupart des biens et des services dont un enfant a besoin jusqu'à ce qu'il soit financièrement autonome, il est peu vraisemblable qu'ils évaluent rationnellement le coût de ces dépenses.

De nos jours, en France, avoir un enfant procède le plus souvent d'un libre choix. Les couples peuvent décider du nombre d'enfants qu'ils désirent et de la période de leur vie où ils souhaitent élever ces enfants. Les femmes qui ne souhaitent pas avoir d'enfant craignent d'y perdre une certaine autonomie, de voir la relation avec leur partenaire gâchée par cette présence. Elles redoutent les difficultés de la grossesse et de l'accouchement, de mettre au monde un enfant anormal physiquement ou psychologiquement. D'autres craignent d'élever un enfant dans une situation politique et économique difficile. Aux Pays-Bas, en 1960, on évaluait à 2 % les ménages qui ne souhaitaient pas avoir d'enfant, en 1975 à 5 % (Wunderick, 1991). D'un autre côté, le désir d'avoir un enfant est justifié par l'importance d'avoir quelqu'un à aimer et à entourer de ses soins, de se sentir les compétences morales et économiques pour élever un enfant, d'avoir quelqu'un pour aider à la maison et quand la vieillesse viendra. Avoir des enfants est également ressenti comme une utilité sociale et économique pour la collectivité.

Avoir un enfant est un engagement sur de nombreuses années ; il faut l'entretenir et y consacrer du temps avant qu'il ne « rapporte ». Quelles sont les parts respectives des bénéfices et des coûts dans l'entretien et l'éducation des enfants ?

On distingue des dépenses privées et des dépenses publiques. Parmi les dépenses privées, on trouve la nourriture, les vêtements, les jouets, les assurances. Les parents ne ressentent pas nécessairement ces dépenses comme des coûts (négatifs) ; les enfants sont une part d'eux-mêmes qu'ils cajolent avec plaisir. La société en fait tout autant : les crèches, les centres de PMI, les écoles. Toutes ces dépenses constituent les coûts publics. Publics ou privés, il s'agit en quelque sorte de coûts de maintenance.

Les coûts d'assistance forment une seconde catégorie. À côté des autres tâches ménagères, les soins aux enfants demandent une grande part de temps et d'amour. On a estimé aux Pays-Bas qu'un premier enfant prend en moyenne 33,4 heures par semaine, le second, 6,1 heures, ensuite le surplus de temps nécessaire augmente : 8,4 heures pour le troisième, 14,7 pour le quatrième et 19,5 pour le cinquième.

Il existe aussi des coûts psychologiques intangibles : l'anxiété ou le souci pour un enfant malade, la restriction de liberté et d'expression personnelle des parents due à la présence d'un enfant. Parallèlement, on peut envisager des bénéfices psychologiques tout aussi intangibles : joie, bonheur, amour, fierté. Ceux-ci ne doivent pas faire oublier des bénéfices plus directs : allocations familiales, cartes de réduction dans les moyens de transports, parts fiscales, allocation logement. La collectivité récupère aussi quelques bénéfices : financement des retraites, génération d'enfants pouvant supporter les dépenses inhérentes au vieillissement de la population.

Actuellement en Europe, la tendance est à différer la naissance du premier enfant pour des raisons économiques et culturelles : les parents souhaitent avoir achevé leur propre éducation et être installés dans leur emploi. Dans les pays où les femmes sont peu émancipées, avoir un enfant le plus tôt possible permet au contraire d'acquérir un statut et une certaine forme d'autonomie. D'une manière générale, plus le niveau d'éducation est élevé chez les femmes et plus elles ont tendance à retarder leur période de procréation.

*L'effet du chômage sur les enfants et les jeunes*

La perte de l'emploi fait partie des événements les plus stressants. Nous avons vu dans le premier chapitre les effets psychologiques directs du chômage sur les personnes qui le subissent. Dans ce chapitre plus centré sur la socialisation, nous envisagerons l'impact sur les enfants et les adolescents du chômage de leurs parents et plus généralement d'une société qui voit le nombre de chômeurs augmenter et rester important.

Là encore, les travaux sont assez anciens et nous nous référons principalement à la revue de question d'Eisenberg et Lazarsfeld (1938) suite à la grande crise économique de 1929. La situation de chômage des parents ou plus généralement de l'un des deux parents n'aura pas la même influence sur les jeunes enfants et sur les adolescents, mais dans les deux cas les auteurs en soulignent les effets destructeurs.

Chez les enfants, on remarque d'abord diverses formes d'instabilité; les parents comme les enseignants les décrivent comme « désagréables », « désobéissants », « perturbés », « agressifs ». On parle aussi de délinquance, de vols et d'absentéisme scolaire, même chez des enfants de moins de 10 ans. Les problèmes actuellement ressentis et communément classés sous le terme de « violence à l'école » relèvent de ces phénomènes. Ils touchent des enfants de plus en plus jeunes, y compris dans des quartiers où le chômage n'est pas très important. De plus, de nombreux symptômes comme les peurs nocturnes, les pleurs, des douleurs physiques sans raison organique accompagnent le tableau. On constate l'incapacité des enfants à faire des projets d'avenir, une baisse de l'estime de soi et une baisse de l'autonomie.

De fait les résultats scolaires des enfants chutent d'environ 20 % au moment de la perte d'emploi de leur père. La chute est d'autant plus importante que l'enfant est jeune et qu'il réussissait auparavant. Les filles, en général élèves plus appliquées, voient leurs performances baisser davantage que les garçons. Si le chômage du père se prolonge, les résultats baissent à nouveau à chaque changement de cycle scolaire, quel que soit le niveau culturel de la famille. Cette dégradation des performances semble être due à des problèmes de santé et à l'absentéisme qui s'ensuit, et aussi aux troubles émotionnels consécutifs à la mauvaise ambiance familiale et au comportement des parents (irritabilité des parents, disputes entre eux, pression trop forte sur la réussite de l'enfant).

Le groupe joue un rôle important dans la gestion du stress des enfants. Selon le cas, l'enfant va devoir cacher son désarroi, mentir, s'autocensurer en ce qui concerne ses désirs. Dans d'autres cas, il formera avec ses copains de misère une petite communauté débrouillarde, mais menacée par la délinquance.

L'adolescent est directement menacé par le chômage. Dans les travaux des années trente, la plupart des jeunes de plus de 14 ans étaient susceptibles de travailler, ils se retrouvaient donc au chômage comme leur père. Déjà Eisenberg et Lazarsfeld pouvaient écrire en 1938 : « Le chômage des jeunes est probablement l'un des problèmes les plus graves auxquels on ait à faire face dans la dépression actuelle. Les statistiques montrent que le groupe d'âge des moins de 20 ans est le plus atteint en matière de chômage. » Les recherches montrent le manque d'ambition et le sentiment d'inutilité des jeunes chômeurs, l'agressivité croissante de certains et la dérive des autres. Les sociologues des années trente ont noté une augmentation de la délinquance, de la prostitution, de l'errance et du suicide chez les jeunes chômeurs. De fait on retrouve les caractéristiques des chômeurs adultes de façon à tel point aggravée que les auteurs concluent : « S'il faut donner du travail au père ou au fils, donnez-le au fils. » On ignore les effets à long terme du chômage sur des personnalités en structuration. Nous noterons toutefois que c'est cette génération qui s'est perdue dans le travail dans les années cinquante.

Aujourd'hui, à l'heure des choix, des orientations scolaires, d'un désir de liberté grandissant, qu'en est-il? Nous sommes très proches des constats de 1938, quand les auteurs notaient déjà que les jeunes avaient tendance à allonger la durée de leurs études, à « s'agglutiner dans des filières surchargées improductives », à utiliser des moyens frauduleux pour bénéficier de l'aide sociale. L'octroi de bourses favorise le choix d'études universitaires qui, même si elles sont bénéfiques, prolongent leur dépendance à l'égard des parents. Cette dépendance est d'autant plus difficile à vivre que l'adolescence est une période de révolte et qu'un père chômeur trouve bien peu de prestige auprès de ses enfants. Dans une étude récente en France, on a noté que les enfants de chômeurs avaient une image des chômeurs beaucoup plus négative que ceux dont les parents n'étaient pas touchés par le chômage : « paresseux », « incapables » étaient les mots utilisés par les adolescents et les adolescentes pour désigner leur père, alors que « malchanceux » et « peu formés » étaient ceux des autres jeunes pour désigner les chômeurs. Les besoins financiers des adolescents sont énormes et ils supportent peu une comparaison sociale qui leur soit défavorable : le travail au noir, les lycéens travailleurs, les trafics en tout genre deviennent des pratiques courantes.

# 12

# L'apprentissage social

Ce dernier chapitre aborde la socialisation économique par les conduites des enfants et des adolescents. La théorie de l'apprentissage suppose que les habitudes sont acquises dès lors qu'elles sont récompensées et qu'elles sont perdues quand elles sont punies ou qu'elles cessent d'être récompensées. La notion de récompense ou de punition a considérablement évolué depuis les premiers travaux des béhavioristes ; elle a intégré des aspects informatifs, cognitifs. Sur la base de travaux récents, nous verrons comment les jeunes entrent dans le monde économique beaucoup plus tôt qu'on ne le croit, même dans une société où la période de scolarité et de formation est de plus en plus longue.

L'application d'une théorie psychologique ancienne, le béhaviorisme, dans ses formes les plus récentes, l'apprentissage social (Rotter, 1954) et le conditionnement vicariant (Bandura, 1977), à l'explication et à la prédiction des conduites économiques constitue un apport fondamental. Il s'agit d'une alternative proposée par les psychologues pour expliquer les conduites économiques par autre chose que les processus cognitifs de traitement de l'information ou les modèles finalistes de type homéostatique. On expliquera les conduites économiques par un apprentissage ou un entraînement particulier des individus pendant et après leur développement. Les personnes apprennent à tout âge des savoir-faire spécifiques pour répondre à des situations particulières.

## 12.1. LA THÉORIE DE L'APPRENTISSAGE

«Il y a apprentissage lorsqu'un organisme placé plusieurs fois dans la même situation modifie sa conduite de façon systématique et relativement durable.» (Reuchlin, 1984.)

Ce qui caractérise les théories du conditionnement, c'est qu'elles ne font à aucun moment référence à des causes fondées sur des phénomènes internes, ni à des états permanents comme les attitudes, ou instables comme les émotions. Contrairement à ce qu'on a pu écrire, ces états ne sont pas niés, mais ils sont eux-mêmes décrits tout comme les actes visibles des personnes par des réponses à des stimuli qui récompensent ou punissent. Skinner (1953) décrit le mécanisme causal des conduites par une conjonction de trois termes : une réponse, un stimulus discriminant dont la présence est simultanée à la réponse et le renforcement ou la punition qu'il produit. Les interactions directes avec les autres, parce qu'elles sont indispensables à la survie du jeune être humain, sont sources d'apprentissage.

Il existe quatre modèles d'apprentissage diversement applicables à la socialisation économique : le conditionnement, le renforcement, l'apprentissage vicariant et l'apprentissage social.

### *Le conditionnement classique de Pavlov*

Le conditionnement a été mis en évidence par Pavlov à partir de la découverte du réflexe salivaire chez le chien. Un stimulus qu'on appelle inconditionnel (odeur de viande) qui entraîne de manière innée une réponse habituelle réflexe (salivation) est immédiatement suivie d'un stimulus neutre (sonnerie). Après conditionnement, le stimulus neutre devient un stimulus conditionnel; il provoque la réponse habituelle sans présentation du stimulus inconditionnel.

Ce schéma n'a pas souvent lieu dans la vie sociale. Cependant il explique quelques apprentissages précoces : rythmes des repas et du sommeil.

Un comportement conditionné n'est jamais définitivement acquis. Le conditionnement nécessite une répétition et des rappels de l'association des stimuli, sinon il disparaît.

### *Le conditionnement opérant*

On l'appelle aussi apprentissage instrumental ou renforcement. Les observations des comportements de pigeons dans la «boîte de Skinner» ont conduit à l'élaboration de ce modèle.

Un comportement fortuit, le plus souvent issu de l'activité exploratoire de l'animal (donner un coup de bec sur un poussoir rouge) qui est régulièrement suivi d'une récompense (une boulette de nourriture) sera «renforcé» ou «appris»; l'animal le produira statistiquement plus souvent que s'il n'est pas associé à la récompense. À l'opposé un comportement tout aussi fortuit (appuyer sur un poussoir vert) qui est régulièrement suivi d'une punition (un choc électrique par le plancher de la cage) sera «inhibé» ou «éteint»; l'animal le produira statistiquement moins souvent que s'il n'était pas associé à une punition. Le renforcement tout comme le conditionnement nécessitent la répétition et le rappel des récompenses et des stimuli aversifs pour perdurer. Un comportement opérant est un comportement suivi d'effets renforçateurs ou inhibiteurs. Il faut noter que le pouvoir conditionnant des récompenses est nettement supérieur à celui des punitions, à tel point que le retrait de la récompense peut avoir plus d'effets inhibiteurs qu'une punition.

Ce système de récompenses et de punitions est à l'origine de la plupart des habitudes acquises. Il existe toutes sortes de récompenses. L'usage fonctionnel de certains produits (par exemple, dans le domaine de l'électroménager) récompense directement leur achat. Donner à une œuvre de charité fait éprouver un sentiment de satisfaction du devoir accompli. On quitte le boucher qui a fourni de la mauvaise viande.

### *L'apprentissage vicariant*

On parle aussi d'apprentissage par imitation ou d'apprentissage par l'observation d'un modèle. Un chat qui a eu l'occasion d'observer des congénères manipuler des poussoirs d'une boîte de Skinner, apprend beaucoup plus vite à s'en servir que les autres chats. Le fait d'observer les résultats ou les conséquences (récompenses ou punitions) des actions des autres facilite les apprentissages. L'apprentissage du langage depuis les premières vocalisations jusqu'à la formation d'un style est essentiellement imitatif.

Chez les humains, on notera qu'une personne sera prise pour modèle :

I. Si elle récompense fréquemment l'apprenti ou si elle menace de le punir (renforcement secondaire).

II. Si elle reçoit fréquemment des récompenses connues de l'apprenti (imitation).

III. Si elle a le pouvoir de récompenser ou de punir en général (prestige social).

À nouveau, on s'aperçoit que la punition est moins efficace que la récompense, bien qu'il existe des modèles négatifs qui servent à apprendre comment ne pas se conduire.

Les enfants imitent les conduites de leurs parents ou de leurs aînés. La publicité et plus généralement les médias fournissent des modèles de conduites récompensées. Les parents récompensent les tentatives d'épargne en donnant la somme complémentaire nécessaire à l'achat.

### *L'apprentissage social*

Rotter (1954) fut le premier a énoncer la théorie de l'apprentissage social. Son objectif était «d'intégrer deux courants différents mais significatifs de la psychologie américaine, les théories Stimulus-Réponse (S-R) ou modèles du renforcement d'une part, et les théories cognitives ou théories du champ, d'autre part». Les premiers modèles insistent sur le rôle de l'environnement dans le déterminisme des conduites alors que les seconds affirment que les individus ont la capacité d'actions intentionnelles et de jugements conscients suffisants pour agir sur le monde. L'équation fondamentale de Rotter est celle du potentiel de comportement (BP, *behavior potential*).

$$BP = f\,(E, RV)$$

La potentialité qu'un comportement ait lieu dans une situation donnée, est une fonction de l'attente (E, *expectancy*) et de la valeur du renforcement (RV, *reinforcement value*). L'expectation ou attente (E) est la probabilité supposée par l'individu qu'un renforcement particulier interviendra en tant que résultat d'une conduite spécifique de sa part. La valeur du renforcement (RV) est le degré de préférence de la personne pour ce renforcement, toutes choses étant égales par ailleurs.

La nouveauté de ce modèle est que le renforcement devient une donnée cognitive. Cette équation est très proche de celle de l'utilité attendue, exposée dans le chapitre sur la décision, toutefois le modèle de Rotter insiste davantage sur la nature plus subjective et moins probabiliste de l'attente. Il distingue les attentes spécifiques et les attentes généralisées. Les premières résultent des expériences préalables du sujet dans la même situation. De plus, un des rôles majeurs de la socialisation est de développer des attentes généralisées à partir des interactions avec les autres (communication de l'expérience).

Par rapport au béhaviorisme classique, il apparaît dans les propositions de Rotter (1) que l'environnement est significatif. Ce qui influence l'individu, ce n'est pas la situation «objective» mais la façon dont elle est vécue et interprétée par l'individu. (2) Donc les attitudes, les valeurs, les normes sociales acquises et intériorisées influencent l'individu au même titre que sa situation. (3) Il existe une unité de la personnalité qui se construit par des apprentissages variés. (4) La notion de contrôle (locus) interne ou externe rend compte de la part accordée par l'individu aux facteurs intériorisés ou aux facteurs environnementaux dans les renforcements qu'il rencontre. (5) Les conduites sont motivées. Elles sont dirigés vers des buts de recherche ou d'évitement de situations. Un événement ou un stimulus sera donc considéré comme un renforçateur s'il est recherché par l'individu. Il sera inhibiteur si l'individu l'évite. (6) Ces renforcements n'ont d'effets que s'ils sont l'objet d'attentes (expectations).

En 1982, Albert Bandura a introduit le concept d'efficacité personnelle perçue (*perceived self-efficacy*) : «Des jugements sur la capacité que l'on a d'exécuter un ensemble d'actions nécessaires pour traiter de situations dans l'avenir.» Ce sentiment que le sujet a de lui-même joue un rôle important dans la perception de la réalité, dans la motivation à entreprendre et à poursuivre des actions. Mischel (1984) et Bandura (1982) situent l'apprentissage social dans un courant épistémologique interactionniste. Nous influençons les situations et elles nous influencent : c'est un déterminisme bidirectionnel ou dyadique entre les facteurs personnels et l'environnement.

On ne trouve pas d'explication finaliste de retour à une structure ou un équilibre, toutefois, la théorie de l'apprentissage prend en compte la théorie évolutionniste des biologistes. La sélection et la persistance de certaines conduites par le conditionnement contribuent à l'adaptation. Les conduites individuelles ou de groupes sont sélectionnées quand elles sont récompensées. Les habitudes constituent des autorenforcements tant que leurs conséquences sont gratifiantes.

Les conduites innovantes seront sélectionnées et transmises par conditionnement opérant.

*Tableau* **12.***1. — Les quatre modèles d'apprentissage.*

**Conditionnement**

1. Stimulus inconditionnel
2. Stimulus conditionnel
3. Conduite = Réponse

**Renforcement**

1. Conduite spontanée
2. Récompense ou punition
3. Répétition ou extinction

**Imitation**

1. Observation d'un modèle récompensé
2. Imitation de la conduite

**Apprentissage social**

1. Anticipation cognitive d'une récompense
2. Action de la conduite sur l'environnement

Le conditionnement opérant de jeunes enfants est tout à fait semblable à celui des animaux, toutefois à partir de 5-6 ans, les compétences verbales leur permettent de décrire les schémas de renforcement et de les communiquer aux autres.

### *La transposition sur le terrain*

Il est aisé de comprendre la large portée de ces modèles. En particulier, ils expliquent l'apprentissage des rôles sociaux et leur intériorisation. Mais pour être exploitée hors du laboratoire, sur le terrain, la théorie du conditionnement opérant nécessite quelques aménagements.

Foxall (1994) a formulé une application du modèle du conditionnement pour expliquer les conduites de consommation.

Sur le terrain, il est impossible d'isoler les facteurs comme on le fait en laboratoire. L'environnement humain est parfois aussi contraignant qu'une boîte de Skinner. On parlera alors de sites fermés : par exemple, quand il s'agit de la date à laquelle il faut payer les impôts et de la somme à payer. Très souvent, contrairement à une boîte de Skinner, l'environnement est ouvert et offre de nombreuses possibilités de comportements : par exemple, quand on fait ses courses. Dans le cas de situations complexes en interaction sociale, il faudra étendre la théorie béhavioriste par des considérations interprétatives, car la gamme des renforçateurs que l'on peut trouver est immense.

Tous les renforcements humains ne sont pas par nature hédonistes, limités à des conséquences plaisantes ou utiles. Il existe de nombreux renforcements informatifs ou cognitifs : le sujet reçoit une information sur sa performance, sa position dans le système social, sur l'existence d'autres possibilités. Une des particularités humaines est le langage. À côté des renforçateurs que l'on trouve dans l'environnement, il existe dans le renforcement humain des renforçateurs particuliers : consignes verbales, règles morales. Un comportement peut être renforcé par des récompenses avec lesquelles on n'a jamais été en contact, mais dont on a pu avoir la description par d'autres.

L'extension des principes de la théorie de l'apprentissage dérive de l'étude des réponses opérantes des êtres humains et d'autres animaux du cadre contraint des expériences de laboratoire à celui des situations réelles où de tels comportements peuvent prendre place. Évidemment les pronostics ne seront pas aussi précis qu'en laboratoire, mais on retrouvera les quatre éléments fondamentaux des expérimentations : des variables indépendantes, des variables dépendantes, un type de relation bien spécifié entre ces variables, et des règles de correspondances permettant de mesurer de façon opératoire ces divers éléments.

## **12**.2. LE MODÈLE ÉCONOMIQUE COMPORTEMENTALISTE

L'application, du modèle économique comportementaliste à la consommation conduit à ce que Foxall appelle des analyses opératoires.

Un produit n'est pas une simple commodité comme une boulette de nourriture ; c'est un ensemble d'attributs doté de significations sociales. Le *marketing-mix* le met au centre d'une stratégie avec une promotion (publicité, promotion ou démonstration au point de vente), une distribution (qui détermine le lieu et l'époque où il se trouve à la disposition du consommateur). De plus il peut être conseillé de bouche à oreille, par les médias, par les associations de consommateurs, etc. Autant de stimuli et de renforçateurs qui guident les conduites de consommation. Dans l'analyse opératoire, une classe de produits sera définie par un ensemble de renforçateurs qui, combinés, forment et maintiennent des comportements spécifiques d'achats. Les marques font partie de ces stimuli discriminants utilisés par les marketters pour distinguer leur produit des concurrents : elles renferment des attributs qui ne sont pas directement liés au produit (influence du sponsoring). Les situations complexes du comportement humain sont celles dans lesquelles les résultats d'un acte ne sont pas immédiatement consécutifs à celui-ci.

### *La situation du consommateur*

La situation du consommateur est définie par une personne et un site. Le consommateur se trouve dans le site avec son histoire personnelle (ses apprentissages antérieurs) et son état psychologique particulier à ce moment précis (y compris des états psychologiques, comme la carence ou la satiété, ou des états économiques, comme les moyens de paiement à disposition). L'histoire de ses apprentissages antérieurs est certainement la variable personnelle la plus explicative des prédispositions de la personne à s'engager dans un certain type de consommation.

Les deux variables indépendantes qui vont influencer le comportement du consommateur sont le site comportemental et la nature hédoniste ou informative du renforcement.

Le site comportemental est constitué par un certain nombre de stimuli physiques et sociaux discriminants ainsi que des règles verbales (la conformité aux recommandations). Des messages plus « diplomatiques » spécifient les contingences du renforcement, les conduites et leurs conséquences. Autrement dit les conséquences de l'achat ou de la consommation agiront comme des renforçateurs. Ces stimuli physiques, sociaux et verbaux peuvent être combinés en un ensemble relativement ouvert à de nombreux comportements. D'autres sites plus fermés seront plus contraignants.

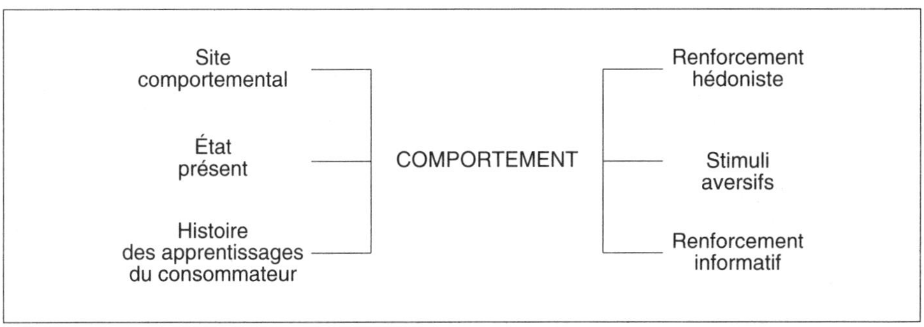


*Fig.* **12**.*1.* — *Le modèle économique comportementaliste* (Foxall, 1994).

Par exemple un supermarché (site ouvert) et un distributeur automatique (site fermé) sont des sites d'achat ou de consommation de boissons ou de confiseries. Ils représentent les influences contextuelles immédiates du comportement habituel du consommateur. Il faut décrire précisément la situation du consommateur car, dans la grande masse des renforçateurs possibles dans un site, c'est l'histoire de ses apprentissages qui va déterminer quels éléments du site agiront comme des stimuli discriminants et quelles conséquences de l'achat ou de la consommation fonctionneront comme renforçateurs ou punitions.

Une conduite économique renforcée positivement apparaîtra quand le sujet aura reçu des renforcements positifs pour une conduite antérieure semblable dans les conditions similaires : c'est le cas de nombreux achats. Une conduite renforcée négativement apparaîtra dans le but d'éviter les conséquences négatives liées au fait de ne pas l'accomplir : payer ses impôts en temps et en heure pour éviter une surtaxe. Dans de nombreuses occasions, les conduites servent à la fois à induire des conséquences positives et à éviter des conséquences négatives : acheter les produits par lots pour profiter de leur prix et ne pas avoir à retourner au magasin trop souvent. Ce sont les résultats hédonistes, informatifs ou désagréables antécédents qui affectent la conduite la plus courante. D'où l'importance de la connaissance de la socialisation économique des jeunes.

Le site comportemental, comme dans la théorie de Barker, ne fait pas simplement référence à l'environnement immédiat mais aussi à la source et à la nature des contrôles qu'il exerce, y compris les possibilités de contrôle que l'individu exerce sur lui-même.

*Les renforçateurs hédonistes et les renforçateurs informatifs*

Dans la théorie de l'apprentissage social, un stimulus sera considéré comme un renforçateur quand sa présentation est suivie d'une augmentation du taux de réponse. Il y a trois sortes de stimuli : les renforçateurs hédonistes, les renforçateurs informatifs et les stimuli aversifs. Le renforcement hédoniste se fait par l'intermédiaire de sensations de plaisir et d'amusement ; ces sensations ont une origine biologique, toutefois elles sont largement influencées par la culture dans laquelle a été élevé l'individu.

Les stimuli aversifs, sensation de déplaisir ou de peine, inhibent les comportements. Là encore on évitera la souffrance physique, mais aussi les soucis et les responsabilités.

Le concept de renforçateur informatif est dérivé de l'observation du renforcement des conduites humaines ; par exemple, des données présentées au sujet sur la qualité et la quantité de ses performances, sur l'accomplissement d'une tâche, etc., sont des stimuli renforçateurs. Ils augmentent le taux de la réponse attendue. Ce sont en quelque sorte des renforcements secondaires. Le *feed-back* informatif des résultats d'une action, de son instrumentalité, permet à l'individu d'anticiper les renforcements, donc de construire ses attentes. Dans le domaine économique, le consommateur est informé sur ses performances en termes extrêmement simples (recevoir le montant des dépôts sur son livret d'épargne), ou plus complexes de rationalité économique (renforcement du choix d'un produit par la lecture d'un test comparatif dans une revue de consommation) ou en termes de statut, de prestige ou d'acceptation sociale (être félicité par son voisin pour sa nouvelle voiture).

On voit par ces exemples que les stimuli sont souvent des complexes hédonistes et informatifs. Nuttin (1980) évoque le « plaisir de causalité ». Très tôt le jeune enfant cherche à produire des changements. Il se plaît à exercer une action efficace sur son environnement. On note chez certains animaux une préférence pour l'exécution d'un acte qui a pour effet de lui procurer de la nourriture, et simultanément le refus d'une nourriture offerte « gratuitement ». L'homme préfère gagner sa vie, plutôt que de recevoir des indemnités de chômage. Cette notion doit être rapprochée de celle de *self-efficacy* de

Bandura. Le sentiment de n'avoir aucun moyen de contrôle sur le milieu (*helplessness*) est généralement associé aux états dépressifs.

Il résulte en effet des conditionnements éducatifs que « savoir qu'on a bien fait » fait « se sentir bien ». Il en va de même pour les conseils ou les mises en garde. Ainsi les campagnes pour provoquer des économies en matière d'énergie pétrolière ont utilisé des menaces (de pollution), des conseils (pour utiliser moins de courant électrique), des encouragements (déductions d'impôts pour l'isolation thermique des logements), des stimuli aversifs (augmentation des taxes sur les produits pétroliers), etc. Des informations précises sur la consommation d'énergie (factures individualisées dans les immeubles collectifs) constituent des renforçateurs informatifs.

### *Le report de la récompense*

Une des principales applications du modèle de l'apprentissage social est celle du report de la récompense : le choix d'une récompense immédiate ou celui d'une récompense plus importante mais différée dans le temps. Consommer aujourd'hui ou épargner ou investir pour consommer ou faire des bénéfices plus tard est une importante problématique de la psychologie économique, qu'il s'agisse d'une famille, d'une entreprise ou d'une nation. Le modèle de l'utilité suppose des bénéfices immédiats. Rappelons que l'*homo oeconomicus* n'a de souvenirs ni ne prévoit.

La capacité à différer la récompense (Mischel, 1984) est acquise au cours de la socialisation au contact des parents et des pairs. Elle repose sur la confiance interpersonnelle et devient stable au début de l'adolescence (13 à 14 ans). Elle varie considérablement d'un individu à un autre et elle est corrélée positivement avec d'autres variables de personnalité. D'une manière générale, elle explique pourquoi certains investissent dans l'éducation de leurs enfants et d'autres pas, pourquoi ils achètent des produits plus chers qui durent plus longtemps, pourquoi ils entreprennent des conduites de protection de l'environnement, pourquoi ils investissent dans des pays étrangers ou au contraire pourquoi certains optent pour les actions frauduleuses, délinquantes, voire violentes, mais qui rapportent immédiatement.

### *Les renforcements économiques*

Les réponses en termes d'achats ou de consommation sont à la fois récompensées et punies. L'achat est renforcé par les plaisirs qu'il procure, mais en même temps il est désagréable car il réduit le pouvoir d'achat, l'épargne et les choix à venir. La formation et le maintien de ces conduites complexes dépend de l'effet de renforcements concurrents. Foxall distingue quatre classes de conduites selon leurs schémas de renforcement : l'entretien, l'accumulation, le plaisir et l'accomplissement.

L'entretien concerne les conduites permettant la survie (achats alimentaires) et la réalisation d'obligations sociales ou citoyennes (consommation des biens publics pour lesquels on paye des impôts) : les renforcements sont faibles.

L'accumulation concerne les conduites de collection, d'épargne, d'achats à crédit, la réponse à des promotions nécessitant une accumulation de coupons : les renforcements sont essentiellement informatifs.

*Tableau* **12**.2. — *Classes opérantes des conduites de consommation* (Foxall, 1994).

| **Renforcement hédoniste** | **Renforcement informatif** **faible** | **fort** |
|---|---|---|
| Faible | Entretien | Accumulation |
| Fort | Plaisir | Accomplissement |

Le plaisir concerne la plupart des distractions courantes (écouter un disque) ou les conduites permettant d'éliminer la souffrance ou le déplaisir (aller chez le médecin, prendre des médicaments). Manger et regarder un film pendant un voyage en avion conjugue les deux types de renforcements qui sont dans ces divers exemples essentiellement hédonistes.

Enfin, l'accomplissement concerne les conduites maintenues grâce à de nombreux renforcements hédonistes et informatifs ; il s'agira d'acquisition d'objets qui marquent le statut social des individus (antennes de réception des programmes diffusés par satellite, inscription à un club très fermé).

### *Les renforçateurs publicitaires*

Skinner appelle « recommandations » (*mands*), des unités de discours qui spécifient les conséquences de la conformité aux instructions de celui qui parle. « Voyagez plus vite par le train ». Il appelle « messages diplomatiques » (*tacts*), des éléments verbaux qui présentent un objet et ses divers usages. Ces messages verbaux sont des consignes par le résultat des apprentissages antérieurs du consommateur : le mot Elf peut inciter à aller faire le plein d'essence. Une des premières fonctions de la publicité est de fournir des règles, des recommandations du style « mangez vos fraises avec de la crème » ou des messages diplomatiques comme : « En achetant cette encyclopédie, vous aiderez vos enfants à réussir » qui remplace la recommandation : « Soyez de bons parents. » Pour le consommateur, la conduite qui répond à la recommandation est la complaisance (*pliance*), une sorte d'obéissance de conformité sociale. Celle qui correspond au message diplomatique est le suivisme (*tracking*), une conduite sous le contrôle d'une correspondance entre les règles et la façon dont le monde est arrangé qui renforce la croyance au déterminisme. La troisième unité fonctionnelle de la publicité est le bénéfice (*augmental*) qui met en lumière des comportements qui sont récompensés ou punis : « Constatez la différence ! », « Une nouvelle présentation. Toujours le même goût ! »

## 12.3. LES CONDUITES ÉCONOMIQUES DES ENFANTS ET DES ADOLESCENTS

La théorie de l'apprentissage social permet d'envisager pleinement le rôle de l'éducation économique au sein des familles et de l'important processus de socialisation que constituent pendant l'enfance et l'adolescence, la gestion d'un budget même très modeste, les dépenses et l'épargne. Les conditionnements réalisés à cette époque auront une forte influence sur les conduites économiques de l'adulte.

*Pourquoi les parents donnent-ils de l'argent à leurs enfants ?*

À partir de 4-5 ans, de nombreux enfants reçoivent plus ou moins régulièrement de l'argent de la part de leurs parents. On peut se demander ce que les parents attendent en retour de cet argent. Certains parents peuvent penser investir dans l'éducation de leur enfant et en être récompensés équitablement, d'autres peuvent estimer ne jamais recevoir la moindre récompense pour cet investissement. Une amusante étude auprès d'étudiants anglais et de leurs parents (Hecker, 1989) a montré que les jeunes pensent que leurs parents attendent en retour de l'investissement financier qu'ils apportent (dans l'ordre) : du respect, de l'amour, de la gratitude, de l'obéissance, du travail sérieux et de l'aide. En fait les parents attendent (dans l'ordre) : du travail sérieux, de la gratitude et de l'amour, du respect, de l'obéissance et de l'aide. Il est clair que les parents raisonnent « économiquement » alors que les jeunes perçoivent les sommes dépensées dans un rapport essentiellement affectif.

*La consommation des enfants et des jeunes dans son contexte économique*

La consommation est l'élément fondamental de la socialisation économique des enfants et des jeunes (Lassarre et Roland-Lévy, 1989). Nous prendrons une définition très large de la consommation en tant que conduite d'acquisition et d'utilisation courante de biens et de services. En ce qui concerne les enfants et les adolescents, il faut y ajouter la prescription de ces conduites auprès de leurs parents. Cette définition n'implique pas nécessairement une « société de consommation » et elle s'applique aussi bien à des enfants ou des jeunes qui disposent de peu de moyens ou même à ceux qui vivent dans des situations économiques de pénurie dans lesquelles peu de produits sont disponibles sur le marché.

Nous avons quelques éléments, essentiellement issus des recherches en marketing sur la consommation des jeunes des pays occidentaux (ESOMAR, 1992). En revanche nous sommes dans une assez grande ignorance des aspirations et des pratiques de consommation des jeunes des pays d'Europe centrale et orientale et des pays en voie de développement.

D'une manière générale, les jeunes sont ceux qui subissent le plus fortement les restrictions économiques, tant sur le plan de l'emploi que sur celui de la consommation. En Pologne, depuis 1989, les moins de 25 ans sont ceux qui ont le plus réduit tous les postes de consommation sauf les cigarettes, ils constituent aussi le groupe qui redoute le plus les changements économiques (Tyszka et Sokolowska, 1991). Il en est de même en Russie où Chuprov (1991) signale une faible appétence pour la consommation chez les jeunes de 15 à 25 ans : « Plus de la moitié des sujets (52 %) répondent que s'il recevaient un jour une grande somme d'argent, ils la mettraient de côté pour les mauvais jours. » L'insécurité du futur freine la consommation malgré une forte inflation.

Par ailleurs, on note dans l'ensemble de ces pays que la consommation de produits culturels occidentaux (habillement, musique, cinéma, lecture) semble être un fait généralisé parmi les jeunes urbains des classes moyennes.

Les jeunes du sud de l'Europe sont entrés dans la société de consommation de façon moins paradoxale, par l'enrichissement de leur pays et le brassage économique dû à leur adhésion à la Communauté économique européenne : introduction de produits nouveaux. Ceci entraîne des changements de conduite ; par exemple, en Espagne, on signale l'utilisation grandissante par les jeunes de noms de marques à la place des noms de produits (ESOMAR, 1994).

Nous présenterons dans ce chapitre essentiellement des travaux français comparés dans la mesure du possible à quelques données étrangères.

### *Le budget des enfants et des adolescents*

À mesure qu'ils grandissent les enfants ont de plus en plus d'argent à leur disposition : de 46 FF entre 4 et 7 ans, la somme croît rapidement autour de 200 FF vers 9 ans, puis grimpe régulièrement, 340 à 11 ans, 578 à 14 ans et 600 vers 16 ans (Lassarre, 1994).

Dans nos études sur la socialisation économique, nous préférons les informations fournies par les enfants plutôt que celles fournies par les parents. Car les chiffres des études de marché sont troublants : les parents donnent des montants nettement inférieurs à ceux donnés par les enfants. Par exemple, quand on compare deux études effectuées en 1986 sur des échantillons nationaux de jeunes âgés de 12 à 14 ans, la SOFRES a trouvé une moyenne mensuelle de 60 FF en interrogeant les parents et l'Institut de l'Enfant a trouvé un budget équivalent en moyenne à 152 FF en interrogeant les enfants. Par ailleurs, les extrapolations concernant la globalité du marché des jeunes faites à partir de ces enquêtes donnent des résultats très variables : de 8 à 50 milliards de francs selon les sources. En fait les parents comptent essentiellement « l'argent de poche », mais ce terme est confus. Nous appellerons « allocation » une somme donnée régulièrement à la semaine ou au mois sans contrepartie. Les enfants, eux, comptent l'argent qu'ils ont en poche et cet argent provient de sources très variées.

Au cours de l'adolescence, la part de cette allocation s'amenuise dans le budget des jeunes. Elle représente 100 % des 46 FF de budget mensuel des plus

*Tableau* **12**.*3*. — *Sources financières des jeunes de 14 ans* (Lassarre, 1994).

| | **Somme moyenne mensuelle** | **% de jeunes** |
|---|---|---|
| Cadeaux (deux fois par an) | (645) | 93 |
| Petits boulots | 233 | 53 |
| Travaux ménagers | 63 | 63 |
| Résultats scolaires | 67 | 32 |
| Allocation régulière | 84 | 70 |

jeunes, et seulement 14,5 % des 578 FF du budget des 13-14 ans. Les cadeaux, les travaux rémunérés à la maison ou à l'extérieur deviennent la principale source de financement des achats et des activités des jeunes. L'entrée dans le monde économique se fait avant l'obtention d'un emploi.

Beaucoup d'adolescents exercent plus ou moins régulièrement des « petits boulots » bien avant l'âge légal dans un cadre familial (commerce, restauration), de voisinage (baby-sitting) ou plus « professionnel » (marchés ambulants, travaux agricoles saisonniers). Diverses études permettent d'affirmer que plus de la moitié des jeunes de 14 ans (53 %) en France, ont ce genre d'activité plus ou moins régulièrement (Lassarre, 1994). C'est un chiffre équivalent à celui des États-Unis pour la même tranche d'âge (Mortimer *et al.*, 1991).

La plupart reçoivent de l'argent en cadeau deux fois l'an (anniversaire et Noël) de la part des membres de leur famille (parents, grands-parents, oncles et tantes, parrains et marraines). De nombreux parents rétribuent les travaux ménagers quand ils revêtent un caractère exceptionnel : laver les vitres, la voiture, cirer l'escalier. D'autres, moins nombreux, récompensent les bons résultats scolaires par une somme d'argent ; certains diminuent l'allocation en cas de mauvais résultats. Les parents eux-mêmes ne font pas état de ces pratiques largement controversées sur le plan éducatif.

Une enquête de 1989 (GSI-CFRO) sur des lycéens de 15-20 ans de la région parisienne laisse apparaître d'autres sources de revenus plus marginales. Il s'agit de reventes licites d'objets (livres et disques) ou parfois de reventes d'objets volés petits (maquillage, confiserie, papeterie) ou gros (blousons, chaîne hifi), sans compter tout ce qu'on suppose comme autres revenus illicites (trafic de stupéfiants, racket). Peut-être doit-on compter aussi l'apport des gains des jeux d'argent officiels (Loto, Tact O Tac) ou non ?

La proportion de jeunes qui ne reçoivent pas d'allocation se situe autour de 30 %, mais elle représente une proportion double dans les catégories sociales les plus modestes par rapport aux plus aisées et les sommes varient aux mêmes âges de 1 à 1,7.

### *Consommation et épargne*

Jusqu'à l'âge de 10-11 ans, l'argent de poche est destiné à être librement dépensé en « babioles » et gadgets (jouets, confiserie, images de collection). Il ne semble pas correspondre à un souci éducatif chez les parents. Mais à l'entrée au collège, l'attitude des parents change et l'allocation d'argent de poche est généralement assortie d'un contrat par lequel le jeune devra couvrir certaines de ses dépenses (fournitures scolaires, transports, produits d'hygiène personnelle, vêtements, etc.) grâce à une somme plus importante.

*Tableau* **12**.*4. — Structure de la consommation mensuelle des 15-20 ans* (GSI-CFRO, 1989).

| | |
|---|---|
| Vêtements et chaussants : 110 FF | Sport : 31,5 FF |
| Disques et cassettes : 59 FF | Tabac, cigarettes : 30FF |
| Sorties diverses : 47,5 FF | Concerts : 28,5 FF |
| Cinéma : 46 FF | Coiffeur : 28 FF |
| Papeterie, livres et magazines : 46 FF | Restaurant : 24 FF |
| Transports : 45 FF | Permis de conduire : 22 FF |
| « Cafés » : 35,5 FF | Hygiène et maquillage : 21 FF |

Les sommes et l'ampleur du contrat vont s'accroître à mesure que la vie quotidienne de l'adolescent devient plus autonome. Les vêtements et les chaussants sont de loin les dépenses les plus importantes pour les garçons comme pour les filles que seuls les budgets transports et maquillage distinguent. Les garçons dépensent plus que les filles dans le domaine des transports et les filles plus que les garçons pour les produits d'hygiène et de maquillage.

La quasi-totalité des jeunes épargnent. Parfois l'épargne est dirigée sur un compte ou un livret par les parents ; d'autres fois, elle est plus autonome dans une tirelire. Le plus souvent les deux systèmes coexistent. Cette épargne est destinée à financer de gros achats : micro-ordinateur, chaîne hifi, mobylette, permis de conduire, vacances (Neyrand et Guyot, 1990). 88 % des 15-18 ans ont un livret de Caisse d'Épargne. D'après les Caisses d'Épargne, 42 % des détenteurs du livret A ont moins de 17 ans, soit six millions de comptes avec en moyenne 2 000 FF. 34 % ont un compte courant, 23 % une carte de retrait et 17 % un chéquier (IPSOS, 1991).

D'après Su (1991), en Chine populaire, on est rapidement passé d'un mode de vie traditionnel, repris dans le modèle communiste, fondé sur la frugalité et l'épargne à un mode de vie consommatoire. La frugalité est devenue la plus faible des valeurs (choisie par 1,8 % des jeunes), toutefois 72 % des jeunes épargnent tous les mois. Ils épargnent comme en France pour acheter du matériel audiovisuel ou électroménager pour eux-mêmes ou pour leur futur mariage.

### *L'éducation à l'argent et à la consommation*

Ne pas recevoir d'allocation régulière ne signifie pas ne pas recevoir d'argent du tout. Certains parents (environ 30 %) donnent de l'argent à leur enfant quand il en demande.

Sur un petit groupe de filles de 16-17 ans d'un milieu socio-économique très modeste interrogées dans un lycée professionnel de la banlieue parisienne, la moitié déclarait ne recevoir d'argent de leurs parents que « lorsqu'elles en avaient besoin » ; ce qui signifiait recevoir tous les jours une somme variable pour l'achat d'un sandwich, de tickets d'autobus, d'un sweat-shirt ou d'un livre de classe. Nous avons fait le bilan sur une semaine, elles recevaient en moyenne 33 FF quand celles qui recevaient une allocation régulière pour effectuer les mêmes achats recevaient en moyenne 21,5 FF de l'aute côté. La différence : d'un côté des conflits quotidiens, un sentiment de frustration et une absence de prévision, de l'autre côté une éducation, une réflexion sur des choix budgétaires, une plus grande autonomie et une relation de confiance.

Les résultats d'études américaines (Marshall, 1964 ; Marshall et Magruder, 1960 ; Abramovitch *et al.*, 1991 ; Mortimer *et al.*, 1991) ont montré que les enfants qui reçoivent une allocation :

— ont une plus grande variété d'expériences financières ;

— ont une meilleure connaissance de l'usage qu'ils font de l'argent, y compris s'ils l'épargnent ;

— sont encouragés par les parents à faire des petits boulots ;

— comprennent plus rapidement le système des cartes de crédit et le système bancaire en général ;

— sont des consommateurs plus avisés.

Notons que 81 % des parents incitent leur enfant à comparer les prix, 81 % à s'assurer de la qualité des produits (une grande partie de cet apprentissage a lieu pendant les courses) et 44 % à épargner (IPSOS, 1991). Pourtant, les enfants connaissent assez mal les prix des objets les plus courants (Brée, 1993).

Il n'y a pas de modèle éducatif uniforme, mais on ne constate pas de différence systématique. Les filles et les garçons sont éduqués de façon similaire. D'une manière générale, l'éducation à l'argent est plutôt libérale. Éduquer un jeune à l'argent au sein de la famille est une activité complexe qui consiste à lui donner une allocation régulière, l'encourager à épargner et à planifier ses dépenses, lui déléguer la responsabilité d'achats pour lui-même et pour sa famille (l'apprentissage de la consommation passe par la fréquentation des points de vente), l'aider à choisir les produits onéreux.

La supervision des dépenses et de l'épargne par les parents (40 % des familles) est bien acceptée par le jeune de 14 ans, à condition de recevoir une allocation, gage de confiance et de liberté. L'absence apparemment totale d'éducation économique concerne environ 7 % des enfants et des adolescents.

Dans une enquête faite à la prison de Fleury-Mérogis (Michaud et Bourdy, 1991), on a constaté que les jeunes prisonniers n'avaient jamais compté leur argent, ni anticipé une dépense avant de se confronter au système de la cantine. Un autre exemple est celui de la resocialisation des jeunes toxicomanes. Elle suppose un apprentissage de l'argent qui a perdu sa valeur d'échange courante dans la société dans laquelle ils doivent se réinsérer. Enfin, Jean-Marie Delarue, dans son rapport sur les banlieues (1991) s'étonne que de nombreux jeunes sans qualification ne veulent pas travailler pour un salaire inférieur à 10 000 FF. Nous avons retrouvé cette absence totale de réalisme en matière des représentations des salaires auprès des lycéens (Lassarre, 1995).

### *À l'école*

L'éducation à l'argent, à l'école, est mal connue. Dans une étude de 1989 en France, 41 % des enseignants d'école primaire et de classes de sixième et de cinquième (jeunes de six à douze ans) estiment avoir abordé ce thème en classe. Les enseignants considèrent cette éducation comme importante mais difficile. Ils craignent de faire apparaître de trop fortes disparités économiques et sociales au sein de leur classe. Ils redoutent la réaction des parents qui se sentiraient « mis en cause » par cette éducation. C'est donc plutôt à l'occasion d'un projet dans le cadre scolaire (spectacle, fête, voyage, classe transplantée) et sous forme collective que les notions de prévisions budgétaires et de comparaisons de prix sont abordées.

Il existe d'autres acteurs d'éducation plus ou moins volontaires ou conscients de leur rôle : les journalistes, les publicitaires, les auteurs de romans ou de films. Les médias, en particulier la télévision, jouent un rôle éducatif important : les informations, les émissions économiques et les programmes de fiction constituent une source d'information. Elles servent aussi de modèles de conduite pour les enfants et les jeunes. À ce jour ce domaine reste encore peu exploré sauf en ce qui concerne la publicité et les choix professionnels (DeFleur, 1964).

### *L'influence de la télévision*

Le domaine qui a été le plus étudié est celui de la publicité télévisée. Une bibliographie de 1980 fait état de 500 recherches aux États-Unis. On dit que les enfants voient environ 20 000 spots par an. Beaucoup de ces spots sont conçus pour le public le plus jeune qui manifeste un enthousiasme important (vers 5 à 6 ans). Les jeunes enfants aiment la répétition des spots qui satisfait leurs attentes comme autant de renforcements : « Ils les connaissent par cœur », disent les parents, et de ce fait, ils maîtrisent le spectacle ajouteraient les néo-béhavioristes. Cet enthousiasme va diminuant à mesure que l'enfant entre dans l'âge des raisonnements concrets pour se retourner souvent en publiphobie vers dix ans. Mais cette publiphobie porte sur la rhétorique publicitaire qu'ils maîtrisent et comprennent mal ou sur la tentative d'influence perçue et rejetée (réactance). Néanmoins par la suite, à l'adolescence, la publicité télévisée continue de séduire les filles pour son caractère spectaculaire et esthétique (surtout en France) et les garçons pour l'information qu'ils pensent y trouver. Aujourd'hui, on s'accorde à penser que la publicité n'influence pas directement les jeunes pour l'achat des produits — encore que ceux-ci déclarent pour la plupart aimer essayer les produits nouveaux. Elle fournirait essentiellement des modèles de consommation et des normes en matière de niveau et de style de vie : grignotage alimentaire, loisirs sportifs.

Les œuvres de fiction présentées à la télévision constituent une importante source d'information des jeunes dans le domaine économique. Nous avons vu que les téléspectateurs assidus présentent de meilleures performances cognitives dans le domaine économique. Dans une étude sur les sources d'information économique des jeunes, Lassarre et Roland-Lévy (1989) ont constaté que 93 % des enfants de 11 à 12 ans citaient la publicité télévisée comme source d'information économique. Quand il s'agissait d'expliquer les mécanismes de l'assurance, ils s'appuyaient sur des connaissances issues des films ou des séries policières. Ces mêmes œuvres de fiction constituent leurs sources d'information sur les métiers qu'ils ne rencontrent pas dans la vie quotidienne. DeFleur et DeFleur (1967) ont montré que les métiers les plus connus des enfants sont ceux que l'on voit dans les films : avocat, chef d'entreprise, camionneur.

Sans aucun doute, il existe une construction psychologique et sociale du monde économique. La socialisation économique des enfants et des adultes est le sujet de réflexion et d'étude sur lequel la psychologie sociale peut véritablement fonder un apport spécifique à l'économie.

Cela suppose de remplir deux conditions essentielles. Premièrement, les conduites économiques de l'individu doivent être replacées dans leur contexte culturel et historique. Deuxièmement, on doit étudier à la fois la forme et la fonction des conduites économiques du point de vue de l'individu.

# CONCLUSION

La psychologie sociale s'intéresse à deux champs essentiels des activités humaines, les relations avec les autres et les relations avec le monde matériel. Les conduites économiques constituent ce type d'interaction à trois termes qui a été défini comme l'objet propre de la psychologie sociale.

Les années quatre-vingt ont réconcilié, dit-on, les Français avec l'économie. Mais il faut souligner que, malgré quelques chroniques radiophoniques et quelques émissions de télévision, l'économie reste un domaine mystérieux, un peu effrayant. Les économistes tentent de montrer au public que les décisions économiques ont un impact sur leur vie quotidienne, l'économie reste perçue comme une affaire de spécialistes dans le meilleur des cas et, le plus souvent, comme une machine inhumaine et peu respectueuse des individus.

Nous croyons au rôle de la psychologie sociale pour aider les individus à devenir des citoyens mieux éclairés sur les conséquences de leurs conduites économiques. Il s'agit globalement d'un rôle d'éducation et de formation. Les psychologues se trouvent dans diverses institutions en position d'aide aux « victimes » de l'économie, qu'il s'agisse de chômeurs ou de décideurs. La psychologie sociale peut les soutenir dans leur travail thérapeutique par de meilleures connaissances.

Pour cela, la recherche en psychologie doit accroître nos connaissances scientifiques sur les conduites économiques. Force est de constater qu'il lui faut clarifier ses concepts, rejeter tous ceux qui conduisent à des impasses tautologiques. Il lui faut aussi développer des théories et cesser de mettre perpétuellement de nouveaux modèles parcellaires en compétition. Enfin, il faut accumuler beaucoup de données empiriques et laisser de côté les considérations idéologiques. Il lui faut aussi faire sa place à côté de pratiques plus anciennes comme celles du marketing.

Pour toutes ces raisons, il nous paraît fondamental que le psychosociologue s'intéresse à l'économie tout en gardant son identité.

# Bibliographie en français


ABRIC (J.C.), (1994), *Les Représentations sociales. Pratiques sociales et représentations*, Paris, PUF.

ALBERTINI (J.M.), (1985), *Les Jeunes, l'économie et la consommation*, Bruxelles, Labor.

ALBOU (P.), (1969), «Besoins individuels et satisfactions collectives», *Bulletin de Psychologie*, *278*, XXII, 1038-1045.

ALBOU (P.), (1976), *Besoins et motivations économiques*, Paris, PUF.

ALBOU (P.), (1984), *La Psychologie économique*, Paris, PUF.

BARRE (R.), (1983), *Économie politique*, Paris, PUF (13e éd.).

BARTHES (R.), (1964), «Éléments de sémiologie», *Communications*, *4*, 91-135.

BARTHES (R.), (1967), *Le Système de la mode*, Paris, Le Seuil.

BAUDRILLARD (J.), (1968), *Le Système des objets*, Paris, Gallimard.

BAUDRILLARD (J.), (1972), *Pour une critique de l'économie politique du signe*, Paris, Gallimard/NRF.

BAUER (M.), (1993), *Les Patrons de PME entre le pouvoir, l'entreprise et la famille*, Paris, InterÉditions.

BEITONE (A.), DOLLO (C.), GUIDONI (J.P.), LEGARDEZ (A.), (1995), *Dictionnaire des sciences économiques*, Paris, Armand Colin (2e éd.).

BOUDON (P.), LAZARSFELD (P.), (1965), *Vocabulaire des sciences sociales*, Paris, Mouton.

BOURDANOVE (C.), MARTOS (F.), (1992), *Lexique de théorie économique*, Paris, Ellipses.

BREE (J.), (1993), *Les Enfants, la consommation et le marketing*, Paris, PUF.

BREE (J.), (1994), *Le Comportement du consommateur*, Paris, PUF, coll. Que sais-je?

CADET (A.), CATHELAT (B.), (1968), *La Publicité*, Paris, Payot.

CARROLL (R.), (1989), «Une histoire de singes et de malentendus», *Communications*, *50*, «L'argent», Paris, Le Seuil, 195-211.

CATHELAT (B.), (1990), *Sociostyles Système*, Paris, Les Éditions d'Organisation.

CHOMBART DE LAUWE (P.H.), (1963), *Des hommes et des villes*, Paris, Payot.

CHOMBART DE LAUWE (P.H.), (1969), *Pour une sociologie des aspirations*, Paris, Denoël.

CHUPROV (V.I.), (1991), *Le Niveau de vie de la jeunesse soviétique de toutes les strates*, Actes du Colloque «Connaître les modes de vie et de consommation des jeunes», Paris, ADEIC-FEN, 147-162 (tome 1).

*COMMUNICATIONS*, (1989), «L'Argent», *50*, Paris, Le Seuil.

COOMBS (C.H.), DAWES (R.M.), TVERSKY (A.), (1970), *Psychologie mathématique*, Vol. 1, « Modèles et processus de décision », Paris, PUF (1975).

DELARUE (J.M.), (1991), *Banlieues en difficulté. La Relégation*, Paris, Syros.

DELORS (J.), (1971), *Les Indicateurs sociaux*, Paris, SEDEIS.

DICHTER (E.), (1961), *La Stratégie du désir*, Paris, Fayard.

DOISE (W.), MOSCOVICI (S.), (1973), « Les Décisions collectives » *in :* MOSCOVICI (S.), *Introduction à la psychologie sociale*, Paris, Larousse Université, 114-134.

DOISE (W.), CLEMENCE (A.), LORENZI-CIOLDI (F.), (1992), *Représentations sociales et analyses des données*, Presses Universitaires de Grenoble.

DURKHEIM (E.), (1897), *Le Suicide*, Paris, PUF (1960).

ECO (U.), (1972), *La Structure absente. Introduction à la recherche sémiotique*, Paris, Mercure de France.

FERRÉOL (G.), DEUBEL (P.), (1993), *Méthodologie des sciences sociales*, Paris, Armand Colin.

FESTINGER (L.), KATZ (D.), (1953), *Les Méthodes de recherches dans les sciences sociales*, Paris, PUF (1974).

FREUD (S.), (1915), « Pulsions et destin des pulsions », *in : Métapsychologie*, Paris, Gallimard (1976).

FREUD (S.), (1915), « Psychologie collective et analyse du moi », *in : Essais de Psychanalyse*, Paris, Payot (1953).

FREYSSINET (J.), (1993), *Le Chômage*, Paris, coll. Repères, La Découverte.

GALBRAITH (J.K.), (1975), *L'Argent*, Paris, Folio-histoire (1994).

GILBEAULT (A.), (1989), « Symbolique de l'argent et psychanalyse », *Communications, 50*, « L'argent », Paris, Le Seuil, 51-79.

GOFFMAN (E.), (1959), *Mise en scène de la vie quotidienne*, Paris, Minuit (1987).

GRISEZ (J.), (1975), *Méthodes de la psychologie sociale*, Paris, PUF.

GSI-CFRO, (1989), « L'argent des jeunes ». *Sciences et Vie Économie*, *52*, 12-17.

HAYES (J.), NUTMAN (P.), (1981), *Comprendre les chômeurs*, Bruxelles, Pierre Mardaga éditeur.

HERZLICH (C.), (1969), *Santé et maladie : analyse d'une représentation sociale*, Paris, Mouton.

HUGON (P.), (1993), *L'Économie de l'Afrique*, Paris, La Découverte.

HUGUET (M.), (1971), *Les Femmes dans les grands ensembles : de la représentation à la mise en scène*, Paris, CNRS.

INSTITUT DE L'ENFANT, (1992), « L'argent de la poche à la banque », *Libération*, 22 janvier 1992.

IPSOS, (1991), « Argent de poche, l'apprentissage », *Budget/Famille*, mars 1991, 16-23.

JEWKES (J.), SAWERS (D.), STILLERMAN (R.), (1958), *L'Invention dans l'industrie : de la recherche à l'exploitation*, Paris, Éditions d'Organisation (1966).

KATONA (G.), (1951), *Analyse psychologique du comportement économique*, Paris, Payot, (1969).

KEYNES (J.M.), (1936), *Théorie générale de l'emploi, de l'intérêt et de la monnaie*, Paris, Payot, (1969).

KOTLER (P.), DUBOIS (B.), (1986), *Marketing management*, Publi Union Éditions (5e éd.).

LAND (K.C.), (1975), « Théories, modèles et indicateurs du changement social », *Revue Internationale des Sciences Sociales*, « Les indicateurs socio-économiques : théories et applications », Vol. XXVII, n° 1, UNESCO, 7-40.

LASSARRE (D.), (1991), *De l'argent pour la santé*, Paris, ADEIC-FEN.

LASSARRE (D.), (1994), « Budget et consommation. Jeunesse d'en France », *Panoramiques*, *16*, Arléa-Corlet, 150-154.

LASSARRE (D.), (1995), « Imagine un budget. Les connaissances des adolescents en matière de budget familial. Questions d'Orientation », *Bulletin de l'Association des conseillers d'orientation psychologues*, *1*, 17-34.

LAUTREY (J.), (1980), *Classe sociale, milieu familial*, intelligence, Paris, PUF.

LAZARSFELD (P.), JAHODA (M.), ZEISEL (H.), (1981), *Les Chômeurs de Marienthal*, Paris, Minuit (1932).

LEA (S.E.G.), MIDGLEY (M.), (1989), « Biologie de la monnaie », *Communications*, *50*, « L'argent », Paris, Le Seuil, 121-136.

LEMAINE (J.M.), (1971), « Initiation aux échelles d'attitudes », *Bulletin de Psychologie*, *295*, XXV, 72-101.
LE BON (G.), (1895), *La Psychologie des foules*, Paris, PUF (1963).
LEVY-LEBOYER (C.), SPÉRANDIO (J.C.) (éds), (1987), *Traité de Psychologie du Travail*, Paris, PUF.
LEWIN (K.), (1947), « Décision de groupe et changement social », *in :* LEVY (A.), *Psychologie sociale. Textes fondamentaux*, Paris, Dunod (1965), 498-519.
LEWIN (K.), (1951), *Psychologie dynamique*, Paris, PUF (1959).
LINDON (D.), (1976), *Marketing politique et social*, Paris, Dalloz.
LINTON (R.), (1945), *Le Fondement culturel de la personnalité*, Paris, Dunod (1967).
MARCH (J.G.), SIMON (H.A.), (1958), *Les Organisations*, Paris, Dunod (1969).
MARX (K.), (1845), *L'Idéologie allemande*, Paris, Éditions Sociales (1966).
MATALON (B.), (1981), « La psychologie et l'explication des faits sociaux : problèmes épistémologiques », *L'Année Sociologique*, *31*, 125-185.
MATALON (B.), (1988), *Décrire, expliquer, prévoir. Démarches expérimentales et de terrain*, Paris, Armand Colin.
MAUSS (M.), (1947), *Manuel d'ethnographie*, Paris, Payot (1971).
MICHAUD (P.), BOURDY (M.C.), (1991), *La Consommation des jeunes détenus*, Actes du Colloque « Connaître les modes de vie et de consommation des jeunes », Paris, ADEIC-FEN, 123-150 (tome 2).
MISES (L.E. von), (1949), *L'Action humaine : traité d'économie*, Paris, PUF (1985).
MOLES (A.), (1969), « Théorie de la complexité industrielle », Paris, Le Seuil, *Communications*, *13*, 51-63.
MOLINER (P.), (1995), « Les deux dimensions de la représentation sociale », *Revue Internationale de Psychologie Sociale*, *7*, 109- 115.
MORIN (M.), (1984), « Représentations sociales et évaluation des cadres de vie urbains », *Bulletin de Psychologie*, XXXVII, *366*, 823-832.
MOSCOVICI (S.), (1969*a*), *La Psychanalyse, son image et son public*, Paris, PUF.
MOSCOVICI (S.), (1969*b*), « Préface » *in :* JODELET (D.), VIET ( J.), BESNARD (P.), *Une discipline en mouvement : la psychologie sociale*, Paris, Mouton-Bordas.
MOUNIN (G.), (1986), *Introduction à la sémiologie*, Paris, Minuit.
NEWCOMB (T.M.), TURNER (R.H.), CONVERSE (P.E.), (1970), *Manuel de psychologie sociale*, Paris, PUF.
NEYRAND (G.), GUYOT (C.), (1990), *Entre clip et look. Les Pratiques de consommation des adolescents*, Paris, L'Harmattan.
NUTTIN (J.), (1980*a*), *Théorie de la motivation humaine*, Paris, PUF.
NUTTIN (J.), (1980*b*), *Motivation et perspective d'avenir*, Louvain, Presses Universitaires.
OUELLET (A.), (1981), *Processus de recherche. Une approche systémique*, Presses de l'Université du Québec.
PACKARD (V.), (1958), *La Persuasion clandestine*, Paris, Calmann-Lévy.
PENINOU (G.), (1971), « Le oui, le nom et le caractère », *Communications*, *17*, 67-81.
PIAGET (J.), (1932), *Le Jugement moral chez l'enfant*, Paris, PUF (6e éd.), (1985).
PIAGET (J.), (1950), *Introduction à l'épistémologie génétique*, Paris, PUF.
PINCON (M.), (1978), *Besoins et Habitus*, Paris, CSU.
REUCHLIN (M.), (1962), *Les Méthodes quantitatives en psychologie*, Paris, PUF.
REUCHLIN (M.), (1984), *Psychologie*, Paris, PUF.
REYNAUD (P.L.), (1964), *La Psychologie économique*, Paris, PUF.
REYNAUD (P.L.), (1974), *Précis de psychologie économique,* Paris, PUF.
ROBERT (M.), (1988), *Fondements et étapes de la recherche scientifique en psychologie*, Québec, Edisem, Paris, Maloine.
SFEZ (L.), (1984), *La Décision*, Paris, PUF, coll. Que sais je?
SHERIF (M.), (1936), « Influences du groupe sur la formation des normes et des attitudes » *in :* LEVY (A.) (éd.), *Psychologie sociale, textes fondamentaux*, Paris, Dunod (1965), 222-240.
SILEM (A.), ALBERTINI (J.M.), (1987), *Lexique d'économie*, Paris, Dalloz.

SMITH (A.), (1776), *Recherche sur la nature et les causes de la richesse des nations*, Folio, coll. Essais (1990).
STOETZEL (J.), (1963), *La Psychologie sociale*, Paris, Flammarion.
STOETZEL (J.), (1968), « La conception actuelle de la notion d'attitude en psychologie sociale » *in :* MENDRAS (H.) (éd.), *Éléments de sociologie*, Paris, Armand Colin, 74-92.
STOETZEL (J.), GIRARD (A.), (1973), *Les Sondages d'opinion publique*, Paris, PUF.
TARDE (G.), (1903), *Écrits de psychologie sociale*, Toulouse, Privat (1973).
THOMAS (R.), ALAPHILIPPE (D.), (1983), *Les Attitudes*, Paris, PUF, coll. Que sais-je?
TOUZARD (H.), (1977), *La Médiation et la résolution des conflits*, Paris, PUF.
VAN RAAIJ (W.F.), (1986), « Difficultés économiques et comportement des consommateurs : l'exemple néerlandais », *Revue Française du Marketing*, *110*, 39-50.
VERGES (P.), (1989), « Représentations sociales de l'économie : une forme de connaissance » *in :* JODELET (D.) (éd.), *Les Représentations sociales*, Paris, PUF, 387-405.
VIGOTSKI (L.), (1934), *Pensée et langage*, Paris, Messidor/Éditions sociales (1985).
WEISS (D.), CHIROUZE (Y.), (1984), *Le Consommérisme*, Paris, Sirey.
WITTGENSTEIN (L.), (1922), *Tractatus logico-philosophicus*, Paris, Gallimard (1986).

# Bibliographie en anglais


ABRAMOVITCH (R.), FREEDMAN (J.L.), PLINER (P.), (1991), « Children and money : getting an allowance, credit versus cash and knowledge of pricing », *Journal of Economic Psychology*, *12*, 27-45.

ADAMS (J.S.), (1965), « Inequity in social exchange *in :* BERKOWITZ (L.) (éd.), *Advances in experimental social psychology*, Vol. 2., New York, Academic Press, 267-299.

AJZEN (I.), (1987), « Attitudes, traits and actions : dispositional prediction of behavior in personality and social psychology » *in :* BERKOWITZ (L.) (éd.), *Advances in experimental social psychology*, *20*, San Diego, Academic Press.

AJZEN (I.), (1988), *Attitudes, personality and behavior*, Milton Keynes (G.B.), Open University Press.

AJZEN (I.), FISHBEIN (M.), (1973), « Attitudinal and normative variables as predictors od specific behaviors », *Journal of Personality and Social Psychology*, *27*, 41-57.

ALTMAN (I.), ROGOFF (B.), (1987), « World views in psychology : trait, interactional, organismic and transactional perspectives » *in :* STOCKOLS (D.), ALTMAN (I.) (eds), *Handbook of environemental psychology*, New York, Wiley, 7-40.

ANDREWS (F.M.), WHITEY (S.B.), (1976), *Social indicators of well-being*, New York, Plenum Press.

ATKIN (C.K.), (1975), « Observation of parent-child interaction in supermarket decision-making », *Journal of Marketing*, *42*, 41-45.

ATKINSON (J.W.), (1964), *An introduction to motivation*, Princeton, N.J., Van Nostrand.

BANDURA (A.), (1977), *Social learning theory*. Englewood Cliffs (N.J.), Prentice-Hall.

BANDURA (A.), (1982), « Self-efficacy mechanism in human agency », *American Psychologist*, *37*, 122-147.

BARKER (R.G.), (1963), « On the nature of the environment », *Journal of Social Issues*, *19*, 4, 17-38.

BARKER (R.G.), (1965), « Explorations in ecological psycholgy », *American Psychologist*, *20*, 1-14.

BARKER (R.G.), (1968), *Ecological Psychology. Concepts and methods for studying the environment of human behavior*, Stanford, Ca, Stanford University Press.

BARKER (R.G.) (éd.), (1978), *Habitats, environments and human behavior*, San Francisco, Ca, Jossey Bass.

BARKER (R.G.), GUMP (P.V.), (eds), (1964), *Big schools, small schools*, Stanford, Ca, Stanford University Press.

BERTI (A.E.), BOMBI (A.S.), LIS (A.), (1982), « The child's conceptions about means of productions and their owners », *European Journal of Social Psychology*, *12*, 221-239.

BERTI (A.E.), BOMBI (A.S.), (1988), *The child's construction of economics*, Cambridge (UK), Cambridge University Press.

BIART (M.), PRAET (P.), (1987), « The contribution of opinion surveys in forecasting aggregate demand in the four main EC countries », *Journal of Economic Psychology*, *8*, 409-428.

BREAKWELL (G.M.), (1993), « Integrating paradigm, methodological implications » *in :* BREAKWELL (G.M.), CANTER (D.V.), *Empirical approaches to social representations*, Oxford, Clarendon Press, 180-204.

BRONFENBRENNER (U.), (1989), « Ecological systems thery », *Annals of Child Development*, *6*, 187-249.

BROWN (L.A.), MOORE (E.G.), (1970), « The intra-urban migration process : a perspective », *General Systems*, *15*, 109-122.

BRUNSWICK (E.), (1957), *Scope and aspects of the cognitive problem in Contemporary approaches to cognition*, Cambridge, Ma., Harvard University Press, 5-40.

BURRIS (V.L.), (1983), « Stages in the development of economic concepts », *Human Relations*, *36*, 791-812.

CAMPBELL (A.), (1981), *The sense of well-being in America*, New York, MacGraw Hill.

CAMPBELL (A.), CONVERSE (P.), RODGERS (W.), (1976), *The quality of American life*, New York, Russel Sage.

CANNON (W.B.), (1932), *The Winsdom of the body*, New York, Norton.

CHAPIN (F.S.), (1935), *Contemporary American institutions*, New York, Wiley.

CRAM (F.), NG (S.H.), (1989), « Children's endorsement of ownership attributes », *Journal of Economic Psychology*, *10*, 63-75.

CUMMINGS (S.), TAEBEL (D.), (1978), « The economic socialization of children : a neo-marxist analysis », *Social Problems*, *26*, 198-210.

CYERT (R.M.), MARCH (J.G.), (1963), *A behavioral theory of the firm*, Englewood Cliffs (N.J.), Prentice Hall.

DANZIGER (K.), (1958), « Children's earliest conceptions of economic relationships (Australia) », *Journal of Genetic Psychology*, *91*, 231-240.

DARLEY (J.M.), LATANE (B.), (1970), « Norms and normative behavior : field studies of social interdependence », *in :* MACAULAY (J.), BERKOWITZ (L.) (eds), *Altruism and helping behavior*, New York, Academic Press.

DAVIDSON (P.), (1989), *Continued entrepreneurship and small firm growth*, Stockholm, The Economic Research Institute.

DEFLEUR (M.L.), (1964), « Occupational roles as portrayed on television », *Public Opinion Quartely*, *28*, 57-74.

DEFLEUR (M.L.), DEFLEUR (L.B.), (1967), « The relative contribution of television as a learning source for children's occupational knowledge », *American Sociological Review*, *32*, 777-789.

EISENBERG (P.), LAZARSFELD (P.), (1938), « The psychological effects of unemployment », *Psychological Bulletin*, *35*, 358-390.

ESOMAR, (1992), *Children and Young people*, Actes du colloque de Milan.

ETZIONI (A.), (1988), *The moral dimension : toward a new economics*, New York, The Free Press.

FESTINGER (L.), (1957), *A Theory of cognitive dissonance*, New York, Harper and Row.

FESTINGER (L.), ARONSON (E.), (1960), « L'éveil de la dissonance cognitive dans des contextes sociaux » *in :* LEVY (A.) *Psychologie sociale, textes Fondamentaux*, Paris, Dunod (1965), 193-211.

FOX (K.A.), (1986), « An eco-behavioral approach to social systems accounting, time-allocation matrices and measures of the quality of life » *in :* MACFADYEN (A.J.), MACFADYEN (H.W.), *Economic psychology : intersections in theory and application*, Amsterdam, New York, North-Holland, 549-581.

FOXALL (G.R.), (1994), « Behaviour analysis and consumer psychology », *Journal of Economic Psychology*, *15*, 5-91.

FURNHAM (A.), (1982), « Why are the poor always with us? Explanations for poverty in Britain », *British Journal of Social Psychology*, *21*, 311-322.

FURNHAM (A.), (1987), « School children's perception of economic justice : a cross cultural comparison », *Journal of Economic Psychology*, *8*, 457-467.

FURNHAM (A.), CLEARE (A.), (1988), « School children's conceptions of economics : prices, wages, investments and strikes », *Journal of Economic Psychology*, *9*, 467-479.

FURNHAM (A.), LEWIS (A.), (1986), *The Economic mind. Brighton*, Wheatsheaf Books Ltd.

FURTH (H.G.), (1980), *The world of grown-ups*, New York, Elsevier.

GERGEN (K.J.), (1989), « Social psychology and the wrong revolution », *European Journal of Social Psychology*, *19*, 463-484.

GILLEARD (C.J.), (1989), « The achieving society revisited : a further analysis of the relation between national economic growth and need Achievement », *Journal of Economic Psychology*, *10*, 21-34.

GROENLAND (E.), (1989), *Socio-economic well-being and behavioral reactions*, Tilburg University Press (Pays-Bas).

GRÜNERT (K.G.), (1989), « Multi-attribute attitude theories » *in :* GRÜNERT (K.G.), ÖLANDER (F.) (eds), *Understanding economic behaviour*, Dordrecht (NL), Kluwer Academic Publishers, 213-230.

HARRE (R.), (1989), « Metaphysics and methodology : some prescriptions for social psychological research », *Europena Journal of Social Psychology*, *19*, 439-454.

HEBB (D.O.), (1955), « Drives and the CNS (Conceptual Nervous System) », *Psychological review*, *62*, 243-254.

HECKER (M.), (1989), *The relationship between parents and their financially supported children : an account of social exchange theory*, IAREP Colloquium, Kazimierz Dolny (Pologne), doc roneotypé.

HEIDER (F.), (1946), « Attitudes and cognitive organization », *Journal of Psychometry*, *21*, 107-112.

HEIDER (F.), (1958), *The psychology of interpersonal relations*, New York, John Wiley and Sons.

HEPWORTH (S.J.), (1980), « Moderating factors of the psychological impact of unemployment », *Journal of Occupational Psychology*, *53*, 139-145.

HIRSCHMAN (E.C.), HOLBROOK (M.B.), (1992), *Postmodern consumer research*, London, Sage Publications.

HOLMES (T.H.), RAHE (R.H.), (1967), « The social readjustment rating scale », *Journal of psychosomatic research*, *11*, 213-218.

HULL (C.L.), (1943), *Principles of behavior*, New York, Appleton Century Crofts.

HURSH (S.R.), RASLEAR (T.G.), BAUMAN (R.), BLACK (H.), (1989), « The quantitative analysis of economic behavior with laboratory animals » *in :* GRUNERT (K.G.), ÖLANDER (F.) (eds), *Understanding economic behaviour*, Dordrecht, Kluwer Academic Publishers, 393-407.

JAHODA (M.), (1979), « The impact of unemployment in the 1930s and the 1970s », *Bulletin of the British Psychological Society*, *21*, 337-338.

JAHODA (G.), (1979), « The construction of economic reality by some Glaswegian children », *European Journal of Social Psychology*, *9*, 115-127.

JAHODA (G.), (1981), « The development of thinking about economic institutions : the bank », *Cahiers de psychologie cognitive*, *1*, 55-73.

JAHODA (G.), (1983), « European "lag" in the development of an economic concept : a study in Zimbabwe », *British Journal of Developmental Psychology*, *1*, 113-120.

JAHODA (G.), WOERDENBAGCH (A.), (1982), « The development of ideas about an economic institution : a cross-national replication », *British Journal of Social Psychology*, *21*, 337-338.

JANIS (I.L.), (1982), *Group think*, Boston (Mass.), Houghton Mifflin.

JANIS (I.L.), MANN (L.), (1977), *Decision making : a psychological analysis of conflict, choice and commitment*, New York, Free Press.

JUSTER (Th.F.), STAFFORD (F.P.) (eds), (1985), *Time, goods and well-being*, Ann Arbor, Institute for Social Research, The University of Michigan.

KAHNEMAN (D.), TVERSKY (A.), (1979), « Prospect theory : an analysis of decision under risk », *Econometrica*, *47*, 263-291.

KAHNEMAN (D.), TVERSKY (A.), (1984), « Choices, values and frames », *American Psychologist*, *39*, 341-350.

KARNS (D.A.), (1987), *Market segments in flux : the psychographic segmentation of financial market*, 12th IAREP Colloquium, Aarhus (DK).

KATONA (G.), (1953), « Rational behavior and economic behavior », *Psychological Review*, *60*, 307-318.

KATONA (G.), (1968), « Consumer behavior : theory and findings on expectations and aspirations », *American Economic Review*, *58*, 19-30.

KATONA (G.), (1974), « Psychology and consumer economics », *Journal of Consumer Research*, *1*, 1-8.

KATONA (G.), (1975), *Psychological economics*, Amsterdam, New York, Elsevier.

KATONA (G.), (1979), « Toward a macropsychology », *American Psychologist*, *34*, 118-126.

KATZ (D.), (1960), « The functional approach to the study of attitudes », *Public Opinion Quartely*, *24*, 163-204.

KELLEY (H.H.), (1967), « Attribution theory in social psychology » *in :* LEVINE (L.) (ed.), *Nebraska Symposium of motivation*, Lincoln, University of Nebraska Press.

KELLY (G.A.), (1955), *The psychology of personal constructs*, New York, Norton.

KIESLER (C.A.), (1971), *The psychology of commitment. Experiments linking behaviour to belief*, New York, N.Y. Academic Press.

KIRCHLER (E.), (1990), « Spouses' influence strategies in purchase decisions as depedent on conflict type and relationship characteristics », *Journal of Economic Psychology*, *11*, 101-118.

KIRCHLER (E.), (1993), « Spouses' joint purchase decisions : determinants of influence tactics for muddling through the process », *Journal of Economic Psychology*, *14*, 405-438.

KIRCHLER (E.), PRAHER (D.), (1990), « Austrian children's economic socialization : age differences », *Journal of Economic Psychology*, *11*, 483-494.

KLOPPENBORG MADSEN (E.), (1989), « Beyond the expected utility proposition in rational decision making » *in :* GRÜNERT (K.G.), ÖLANDER (F.) (eds), *Understanding economic behaviour*, Dordrecht (NL), Kluwer Academic Publishers, 183-197.

KOURILSKY (M.), (1977), « The kinder-economy : a case study of kindergarten pupil's acquisition of economic concepts », *Elementary School Journal*, *77*, 182-191.

LANTERMANN (E.D.), (1985), « Cognition and emotion in the course of action » *in :* GINSBURG (G.P.), BRENNER (M.), VON CRANACH (M.), *Discovery strategies in the psychology of action*, London, Academic Press, 85-114.

LASSARRE (D.), (1986), « Moving into home ownership », *Journal of Economic Psychology*, *7*, 161-178.

LASSARRE (D.) (à paraître), « Consumer education in French families and schools » *in :* FURNHAM (A.), LUNT (P.), *Economic socialization : the beliefs and behaviour of young people*, New York, Sharpe.

LASSARRE (D.), ROLAND-LEVY (C.), (1989), « Understanding children's economic socialization », *in :* GRÜNERT (K.G.), ÖLANDER (F.) (eds), *Understanding economic behaviour*, Dordrecht (NL), Kluwer Academic Publishers, 347-368.

LAZARUS (R.S.), COHEN (J.B.), (1977), « Environmental stress » *in :* ALTMAN (I.), WOHLWILL (J.F.), *Human behavior and environment : advances in theory and research* (vol.2), London, New York, Plenum Press, 89-127.

LEA (S.E.G.), TARPY (R.M.), WEBLEY (P.), (1987), *The individual in the economy. A textbook of economic psychology*, Cambridge, Cambridge University Press.

LEAHY (R.L.), (1981), « The development of the conception of economic inequality : descriptions and comparisons of rich and poor people », *Child Development*, *52*, 523-532.

LEISER (D.), (1983), « Children's conceptions of economics : the constitution of a cognitive domain », *Journal of Economic Psychology*, *4*, 297-317.

LEISER (D.), ROLAND-LEVY (C.), SEVON (G.), (1990), «Introduction. Special Issue on "Economic Socialization"», *Journal of Economic Psychology*, *11*, 467-468.

LITTLE (B.R.), (1983), «Personal projects : a rationale and method for investigation», *Environment and Behavior*, *15*, 273-309.

MACFADYEN (H.W.), (1986), «Motivational construct in psychology» *in :* MACFADYEN (A.J.), MACFADYEN (H.W.), *Economic psychology : intersections in theory and application*, Amsterdam, New York, North-Holland, 67-108.

MAITAL (S.), (1982), *Minds, markets and money*, New York, Basic Books.

MARCH (J.G.), Simon (H.A.), (1958), *Organizations*, New York, Wiley.

MARSHALL (H.), (1964), «The relation of giving children an allowance to children's money knowledge and responsibility and to other practices of parents», *The Journal of Genetic Psychology*, *104*, 35-51.

MARSHALL (H.), MAGRUDER (L.), (1960), «Relations between parent money education practices and children's knowledge and use of money», *Child Development*, *31*, 253-284.

MASLOW (A.), (1954), *Motivation and personality*, New York, Harper and Row.

MCCLELLAND (D.C.), (1961), *The achieving society*, Princeton N.J., Van Nostrand.

MCCLELLAND (D.C.), (1985), *Human motivation*, Illinois, Glenview.

MCCLELLAND (D.C.), ATKINSON (J.W.), CLARK (R.A.), LOWELL (E.L.), (1953), *The achievement motive*, New York, Appleton Century Crofts.

MCKECHNIE (G.E.), (1977), «The environmental response inventory in application», *Environment and Behavior*, *9*, 255-277.

MERTON (R.K.), (1957), *Social theory and social structure*, New York, The Free Press.

MILGRAM (S.), (1970), «The experience of linving in cities», *Science*, *167*, 1461-1468.

MISCHEL (W.), (1984), «Convergences and challenges in the search for conssistency», *American Psychologist*, *39*, 351-354.

MORTIMER (J.T.), DENNEHY (K.), LEE (C.), (1991), *Economic socialization in the American family : the prevalence, distribution and consequences of allowances arrangements*, Actes du Colloque «Connaître les modes de vie et de consommation des jeunes», Paris, ADEIC-FEN, 325-340 (Tome 1).

MOSCOVICI (S.), (1989), «Preconditions for explanation in social psychology», *European Journal of Social Psychology*, 19, 407-430.

MURRAY (H.A.), (1938), *Explorations in personality*, New York, Oxford University Press.

NEWCOMB (T.M.), (1956), «The prediction of interpersonal attraction», *American Psychologist*, 1956, *11*, 575-586.

NEWSON (J.), NEWSON (E.), (1976), *Seven years old in the home environment.*, London, Allen et Unwin.

NG (S.H.), (1983), «Children's ideas about the bank and shop profit : development stages and the influence of cognitive contrasts and conflict», *Journal of Economic Psychology*, *4*, 209-221.

NG (S.H.), (1985), «Children's ideas about the bank : a New Zealand replication», *European Journal of Social Psychology*, *15*, 121-123.

ÖLANDER (F.), (1990), «Consumer psychology : not necessarily a manipulative science», *Applied Psychology*, *39*, 105-126.

ÖLANDER (F.), (1993), «Consumer psychology for the consumer's sake? A note on ways of making consumer research more emancipatory», *Journal of Economic Psychology*, *14*, 565-576.

OPPEWAL (H.), TOUGAREVA (E.), (1992), «A three-person ultimatum game to investigate effects of differences in need, sharing rules and observability on bargaining behaviour», *Journal of Economic Psycholgy*, *13*, 203-213.

OSGOOD (C.E.), SUCI (G.J.), TANNENBAUM (P.H.), (1957), *The measurement of meaning*, Urbana (Ill.), Unviversity of Illinois Press.

PAHL (J.), (1989), *Money and marriage*, London, Macmillan.

PARSONS (T.), (1975), «The present status of structure-functional theory in sociology», *in*. COSER (L.A.) (ed.), *The Idea of social Structure*, New York, Harcourt Brace and Jovanovitch, 67-83.

POIESZ (T.B.C.), (1993), «The changing context of consumer psychology», *Journal of Economic Psychology*, *14*, 495-506.

RAMSEY (F.P.), (1926), « Truth and probability » *in :* RAMSEY (F.P.), *The foundations of mathematics and other logical essays*, London, Kegan Paul (1931).

ROGERS (C.R.), (1958), « A process conception of psychotherapy », *American Psychologist, 13*, 142-149.

ROGERS (E.M.), (1983), *The diffusion of innovations*, New York, The Free Press.

ROLAND-LEVY (C.), (1990), « A cross-national comparison of Algerian and French children's economic socialization », *Journal of Economic Psychology*, *11*, 567-582.

ROSCH (E.), (1975), « Cognitive representations of semantic categories », *Journal of Experimental Psychology*, *104*, 192-233.

ROSENBERG (M.J.), ABELSON (R.P.), (1960), « An analysis of the cognitive balancing » *in :* HOVLAND (C.I.), JANIS (I.L.) (eds), *Attitude organization and change*, New Haven (Conn.), Yale University Press, 112-163.

ROTTER (J.B.), (1954), *Social learning and clinical psychology*, Englewood Cliffs (N.J.), Prentice-Hall.

ROTTER (J.B.), (1966), « Generalized expectancies for internal versus external control of reinforcement », *Psychological Monograph*, *80*, 1.

RUSSELL (J.A.), WARD (L.M.), PRATT (G.), (1981), « Affective quality attributed to environments », *Environment and Behavior*, *13*, 259-288.

SELIGMAN (M.E.P.), (1975), *Helplessness*, San Francisco, Freeman.

SEVON (G.), WECKSTRÖM (S.), (1989), « The development of reasoning about economic events : a study of Finnish children », *Journal of Economic Psychology*, *10*, 495-514.

SIMON (H.A.), (1945), *Administrative behavior : a study of decision making processes in administrative organisations*, London, Macmillan.

SKINNER (B.F.), (1938), *The behavior of organisms*, New York, Appleton Century.

SKINNER (B.F.), (1953), *Science and human behavior*, New York, Free Press.

STRAUSS (A.), (1954), « The development of conceptions of rules in children », *Child Development*, *25*, 193-208.

SONUGA-BARKE (E.J.S.), WEBLEY (P.), (1993), *Children's saving : a study of the development of economic behaviour*, Hove (UK), Hillsdale (USA), Lawrence Erlbaum Associates.

SU (S.X.), (1991), *Life style and education of contemporary Chinese urban youth*, Actes du Colloque « Connaître les modes de vie et de consommation des jeunes », Paris, ADEIC-FEN, (document complémentaire).

SUTTON (R.S.), (1962), « Behavior in the attainment of economic concepts », *Journal of Psychology*, *5*, 37-46.

SVENSON (O.), (1992), « Differenciation and consolidation theory of human decision making : a frame of reference for the study of pre- and post-decision processes », *Acta Psychologica*, *80*, 143-168.

TOUGAREVA (E.), (1991), *Comparative research of bargaining behaviour of Soviet Students and young people from western countries*, Actes du Colloque « Connaître les modes de vie et de consommation des jeunes », Paris, ADEIC-FEN, 201-208.

TYSZKA (T.), (1994), *Perceptions of economic activities*, Rooterdam (NL), IAREP/SABE Conference.

TYSZKA (T.), SOKOLOWSKA (J.), (1991), *Socio-economic beliefs and preferences among younger and older members of Polish society*, Actes du Colloque « Connaître les modes de vie et de consommation des jeunes », Paris, ADEIC-FEN, 233-252 (tome 2).

VAN RAAIJ (W.F.), (1981), « Economic psychology », *Journal of Economic Psychology*, *1*, 1-24.

VAN RAAIJ (W.F.), (1984), « Micro and macro economic psychology », *Journal of Economic Psychology*, *5*, 385-401.

VAN RAAIJ (W.F.), (1993), « Postmodern consumption », *Journal of Economic Psychology*, *14*, 541-564.

VAN RAAIJ (W.F.), GIANOTTEN (H.J.), (1990), « Consumer confidance, expenditure, saving and credit », *Journal of Economic Psychology*, *11*, 269-290.

VAN VELDHOVEN (G.M.), GROENLAND (E.A.G.), (1993), « Exploring saving behaviour : a framework and research agenda », *Journal of Economic Psychology*, *14*, 507-522.

VERGES (P.), (1987), « A social and cognitive approach to economic representations » *in :* DOISE (W.), MOSCOVICI (S.) (eds), *Current issues in Eureopean social psychology* (vol. 2), Cambridge University Press, 271-305.

VERHALLEN (T.M.M.), VAN RAAIJ (W.F.), (1985), « Behavioral cost-benefit approach to the explanation and prediction of behaviour », *in :* BRANSTÄTTER (H.), KIRCHLER (E.) (eds), *Economic Psychology*, Linz (Autriche), Rudolf Trauner Verlag, 37-54.

VROOM (V.), (1964), *Work and motivation*, New York, Wiley, (1964).

WARD (S.), WACKMAN (D.B.), WARTELLA (E.), (1977), *How children learn to buy*, London, Sage.

WÄRNERYD (K.E.), (1989), « Improving psychological theory through studies of economic behaviour : the case of saving », *Applied Psychology*, *38*, 213-236.

WEBER (M.), (1905), *The protestant ethic and the spirit of capitalism*, New York, Scribners.

WEBLEY (P.), LEA (S.E.G.), (1993), « Towards a more realistic psychology of economic socialization », *Journal of Economic Psychology*, *14*, 461-472.

WELLS (W.D.), LO SCIUTO (L.A.), (1966), « Direct observation of purchasing behavior », *Journal of Marketing Research*, *3*, 227-233.

WOCZINSKI (M.), (1989), « A model of consumer behaviour in the situation of shortages » *in :* GRÜNERT (K.G.), ÖLANDER (F.) (eds), *Understanding economic behaviour*, Dordrecht (NL), Kluwer Academic Publishers, 369-389.

WOCZINSKI (M.), PIETRAS (M.), (1990), « Economic socialization of Polish children in different macro-economic conditions », *Journal of Economic Psychology*, *11*, 515-528.

WUNDERICK (S.R.), (1991), « The timing of children » *in :* ANTONIDES (G.), ARTS (W.), VAN RAAIJ (W.F.) (eds), *The consumption of time and the timing of consumption*, Amsterdam, North-Holland, 149-161.

ZAJONC (R.B.), (1980), « Feeling and thinking : preferences need no inferences », *American Psychologist*, *35*, 151-175.

ZULLOW (H.M.), (1991), « Pessimistic rumination in popular songs and newsmagazines predict economic recession via decreased consumer optimism and spending », *Journal of Economic Psychology*, *12*, 501-526.

# Index des noms propres

# Index thématique

**T**



**U**



**V**

# Sigles utilisés

ANRS : Association nationale de recherche contre le SIDA
ARC : Association de recherche contre le cancer
CCA : Centre de communication avancée
CNC : Conseil national de la consommation
CNPF : Conseil national du patronat français
COFREMCA : société d'études de marché
CREDOC : Centre de recherche et de documentation sur la consommation et les modes de vie
ERI : Environmental Response Inventory
ESOMAR : Association européenne pour les études d'opinion et de marketing
GSI-CFRO : société d'études de marché
IAREP : International Association for Research in Economic Psychology
ICS : Index of consumer sentiment
IFOP : Institut français d'opinion publique
INSEE : Institut national de la statistique et des études économiques
IPSOS : Société d'études de marché
ISA : méthode d'induction par scénario ambigu
LSA : Libre Service Actualité (revue professionnelle)
NASA : National Aeronautics and Space Administration
NF : Norme française (de qualité)
OCDE : Organisation pour la coopération et le développement économique
OIUC : Organisation internationale des unions de consommateurs
PNB : Produit national brut
RMI : Revenu minimum d'insertion
SABE : Society for the Advancement of Behavioral Economics
SASE : Society for the Advancement of Socio-Economics
SMIC : Salaire minimum interprofessionnel de croissance
SMIG : Salaire minimum interprofessionnel garanti
SOFRES : Institut de sondage
TAT : Thematic Apperception Test
TVA : Taxe sur la valeur ajoutée

# Table des matières

## Deuxième partie : LES CONCEPTS



## Troisième partie : LA SOCIALISATION ÉCONOMIQUE